KB135951

슬기바다 01

논어

공자(孔子) 지음 | 오세진 옮김

홍익

《논어》를 펴내며

'고전'이라는 말에 가장 적합한 책이 《논어》가 아닐까 한다. 논어보다 더 오래된 책은 역사상으로도 그리 많지 않을 정도로 오래된 책이자, 긴 시간 동아시아뿐만 아니라 전 세계 수많은 독자들에게 사랑을 받아온 책이 바로 《논어》이다.

《논어》라는 고전이 가진 '힘'은 《논어》를 세월에 따라 읽어가면서 느끼게 된다. 거의 매해 《논어》를 읽는데 그때마다 감흥이 다르다. 분명 예전에 읽었을 때와 다른 해석을 하게 되고, 다른 의미를 찾게 된다. 또 나의 주변 환경이 달라질 때마다 《논어》의 구절이 나에게 새로운 의미로 다가오기도 한다. 결혼을 하고 나서 읽을 때, 부모가 되어서 읽을 때 그 전에는 크게 와 닿지 않았던 구절들이 절절하게 다가오는 체험을 했다. 《논어》가 꼭 효도를 강조해서 그런 것만은 아니다. 자식일 때는 효도의 의미에 대해서 깊이 이해할 수 있었다면 부모가 되어서는 자식과 부모의 입장을 둘 다 공감할 수 있기 때문에 이해의 폭이 더 넓어진다.

내밀한 독서 영역에서의 감흥을 넘어서 《논어》라는 책은 나의 인생의 방향을 크게 바꾸어 놓았다. 처음 철학과에 입학했을 때에는 서양철학에 흥미를 가지고 열심히 공부했다. 그러다 3학년이 되어 듣게 된《논어》 수업에서 큰 지적인 충격을 받았다.《논어》를 원문으로 직접 읽어보니 그동안 내가 귀동냥으로 알고 있던 유가 사상, 공자와 그 실상은 크게 달랐다. 공자는 생각보다 훨씬 더 유연한 사고의 소유자였고 개혁적인 인물이었다. 나는 유학, 유생, 공자를 '고루함'의 상징으로 이해했었던 것 같다.《논어》의 매 구절을 읽으면서 크게 감동했다. 특히 당시에는 인간관계의 갈등에 대해 고민과 생각이 많았던 터라서 공자의 가르침은 매우 적합한 처방전처럼 느껴지기도 했다.《논어》의 매력에 빠진 나는 곧 동양철학을 전공으로 공부하겠다는 다짐을 했다.

　동양철학을 전공으로 공부한 탓에 주변 사람들이 책을 추천해 달라고 하는 경우가 종종 있다. 나는 그때마다 주저 없이《논어》를 추천한다. 그 많은《논어》 중에 특정 책을 꼬집어 추천해달라고 하면 주저하게 된다. 누구라도 쉽게 읽을 수 있는, 또 정확하게 이해할 수 있도록 해설이 친절한 책을 단 한 권만 고르기는 쉽지 않다. 책이 상세해질수록 어려워지기 때문에 읽기 쉬움과 상세함 사이의 줄타기에서 오묘한 중용을 택해야만 두 마리 토끼를 잡을 수 있는 것이다.

　언젠가《논어》를 번역할 기회가 오면 내가 생각하는 이상적인 균형의 《논어》를 써보고 싶다는 생각을 품어왔다.《논어》 번역은 내 스스로 굉장히 영광스러운 일이다. 가장 좋아하는 책이기도 하고 내 인생을 크게 바꾼 책이기 때문이다. 그만큼 그 영광은 부담으로 작용하기도 했다. 이번《논어》 번역을 마치기까지 내 자신의 한계를 크게 느꼈다. 지적인 깊이와 넓이의 한계에서 오는 좌절감도 맛보았지만, 또 내가 가진 학문적인 장점이나 개성을 발견하고 발휘할 수 있는 계기도 되었다고 생각한다.

　다소 부족한 자질에도 불구하고 《논어》를 번역하는 일을 한결 수월하게 진행할 수 있었던 것은 앞서간 선배 학자들의 학술 성과들이 있었기 때문이다. 일일이 다 거론할 수 없지만, 권 후에 실린 참고문헌 목록 외에도 수많은 번역서, 논문, 연구서들이 알게 모르게 이번 《논어》 번역과 해설에 큰 도움이 되었다. 많은 선배님들에게 진심으로 감사드린다.

　《논어》를 번역하기까지 많은 선생님들, 선배들, 동학들에게 큰 배움을 얻었다. 그리고 이 책이 나오기까지 기획, 편집, 디자인, 마케팅 등 여러 방면에서 애쓰신 출판사분들께 깊은 감사를 전한다.

2020년 12월
옮긴이 오세진 적다

《성묘사전도고(聖廟祀典圖攷)》 '지성선사공자상(至聖先師孔子像)'

〈지성선사공자상〉은 판화로 공자의 모습을 묘사했는데 판화 속의 공자는 진한 눈썹과 풍부한 턱수염에 관복을 입고 단정한 차림새에 홀(笏)을 손에 쥐고 정좌하고 있다. 《논어》〈향당〉편의 "其在宗廟朝廷, 便便言, 唯謹爾"(228p 참조)의 공자의 모습을 묘사한 것이다. 임금 앞에서 정치에 대해 논하고 있는 상황이다.   − 출처: 대만국립고궁박물관(臺灣國立故宮博物館)

《논어》 ──────────────────────────────────

論語卷第一

學而第一　　何晏集解

子曰學而時習之不亦說乎　馬曰子者男子之通稱謂孔子也王曰時者學者以時誦習之誦習以時學無廢業所以為說懌。〔說音悅。下同〕〔綢去聲〕

有朋自遠方來不亦樂乎　包曰同門曰朋。〔樂音洛。〕

人不知而不慍不亦君子乎　慍怒也。凡人有所不知君子不怒。〔慍紆〕

有子曰　〔問反〕孔曰弟子有若　其為人也孝弟而好犯上

者鮮矣。〔鮮少也。上謂凡在己上者言孝弟之〕人必恭順。好欲犯其上者少也。〔弟〕

하안 《논어집해》

《논어》라는 책

《논어(論語)》는 약 2500년 전 오늘날 중국의 작은 마을 취푸(曲阜 곡부)에서 태어난 공자(孔子)가 그의 제자들은 물론이고 위정자들과 나눈 대화록이다. 개인의 인격수양과 정치에 대한 내용이 주를 이루고 있고, 공자 사후에 제자들 혹은 그 제자의 제자들 그룹에 의해 기록되었다. 공자가 죽은 지 약 2500년이

공자

넘었지만 그의 어록인 《논어》는 아주 오래된 고전들 중 하나이자 중국, 한국, 일본 등 동아시아 국가들의 정치와 문화에 막대한 영향을 미친 책으로 현재까지 많은 대중에게 사랑을 받고 있다.

오늘날 우리가 보는 《논어》는 모두 총 20편으로 구성되어 있다. 《논어》의 체제는 처음부터 그랬을까? 이러한 체제는 언제 만들어졌을까? 정확한 편찬 시기를 특정하기는 어렵지만 학계에는 공자에게서 직접 배운 제자들이 편찬했다는 설도 있고, 재전(再傳) 제자들이 편찬했다는 설도 있다. 또 《논어》는 총 20편이 아닌 판본도 있고 판본마다 구성하는 내용, 글자에도 차이가 많았다.

상이한 여러 판본이 있었지만 판본은 결국 하나로 귀결되기 시작했다. 중국 전한(前漢) 때 크게 유통된 판본으로는 《노론(魯論)》,《제론(齊論)》,《고론(古論)》 3종의 《논어》가 있었는데 장우(張禹 ?~BC 5?)가 《노론》을 위주로 하면서 《제론》을 참조하여 새로운 판본인 《장후론(張侯

제자를 가르치는 공자

論)》을 만들었고, 이후의《논어》판본들은 여기에서 출발했다. 이것이
인기를 끌자 나머지 판본은 사라졌다.

　장우가 새로운 판본을 만든 후에는《논어》텍스트를 해석하는 주해
서들이 만들어졌다. 한(漢) 대에 많은 학자가《논어》주석서를 내놓았
는데 그중 대표적인 것인 후한(後漢) 정현(鄭玄 127~200)의《논어정씨
주(論語鄭氏注)》이다. 정현은 앞서 언급한《장후론》,《노론》과 여러 주
석가의 주석,《제론》,《고론》을 참고하여《논어정씨주》를 완성했고, 오
늘날 우리가 보는《논어》가 바로《논어정씨주》로부터 변모해온 텍스트
이다.

　정현 이후에는 대표적으로 삼국시대 위(魏)나라의 하안(何晏 ?~249)
이《논어집해(論語集解)》라는 주석서를 냈고, 이 이후로도 주석서가 많
았지만 대표적인 것은 남조(南朝)의 양(梁)나라 때 황간(皇侃 488~545)
의《논어의소(論語義疏)》, 북송(北宋) 때 형병(邢昺 932~1010)의《논어
정의(論語正義)》가 있다. 그중《논어정의》는 그전에 있었던 여러 주석을
포함해 내용이 충실한데다가 당대의 인쇄술 발달에 힘입어 세상에서

크게 유행했다. 《논어정의》가 널리 보급된 결과 다른 주석서들은 유실되고 말았다.

남송(南宋) 때는 또 다른 걸출한 《논어》 주석서가 나오는데, 그것은 조선시대에 독점적인 지위를 누렸고 현대까지도 널리 읽히는 성리학자 주희(朱熹 1130~1200)의 《논어집주(論語集註)》이다. 《논어집주》를 신주(新注)라 부르고 그 이전의 주석들을 고주(古注)라 하는데, 주석의 내용과 성격이 판이하기 때문에 학계에서는 이렇게 구분하고 있다. 고주는 보통 《논어》의 자구 해석에 치중한 주석이다. 신주는 주희가 송대 유학자들의 사상을 집대성하여 세운 도덕 사상 체계인 도학(道學)의 시각으로 쓴 《논어》 주석이다.

남송 말에 와서는 소흥(紹興) 연간(1190~1194)에 국가 편찬 사업으로 13개 주요 경전에 대한 주석을 모아서 《십삼경주소(十三經注疏)》라는 일련의 전서(全書)를 간행했다. 그 시리즈의 일부로 편찬된 《논어주소(論語註疏)》는 앞서 논한 하안의 《논어집해》와 그에 대한 주석을 담은 형병의 《논어정의》를 합본한 책이다. 이 역서 또한 《논어》 고주(古注)라 불리는 《논어주소》의 주석들을 주로 참고하여 번역하였다.

공자는 누구인가

1. 출생과 가족

공자는 기원전 551년에 태어나 기원전 479년에 생을 마감했다. 72년이라는 삶을 산 공자는 당시로는 꽤 장수한 편인데, 공자의 생몰년에 대해서는 학계의 논쟁이 있지만 《사기(史記)》를 근거로 한 이 연대가 대체적으로 인정된다. 공자가 태어난 곳은 노(魯)나라 추읍(陬邑)인데 오늘날 산둥성(山東省) 취푸(曲阜) 인근이다. 공자의 출생에 대해서는 66세였던 추읍사람 숙량흘(叔梁紇)과 15세였던 어머니 안징재(顏徵在)가 야합(野合)하여 공자를 낳았다는 설이 있지만 역시 진위에 대한 논쟁이 있다. 공자의 가족에 대해서는 《논어》를 보면 형, 형의 딸, 부인, 아들과 딸이 있었던 것으로 보이지만 《논어》에 나오는 아들 리(鯉) 말고 다른 가족에 대한 구체적인 기록은 없다.

2. 집안

공자의 집안은 그리 유복하지 않았고 사회적으로 지위가 낮았던 것으로 보인다. 다만 음악과 궁술을 배울 수 있을 정도의 여력은 있는 집안이었다. 즉 농업이나 수공업에 종사하지는 않았으며 몰락한 귀족 집안 정도로 추론해볼 수 있다. 송(宋)나라의 귀족 집안이 몰락하여 노나라로 넘어왔다는 설도 있다.

3. 정치적 야망

공자는 큰 정치적 야망을 품고 있었다. 정치로 더 나은 세상을 이룩할 수 있다고 보았고, 자신이 지속적이고 탁월한 정치 질서를 이룩할 비전과 능력을 갖추고 있다고 자부했다. 공자가 살았던 춘추시대에는 주(周)나라 아래에 있는 각 제후국들이 패권을 차지하기 위해 권모술수와 전쟁을 일삼았는데 공자는 이런 행태를 비판했다.

공자는 예(禮)와 음악을 써서 정치할 것과 임금의 훌륭한 인격으로 사람을 감화하는 교화를 통한 통치를 할 것을 주장했는데, 공자의 이러한 정치 솔루션은 강대국이 되어 여러 제후 앞에서 군림하고자 하는 야욕을 품고 있던 임금들에게 매력적으로 다가올 리가 없었다.

현실 정치에 참여하길 원했지만 그러기 위해 약간은 필요할지도 모를 아첨을 공자는 매우 혐오했다. 권력자에게 정치적 조언을 줄 수 있는 중요한 자리에 임용될 것을 열망했지만 자신의 주군이 될지도 모를 사람에게 아첨하기는커녕 잘못된 점과 비도덕적인 부분을 비판했다.

당시에는 임금에게 찾아가 설득력 있게 자신의 정치적 비전과 정책을 제시하여 중용되는 경우도 적지 않았지만, 공자는 이렇게 말재주가 좋은 사람들도 미워했다.

현실 정치인으로서의 수완 면에서 공자는 그리 뛰어나지 못했고, 오히려 그의 제자들이 스승보다 나았다. 제자 중에 자공(子貢)은 정치적 수완뿐 아니라 실무 능력도 좋아서 사회적으로 공자보다 더 출세할 수 있었다.

4. 정치인보다는 철학자이자 교사로서의 재능

공자는 중요한 관직을 얻어서 현실 정치에 참여하길 원했지만 직언을 가리지 않는 정직한 천성과 아첨할 줄 모르는 고매한 인격으로 임금을 모실 기회를 얻지 못했다. 정치적 지위를 얻는 데에 빈번히 실패한 그는 학문 연구와 제자 교육에 열중했다.

그는 당시에 학식이 뛰어난 사람 중 하나였지만 방대한 분량의 책을 읽은 것은 아니다. 공자가 살았던 춘추시대에 만들어진 저작이 그리 많지 않았고, 또 당시 저술은 죽간(竹簡)이라는 길쭉한 대나무 조각에 쓰여서 접근성이 높지 않았기 때문이다. 그럼에도 공자는 오늘날 《시경(詩經)》이라고 불리는 책에 들어갈 시들을 연구하고 체제를 정리하는 작업을 했고 의례(儀禮)에 관해 깊이 연구한 것으로 알려져 있다.[1]

교사로서 공자는 매우 엄한 편이었다. 공자는 제자들에게 근면히 배우고, 배운 것을 재빨리 실천에 옮기라고 다그쳤다. 하지만 기대에 부응하지 못하고 게으름을 피우는 제자들을 공자는 매우 신랄하게 꾸짖었다. 또한 제자들의 행동이나 생각에 잘못된 부분이 있다고 판단되면 조롱하거나 풍자하여 그들에게 수치심을 주고 스스로 반성하게 했다.

공자는 교사로서 매우 엄격하긴 했어도 교육받을 기회를 누구에게나 제공한 스승이었다. 문호를 활짝 열고 배우려는 열정과 성의가 있는 젊

---

1. 공자가 《시경》을 편찬했다는 것은 《사기》 〈공자세가(孔子世家)〉의 기록에 근거한 것이지만, 후대의 많은 학자는 공자의 시경 편찬설을 의심한다. 하지만 공자가 현재 남아 있는 《시경》의 체제를 정리하는 일에 깊이 관여했다는 사실은 인정한다.

은이들을 제자로 받아주었으며 출신과 빈부에 따라 차별 대우도 하지 않았다. 물론 재능이 탁월하게 뛰어나고 근면한 제자들에게 더 애정을 두긴 했다.

공자에게 학생들이 몰린 이유는 무엇일까? 첫 번째는 그의 인격이 감동을 주었기 때문이다. 그는 모든 사람에게 호감을 사는 사람은 아니었고 그런 것을 추구하지도 않았지만 확실히 사람을 끄는 매력이 있었다. 《논어》를 읽어보면 인간 공자의 매력을 누구라도 느낄 수 있을 것이다.

두 번째는 그의 제자가 되는 것이 젊은 정치 지망생들에게 관직을 얻는 좋은 통로로 여겨졌기 때문이다. 공자의 제자 중에 정치 영역에서 꽤 성공적이었던 자공, 염구(冉求)가 공자의 명성을 높였다. 《논어》에는 '정치란 무엇인가?'라는 질문을 던지는 제자들이 다수 등장한다. 그들 중 일부는 관직을 얻으려는 목적으로 공자에게 배웠고, 결과적으로 상당수가 꽤 높은 관직을 얻을 수 있었다.

《공자성적도(孔子聖蹟圖)》 '작가구릉(作歌丘陵)'

공자는 자신의 정치적 이상을 실현하기 위해 섬길 주군을 찾아 가까운 제자들 몇몇을 대동하고 천하를 떠돌았다. 결국 마땅한 주군은 만나지 못하고 떠돌이 생활을 하다가 13년째 되던 해에 고향 노나라의 권력 실세인 귀족 계강자가 공자에게 사람을 보내어 공자의 귀국을 청했다.

5. 노나라를 떠나 여러 나라를 다니다

공자(가운데)와 안회(오른쪽), 증삼(왼쪽)의
세 성현(三聖圖)

노나라 사람인 공자는 자국의 정치에 참여하여 정치 개혁을 하고자 하였으나 여러 차례 벽에 부딪혔다. 공자의 정치적 비전이 지나치게 이상적이라고 생각한 탓인지 위정자들은 공자에게 와서 정치와 덕성에 대해 묻기는 해도 중요 관직에 등용하지는 않았다.

좌절을 겪은 공자는 노나라에서는 자신의 뜻을 알아줄 임금을 만나 정치를 할 수 없다고 생각해 노나라를 떠나 여러 나라를 주유하게 된다. 이때 공자의 나이가 56세였다.[2] 그가 방문한 나라는 위(衛), 진(陳), 채(蔡), 초(楚) 등이다. 그렇게 공자는 13년 동안 외국을 떠돌았지만 끝내 자신의 정치적 비전을 펼치도록 도와줄 주군을 찾지 못하고 68세에 본국인 노나라로 돌아왔다.

---

2. 《사기(史記)》〈공자세가(孔子世家)〉에서는 공자가 노나라를 떠난 시기를 기원전 496년(정공(定公) 14년, 공자 56세)으로 보지만《사기》〈노주공세가(魯周公世家)〉에서는 기원전 498년(정공 12년, 공자 54세)으로 본다. 이렇게 공자가 노나라를 떠난 해와 나이는 논쟁적인 사인이고 60세에 가까운 나이였다는 것이 중론이다.

공자는 노나라에서도 여전히 중요한 관직을 얻지 못하자 교육과 학술 연구에 매진했다. 말년에는 안회, 자로와 같은 아끼는 제자들의 죽음과 아들의 죽음을 목도해야 했다. 공자는 기원전 479년에 세상을 떠났지만 어떻게 죽었는지에 관한 믿을 만한 기록은 없다. 공자 사후 제자들이 스승을 위해 삼년상을 치렀으며, 자공은 3년을 더해 6년간 공자 묘 옆에서 상복을 입었다고 한다.

6. 성공적인 삶을 살지 못했지만 좌절하지 않았다

동아시아에서 가장 알려진 성인(聖人)이자 종교의 대상으로 신격화되기까지 한 공자의 삶을 보면 그다지 화려하지 않았음을 알 수 있다. 올곧은 성품 탓에 정치적 포부를 실현하지 못하자 늙은 몸을 끌고 13년 동안 여러 나라를 돌아다니며 마땅한 임금을 찾았다. 그 여정 중에 여러 번 죽을 고비를 넘기기도 했다.

하지만 공자는 세상을 원망하지도 않았고, 그렇다고 꿈을 접지도 않았다. 보통 사람 같으면 세상의 기준에 영합하거나 패배주의에 빠졌을 것이다. 하지만 공자는 세상과 타협하지도, 그렇다고 자신의 이상을 굽히지도 않고 끝까지 개혁을 꿈꾸었다. 많은 사람이 그런 공자를 조롱하기도 했다. 그들은 공자가 안 될 줄 알면서도 포기를 모른다고 평가했다.

세속적인 성공을 거두지 못했고 자아실현도 하지 못했던 공자는 당시만 해도 그저 정치지망생들을 가르치는 유명한 선생일 뿐이었다. 하지만 그의 사후 그가 남긴 말 속에서 많은 사람이 소중한 가치를 발견했다. 역사적으로 많은 사람이 공자의 언행에 깊은 감명을 받았고 삶의 지혜를 배웠다.

그렇게 2500년이 넘는 동안 공자라는 이름은 그가 태어난 나라인 중국을 넘어 세계로 퍼졌다. 그의 이름과 그가 남긴 어록 《논어》는 장구한 시간 잊히지 않았고 앞으로도 잊히지 않을 것이다. 《논어》가 왜 고전 중의 고전으로 꼽히는지, 공자가 어떻게 그렇게 오랜 시간 중국인은 물론 세계인에게 기억될 수 있는지 알아보자.

공자가 살았던 시대

《논어》를 읽으면서 독자들이 쉽게 간과하는 것 중 하나가 시대적 배경이다. 비록《논어》의 글귀가 공자가 살았던 기원전 6세기 춘추시대의 역사적 지식이 없더라도 충분히 많은 독자에게 큰 교훈과 감동을 주지만, 그 사실이 시대적 배경에 대한 이해를 무시해도 좋다는 것은 아니다. 오히려《논어》에 나오는 대화의 내용과 공자의 일생을 이해하기 위해서는 그가 살았던 시대를 잘 이해하는 것이 필수적이다.

공자가 살았던 시대를 크게 두 가지 관점으로 알아볼 것이다. 첫째는 그가 살았던 주나라의 전통과 문화에 대한 것이고, 둘째는 주나라의 여러 제후국 중 하나였던 노나라의 정치적 상황에 대한 것이다. 거시적으로 주나라가 어떻게 형성되어서 어떤 역사를 겪었는지를 알아보고, 더 세부적으로 주나라의 약소 제후국인 공자의 고향 노나라에서 일어난 정치 주체들의 권력 다툼을 알아보면 공자의 언행과 《논어》에 등장하는 일화를 더 깊이 있게 이해할 수 있을 것이다.

공자가 살았던 시대는 약 2500년 전인 청동기 시대로 종이도 나오기 전이었다. 공자의 시대에는 고대 왕조인 '주나라'라는 정치체가 있었지만 넓은 영토를 다스릴 만한 정치 시스템이 미비한데다가 전 왕조였던 상(商)나라를 정복하는 데 조력했던 부족장들에게 영토를 나누어줄 수밖에 없었기에 주나라는 하나의 구심점이긴 해도 실제적인 권력을 가지지 못했다.[1]

---

1. H.G. 크릴,《공자: 인간과 신화》, 지식산업사, 34p. 공자의 시대에 대한 많

주나라 무왕과 주공

주나라의 왕 또한 상징적인 존재로 전락하였고 실제적인 권력은 제
후국들이 가지고 있었으며 제후국들은 독자적으로 세력을 키우거나 상
호 유동적인 연합을 통해 세력을 키워나갔다. 주나라 이전에는 상왕조
가 있었다. 그리고 그 이전에는 하(夏)왕조가 있었다. 《논어》에서 공자
는 '삼대(三代)'를 자주 언급하는데 공자의 시대와 그 앞에 있었던 두 왕
조를 포함한 하, 상, 주를 일컬어 삼대라 한다. 먼저 공자가 살았던 주나
라 이전의 왕조와 그 통치자들에 대해 알아보자.

공자가 성인이라고 칭송했던 요(堯)임금과 순(舜)임금은 하왕조 이전
의 임금으로, 비록 공자는 그들의 정치적 치적과 높은 인격을 칭찬했지
만 역사적으로 이 두 임금에 대해서는 알려진 바가 많지 않다. 요임금과
순임금이 너무 알려진 바가 없기 때문에 오히려 성인으로 둔갑되었다
고 보는 학자도 있다.[2]

이 두 임금의 훌륭한 점으로 꼽히는 것이 바로 왕위 선양(禪讓)이다.

은 내용이 이 책에 토대를 두어 작성되었다.

2. 마스페로, 《고대중국》, 까치, 45p.

황제와 요임금, 순임금

나라를 자식에게 물려준 것이 아니라 능력이 있는 사람을 간택하여 물려주는 것을 선양이라고 한다. 요임금은 순임금에게 왕위를 물려주었고 순임금은 자신의 신하였던 우(禹)에게 왕위를 넘겨주었다.

농업이 생산의 근간이던 당시 중국에서는 홍수가 빈번하게 일어났으므로 강의 범람을 막고 관개를 개선하는 것이 큰 국정 과제였다. 하지만 성인이라는 요임금과 순임금조차 이 문제를 해결하지 못했고 이는 나라의 큰 문젯거리였다. 결국 '우'라는 순임금의 신하가 나라의 치수에 업적을 세우며 그 능력을 인정받아 왕위를 물려받을 수 있었다고 전한다. 우왕 통치 이후에는 그 아들 계(啓)에게 왕위가 계승되었고 그가 중국 최초의 왕조인 하를 세웠다.

반쯤 전설적 왕조인 하왕조에 대해서는 알려진 것이 별로 없고, 하의 마지막 왕이 될 운명이었던 무도한 폭군 걸왕(桀王) 이야기가 전할 뿐이다. 걸왕은 애첩 말희(妹喜)에게 빠져서 국정을 등한시하고 주색을 탐하며 흥청망청 지냈다. 당시 제후국 중 하나였던 상의 성탕(成湯)은 명재상 이윤(伊尹)의 도움을 받아 걸왕을 공격하여 하왕조를 멸망시키고 상(기원전 1600?~기원전 1046년)왕조를 열었다.

우임금과 탕임금

　실제적인 역사 시기에 속하는 상왕조의 흥망성쇠도 하왕조와 크게 다르지 않았다. 상왕조의 마지막 왕으로 기록된 주왕(紂王) 또한 포악한 군주였다. 그는 애첩 달기(妲己)에게 빠져서 국정을 돌보지 않고 술에 절어 지냈다. 자신의 숙부이자 신하였던 비간(比干)이 자주 간언을 하자 염증을 느낀 주왕은 '성인의 심장에는 구멍이 일곱 개가 있다고 하던데 한번 열어보자'라고 하면서 그의 심장을 갈라서 죽이는 반인륜적인 행위도 서슴없이 행했다.

　이와 같은 무도한 폭군을 제거하고 백성을 도탄에서 구하기 위해 천명(天命)을 받은 주나라 문왕(文王)의 아들 무왕(武王)이 주왕을 공격하여 상왕조를 멸망시키고 주왕조를 세웠다.

　호경(鎬京 오늘날의 시안(西安) 근방)을 도읍으로 했던 주왕조는 서북쪽의 침략자들을 피해 동쪽으로 가 오늘날의 뤄양으로 천도하였는데, 이를 기점으로 앞 시기를 서주시기(西周 기원전 1046~기원전 771년), 뒷 시기를 동주시기(東周 기원전 770~기원전 256년)라고 한다. 그리고 이 동주시기는 춘추시기(기원전 771~기원전 481년)와 전국시기(기원전 481~기원전 256년)로 나뉜다. 공자가 살았던 시기가 동주 시기 중 춘추시기 후기이다.

춘추 시기에는 크게 두 가지 위협이 있었다. 하나는 주나라 밖의 적인 오랑캐의 침략이고, 다른 하나는 주나라의 제후국들이 패권을 차지하기 위한 전쟁이었다. 주나라 밖에서는 동서남북에서 오랑캐들이 위협을 가하고 있었다. 이들은 중국 문화를 따르지 않는 부족으로 언제든지 변경에 위치한 제후국을 침략하여 약탈을 자행하거나 영토를 병합했다.

중국을 통일한 진시황제

춘추시기에 주나라는 상징적인 권력일 뿐이었고 제후들이 세력을 키워서 동맹을 맺고 가장 강력한 체후에게 '패(覇)'라는 칭호를 주었다. 그렇게 주나라의 제후국들은 내부적으로 패권을 차지하기 위해 동맹을 맺거나 전쟁을 벌였다. 당시 강대국으로 패권을 다투는 나라는 남방의 초(楚)나라, 서쪽의 진(秦)나라, 오늘날의 산시성 근방에 있던 진(晉)나라, 오늘날의 산둥성에 있던 제(齊)나라였다. 공자의 고향 노나라는 제나라 밑에 있던 약소국이었다.

이제는 노나라의 국내 정치에 대해 알아보자. 공자가 실제적으로 맞닥뜨려야 했던 현실은 노나라 국내 정치 상황이었다. 공자가 고향 노나라를 떠나 56세라는 나이에 늙은 몸을 끌고 다른 제후국을 돌아다니며 자신의 정치적 이상을 시험할 군주를 찾은 것도 당시 국내 정치에 대한 실망에서 비롯한 것이었다.

노나라뿐만 아니라 모든 제후국은 주나라 왕에게 조회하러 가고 충심으로 섬기도록 되어 있었지만, 주나라는 점차 실질적인 권력을 잃었다. 제후국들 간의 관계는 초기에는 협력하다가 점차 반목하게 되었고

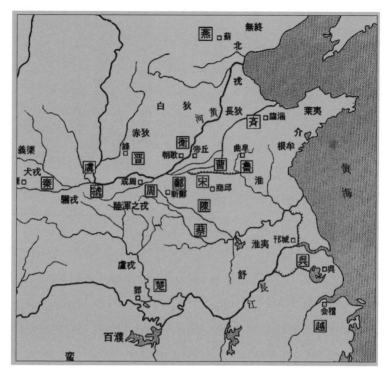

공자시대의 중국

마침내 영토를 차지하기 위한 전쟁을 일삼았다. 그러다가 이제는 주나라의 권위에 도전하는 하극상도 일어났다.

그런 하극상은 제후국 내부에서도 똑같이 일어났다. 제후국 군주에게도 귀족이자 신하였던 유력 가문들이 있었다. 이들 가문들은 세력을 키우는 경쟁을 하면서 제후에게 위협적인 존재로 부상했다. 그러다 어느 순간에는 주군을 허수아비로 만들고 자신의 권력을 마음대로 휘두르게 되었다.

《논어》에 자주 등장하는 삼가(三家)가 바로 이런 세 유력 귀족 가문

《공자성적도(孔子聖蹟圖)》 '퇴수시서(退修詩書)'

공자가 살았던 노나라에서는 임금의 권한을 침범하던 신하인 계씨 집안의 수장이 공적 제사, 침략 전쟁, 정치를 마음대로 농단하고 있었는데 그런 상황에서 공자는 관직에 나갈 생각을 접고 물러나 《시(詩)》와 《서(書)》의 체제와 예악(禮樂)을 고치고 바로잡는 일에 열중했다. 당시에 공자를 찾아와 제자가 되어 배우려는 사람들이 많았다.

을 말한다. 삼가는 맹손씨(孟孫氏), 숙손씨(叔孫氏), 계손씨(季孫氏)를 가리키는데 원래 노나라 환공(桓公)의 아들들이 갈라져 나와서 형성된 가문이기에 삼환(三桓)이라 불리며, 이 중에서 계손씨가 가장 세력이 강했다. 계손씨는 줄여서 계씨(季氏)라고도 하는데 《논어》에 나오는 편명이 〈계씨〉이며, 공자 당시에 노나라의 실질적 최고 권력자였던 계강자(季康子)와 공자의 대화가 《논어》에 많이 실려 있다.

세습으로 고위 관직을 맡아온 귀족 가문 밑에는 그들을 섬기는 신하인 가신(家臣)이 있었다. 삼가가 제후를 대신하여 막강한 권력을 휘둘렀기에 이들 가신들의 정치적 권한도 컸는데, 가신들 역시 자신들의 주군에게 반기를 들고 주군을 잡아 가두거나 지역을 점거하여 반란을 일으키는 일이 잦았다.

《논어》에는 계씨의 가신이었다가 반란을 일으킨 양화(陽貨)와 공산불요(公山弗擾)의 이야기가 나온다. 이러한 하극상과 각종 반란 사건은 비단 노나라에서만 일어난 것이 아니라 거의 대부분 제후국에서 벌어지던 일이었다.

춘추시대에는 주나라 왕조를 섬기던 제후국들 간에 패권을 차지하기 위한 전쟁이 빈번히 일어났고 그 과정에서 권모술수와 비윤리적인 일들과 잔혹한 폭력이 횡행하였다. 대외적인 혼란뿐만이 아니라 제후국 내부에서도 권력을 찬탈하려는 귀족 가문들의 혈투와 신하들의 모반이 끊이지 않았다.

그러한 가운데 난무한 폭력, 속임수, 상호 불신으로 고통받는 사람들은 대부분 힘없는 백성이었다. 권력을 거머쥔 고위 정치인들은 피지배층인 백성의 생명을 파리 목숨쯤으로 여기고 학대했으며 자신들은 사치스러운 생활을 영위했다. 백성은 전쟁에 끌려가거나 나라의 노동력으로 징발되거나 가혹한 세금에 늘 노출되어 있었다.

대내외로 무질서하고 폭력이 자행되는 세상 속에서 공자의 발언들은 다소 위태로운 것이었다. 권력과 부가 없었던 공자는 어떤 면에서 지나치게 용감하고 위험을 감수하는 삶을 살았던 것이다. 공자는 하층민을 대변하여 위정자들에게 거침없이 쓴소리를 했다. 그들의 비윤리적인 행위와 실정을 강하게 비판했다. 공자는 정치적 지위를 얻어 자신의 정치적 비전을 실현하고자 위정자들을 만났으나 그들은 공자의 말을 듣기는 해도 그를 중용하지는 않았다. 실망과 좌절 끝에 공자는 노나라를 떠나 자신의 뜻을 펼 수 있도록 도울 주군을 찾아 나섰다.

공자가 살았던 주나라의 역사와 그중 하나의 제후국이었던 공자의 고향 노나라에 대해 알아보았다. 당시의 현실 정치와 백성의 삶을 이해한다면 《논어》에서 공자가 보인 말과 행동의 개혁적 성격을 더 깊이 이해할 수 있을 것이다.

《논어》는 한반도에 언제 처음 들어왔을까?

《논어》는 언제 처음으로 한반도에 들어왔을까? 정확한 시기는 분명하지 않지만, 문헌에 따르면 늦어도 3세기 중엽 삼국시대로 추정된다. 하지만 이보다 먼저 한반도에 《논어》라는 텍스트가 유입된 증거가 나왔다. 종이가 발견되어 기록물로 쓰이기 이전에 《논어》는 죽간(竹簡)이라고 하는 길쭉한 대나무 조각에 쓰고 그것을 엮어 연결하여 독자들에게 읽혔는데, 한반도 땅에서 그 죽간이 발견된 것이다. 바로 북한 평양 낙랑구역 통일거리 건설 현장에서 발견된 무덤(貞柏洞364號墳)에서 《논어》 죽간 120매 내외가 출토되었고 연대는 기원전 45년으로 알려졌다.[1]

한반도에서는 나무에 쓰인 《논어》 출토 자료가 총 세 차례 나왔다. 위에서 언급한 평양 출토 《논어》 죽간 외에 김해시 봉황동(鳳凰洞)에서 (2003년), 인천시 계양산성(桂陽山城)에서 (2005년) 목간(木簡)이 각각 발견되었다. 두 목간은 대략 4~7세기에 제작된 것으로 알려졌고 대나무가 아닌 목재를 이용하여 나무 기둥을 4~5면으로 깎아서 만들어진 것이다. 이 4~5면에 모두 《논어》의 내용이 쓰여 있었다. 이 두 목간의 제작 연대는 이미 종이를 사용하여 서적을 편찬하던 시기였기에 해당 목간은 독서가 아닌 특별한 용도로 만들어진 것이었다. 이런 점에서 평양출토 《논어》는 시기 면에서나 재료 면에서 이 두 목간 《논어》와 차이가 있다.

---

1. 이성시, 윤용구, 김경호, 〈平壤 貞柏洞364號墳출토 竹簡 《論語》에 대하여〉, 2009.

평양 출토《논어》는 한(漢)나라 무제(武帝)의 변경 개척의 일환으로 조선 지역에 세워진 한사군(漢四郡) 중 하나인 낙랑군(樂浪郡)에서 행정 업무를 담당하던 관원으로 여겨지는 묘주(墓主)가 살아 있을 때 읽었던《논어》를 그가 죽으면서 무덤에 부장물로 매장한 것으로 추정되고 있다. 발견된 죽간에는《논어》〈선진(先進)〉편, 〈안연(顏淵)〉편의 일부 내용이 적혀 있었다.

평양에서 출토된《논어》는 개인이 가지고 있던 독서용이었고, 그것이 본격적인 문화의 전래로 보기는 어렵다. 중국에서 한자, 유학(儒學)과 함께《논어》가 한반도의 나라에 전래된 것은 3세기 중엽으로 본다. 고구려에 오경(五經)[2],《사기(史記)》,《옥편(玉篇)》등의 서적과 함께 유학과 한자가 들어왔지만,《논어》를 중시한 나라는 백제였다. 일본의 고대 신화와 고대사를 담고 있는 문헌《고지키(古事記)》〈오진천황(応神天皇)〉조(條)의 기록에 따르면 4세기경 백제 근초고왕 때 왕인(王仁)이《논어》10권과《천자문》1권을 일본으로 가져왔다고 전한다.[3]

---

2. 《역경》,《시경》,《서경》,《예기》,《춘추》를 말한다.

3. 김영호는《논어의 주석과 해석학》, 2010. 62p에서《고지키》〈오진천황〉조의 기록에 근거하여《논어》의 전래를 늦어도 3세기 중엽으로 보고 있지만, 왕인(王仁) 전래설과《고지키》의 신빙성에 대해 여러 학자들이 의문을 제기했다. 오진천황의 실존 여부가 일본 사학계에서 논쟁 사안이기도 하고, 왕인이 살았던 시기는 4세기인데《천자문》이 6세기 중국 양(梁)나라의 주흥사(周興嗣)에 의해 편찬된 것이기 때문에 오진천황 시대에 왕인에 의해《천자문》이 전래되었다고 보기 어렵기 때문이다. 이병도는 주흥사의《천자문》에 앞서 종요(鍾繇, 151~230)가 편찬한《천자문》이 있었고, 왕인이 전한《천자문》을 종요의 것으로 보면서 왕인 전래설에 문제가 없다고 주장했다. 이에 대해 이근우는 종요의《천자문》이 존재했다는 문헌적 근거가 미약하다고 비판하고, 왕인은 4세기에 활동한 인물이 아니라 6세기에 활동한 왕진이(王辰爾)를

그다음으로는 신라에서는 신문왕(神文王) 2년(682)에 국학(國學)을 설치하고 《논어》를 필수 과목 중 하나로 지정하였다. 고려시대에 와서는 왕실에서 《논어》를 중시하는 모습을 보였다. 왕실에서 직접 서적을 간행하여 하사하거나 《논어》를 마을 어린아이들에게 나누어 주는 등 대중화하려는 움직임을 보이기도 했다. 고려 말에는 주자(朱子)의 《논어》 주석서인 《논어집주(論語集註)》가 들어와 간행되고 사대부들에게 널리 읽히기 시작했다.

조선시대에는 《논어》가 그 어느 때보다 더 중요한 서적이 되었다. 주자학(朱子學)을 국가의 통치 이념으로 삼은 조선에서는 《논어》가 공무원 선발 시험인 과거의 한 과목이 되었기 때문이다. 조선의 식자들에게 《논어》라는 책은 관직에 나아가기 위해서 꼭 숙독해야 하는 책이면서 동시에 유학자로서 읽어야 할 가장 기본적이고도 중추적인 텍스트이기도 했다.

이토록 사대부들에게 매우 중요해진 이 텍스트를 조선의 많은 유학자들은 각자의 방식으로 해석하고, 각기 상이한 해석들을 내놓았다. 물론 주자학을 중심으로 하는 해석들이 대다수였지만, 그럼에도 불구하고 주자학의 굴레를 벗어나는 해석들도 없지 않았다.

《논어》에 대한 주석서로 조선시대에 처음 나온 것은 김인존(金仁存)의 《논어신의(論語新義)》인데 현재 전하지 않고, 현존하는 조선의 첫 주석서는 16세기에 나온 퇴계(退溪) 이황(李滉)의 《논어석의(論語釋義)》이다. 17세기로 넘어오면 퇴계의 해석을 비판하는 해석을 하면서 동시에

모델로 만들어진 허구라고 반박했다. 자세한 사항은 이근우, 〈왕인의 《천자문》·《논어》 일본전수설 재검토〉, 《역사비평》, 2004, 191~217p 참조.

주자의 해석을 집요하게 고집하는《논어》주석이 나오기 시작했다.

　노론 계열의 학자 송시열(宋時烈)과 김창협(金昌協)이 바로 그런 주석
서를 냈다. 18세기에는 양명학파, 퇴계학파, 우암학파, 실학파 계열의
학자들이 나와《논어》주석서를 냈다. 그중 한 명이 실학자 이익(李瀷)
이다. 이익은 역사서, 이를테면《춘추좌씨전(春秋左氏傳)》에 근거하여
《논어》를 해설하는 당시로는 독특한 경전 해설 방식을 보여주었다.

　19세기에 나온 가장 대표적인《논어》주석서는 다산 정약용의《논어
고금주(論語古今註)》이다.[4] 이 저작은 우리나라는 물론이고 중국, 일본
의 방대한《논어》주석서들을 참고하는 것을 특징으로 한다. 또 주자의
해설을 탈피하고 주석들을 꼼꼼히 고증하고 비판하면서 유연하게 자신
의 독특한 해설을 내놓았다는 점에서 조선《논어》학술사의 위대한 저
작으로 꼽히고 있다. 그 밖에도 박세당(朴世堂)의《논어사변록(論語思辨
錄)》, 율곡의《논어율곡언해(論語栗谷諺解)》를 비롯하여 많은 사대부들
의 훌륭한《논어》관련 저술들이 나왔다.

　삼국시대 한반도에 한자, 유학과 함께 들어온《논어》는 고려시대를
거치며 점차 중시되다가 조선시대에 이르러는 모든 식자들이 읽어야
할 필독서이자 공무원 시험 과목이 되었다. 근대화 이후 현대 인터넷 시
대에 이르기까지《논어》는 거의 모든 연령의 다양한 독자들에게 개인의
인격을 닦고 선인의 지혜를 배우기 위한 목적으로 널리 읽히고 있다.

4.　조선에서 이루어진 '논어학'의 전개에 대해서는 이영호, 김경호, 〈조선 논어
　　학의 형성과 전개양상〉,《지하의 논어, 지상의 논어》를 참고하였다. 더 자세
　　한 사항에 대해서는 본 논문을 참고하길 바란다.

홍익 슬기바다《논어》특별 소장본의 특장점과 번역 방향

1. 저본

본서는 중국 북경대출판사에서 나온 십삼경주소(十三經注疏) 시리즈 중의 《논어주소(論語注疏)》(2000)를 저본으로 삼아 한국어 어법에 맞으면서도 독자들이 이해하기 쉽도록 번역하였다. 다만 저본의 모든 주석을 번역한 것이 아니라 주석을 참고하여 《논어》 경문(經文)만을 번역했을 따름이다.

국내에서 출판된 대부분의 《논어》에 대한 번역서들이 신주(新注)라 불리는 주자의 주해서인 《논어집주(論語集註)》의 해석을 전적으로 혹은 부분적으로 채용하여 번역하고 있지만, 본서는 남송(南宋)의 주자 이전, 즉 한당(漢唐) 대에 나온 고주(古注)인 《논어주소》의 해석을 따랐다.

그 까닭은 독자들에게 다양한 번역의 《논어》를 제공하고 싶었기 때문이다. 독자들 중에는 《논어》의 번역이 하나인 줄로만 알고 그것을 정답으로 여기는 사람도 있지만 실로 《논어》는 다양한 해석이 열려 있는 텍스트이다. 《논어》가 처음 기록되고 나서 오늘날에 이르기까지 한국, 중국, 일본, 그리고 세계 다양한 나라의 무수한 학자들이 같은 구절에 대해 상이한 해석을 내놓았고 주석서로 만들어졌다.

그중 《논어》 고주는 주자 이전 시대에 《논어》를 읽는 주요한 통로였다. 주자 역시 남송의 도학자(道學者)들의 해석을 담고 자신의 사상을 녹여낸 《논어집주》를 쓰기 전에 《논어》 고주 주석서를 참고했고 그의 책에 일부 포함시켰다. 《논어집주》는 고려시대 말에 들어왔는데 그 이

전 시기에 우리나라에서 보았던 《논어》는 고주 주석서이기 때문에 고주의 집적인 《논어주소》를 번역하여 독자들에게 제공하는 일도 큰 의미가 있는 일이라고 본다. 이는 곧 삼국시대와 고려시대에 읽고 이해했던 《논어》를 현대에 다시 읽는 일이기도 하다.

하지만 우리나라에서는 학계나 출판계에서 공히 가장 큰 비중을 차지하고 있는 《논어집주》에 익숙한 독자들도 많고, 비교를 하면서 읽으면 더 풍부하고 심도 있는 독서가 가능해지기 때문에 본서에서는 차이가 극명한 일부 구절에 한해 각주에서 《논어집주》의 번역을 소개하였다.

2. 가장 간결하고 꼭 필요한 해설만을 담았다

홍익 슬기바다 《논어》 특별 소장본의 가장 큰 편집 방향은 내용을 가급적이면 줄이자는 것이다. 《논어》는 적게는 100쪽, 많게는 1만 쪽 이상으로도 만들어질 수 있다. 《논어》의 원문에 대한 주석이 있고, 그 주석에 대한 주석, 그에 대한 반론, 그 반론에 대한 반론 등 《논어》 주석서들은 역사 속에서 꾸준히 축적되어왔기 때문에 방대한 내용을 포함시킬 수 있다.

하지만 《논어》를 학문적으로 접하려는 목적이 아니라 단지 공자의 지혜를 통해 삶에서 적용할 수 있는 교훈을 얻고자 하는 독자들에게 지나치게 많은 내용이나 학구적인 해설은 불필요하다고 생각한다. 학술적으로 더 가치 있고 방대한 정보를 담은 《논어》 번역서는 많지만, 일반 독자들이 편하게 읽을 수 있으면서 깊이 있는 이해에 도달할 수 있게 돕는 《논어》 번역서는 많지 않다. 그렇기 때문에 《논어》의 번역문 이외

의 추가적인 내용을 최대한 적게 신되, 설명이 꼭 필요한 부분은 빠뜨리지 말고 해설을 제공해야 한다고 생각했다.

3. 역사적 배경 설명을 상세하게 제공하였다

《논어》를 읽다 보면 한글 번역문은 이해가 되지만 전체적으로 무슨 말을 하려는지 이해가 안 되는 경우가 있다. 《논어》라는 책은 스승 공자와 제자들, 위정자들과의 문답이고, 그 질의응답 속에는 맥락이 있다. 역사적인 사건과 앞뒤 상황이 있고 거기에 관해 공자와 제자가 질문과 대답을 하기 때문에 그러한 배경 지식을 모르면 번역문을 읽고 대강은 이해하더라도 그 속에 담긴 진정한 의미는 파악할 수 없다.

그런 연유로 《논어》를 여러 차례 읽은 사람조차 특정 구절이 뜻하는 바를 정확하게 알지 못하는 경우가 많다. 공자와 비교적 가까운 시기의 독자들 또한 종종 《논어》의 애매모호한 구절에 대해 추론과 가설을 내놓기도 했다. 그중 어떤 것들은 비교적 명료하고 어떤 것은 여전히 모호한 상태로 남아 있는데, 주석서에 실린 그러한 담론들을 뽑아서 각주에 실었다.

4. 공자의 '대화의 기술'에 대해서 설명했다

《논어》를 제대로 이해하기 위해서는 번역문의 글귀만 좇아서는 안 된다. 공자의 발화 방식을 제대로 이해해야만 공자의 참된 의도를 잘 알 수 있다. 공자는 반어법, 비유, 풍자, 조롱, 비꼼, 의사를 전달하는 행동과 몸짓 등 다양한 방식으로 메시지를 전달한다. 따라서 특정 발화 상황에서 공자의 의도가 무엇이었는지는 공자 특유의 화법을 이해해야만 제대로 이해할 수 있다.

공자의 제자들조차 공자 앞에서 친히 듣고도 때때로 그의 의도를 잘못 이해하는 경우가 많았다. 공자는 때때로 짓궂게 제자들에게 말했는데, 직설적이고 친절하게 말해주지 않고 제자들이 충분히 사고해서 스스로 깨침을 얻을 수 있도록 돌려서 말하기도 했다. 총명한 제자는 그 심오한 의미를 곧장 알아차려서 칭찬을 받기도 했고, 다소 아둔한 제자는 총명한 제자에게 스승의 말이 뜻하는 바를 되묻기도 했다. 이 책에서는 그러한 공자의 화법에 주의를 기울여 공자의 말 뒤에 있는 역사적 사건과 정황, 그리고 공자의 의도를 드러내는 독특한 발화 방식에 대해 해설을 실었다.

5. 《논어》에서 '존댓말'을 제거했다

공자가 살았던 시대의 고대 중국어, 더 정확하게는 공자가 썼던 노나라 방언에 '존댓말'이 발달했다고 볼 근거는 없다. 그런 까닭인지 현대 중국어 번역에서도 '子曰(자왈)'을 '孔子說(공자설)' 즉, '공자가 말했다'라고 번역한다. 영미권의 번역서에서도 대개 'The Master said'으로 번역한다. 우리나라 일부 번역서에서 '공자께서 말씀하셨다'라고 번역하는 것과 대조적이다.

세계적인 번역의 추세를 따를 뿐만 아니라 역자는 독자들이 공자를 신성화 내지는 우상화 하지 않고 한 인간으로서의 공자 그 자체로 이해하기를 바랐다. 지나치게 공자를 높이지 않고, 훌륭한 인격을 갖추었지만 때로는 지극히 인간적인 감정을 가진, 또한 단점도 가진 인간 공자를 만나는 기회를 제공하고 싶었다. 그러는 데에 있어서 존댓말이 다소 장애가 될 수 있다고 판단했기 때문에 본 역서에서는 공자에 대한 '존댓말'을 제거하여 번역하였다. 다만, 내용상 존경을 표현하거나 상하 신분을 드러내는 부분에 한해 어감을 살리고 화자를 구분하기 용이하도록 부득이하게 몇몇 구절은 존댓말을 살려서 번역하였다.

6. 한자어 해설을 상세하게 제공했다

본 역서는 '번역문', 《논어》 원문, '한자어 해설'로 구성되었고, 역사적인 배경과 공자의 의도에 대한 부가적인 해설을 '각주'에 실었다. 번역문을 원문과 대조하여 읽을 수 있도록 배열하였고, 난해한 한자어를 상세하게 해설하였다. 《논어》의 문장 속에는 실제 뜻을 드러내는 한자인 실사(實辭)가 있고, 조사 역할을 하거나 조건문을 표현하는 등 다양한 문법적 역할을 하는 데에 쓰이는 허사(虛辭)가 있다. 같은 한자가 어떤 때에는 실사로 쓰이기도 하고 허사로 쓰이기도 한다. 예를 들어, '與'(더불여)가 '더불다', '같이하다', '함께하다', '돕다' 등의 뜻으로 쓰일 때는 실사로 쓰인 것이고, '~와'로 쓰이면 전치사의 역할을 하는, 곧 허사의 용례로 쓰인 것이다. 그렇기 때문에 수많은 한자 낱말의 뜻을 알고 있더라도 허사를 모르면 '한문(漢文)'을 읽어낼 수가 없다. 마치 영어를 배울 때 단어도 알아야 하고, 문법도 알아야 하는 이치와 같다. 본서에서는 독자들이 《논어》를 읽으면서 공자의 가르침과 지혜에 대해서 배울 뿐만 아니라 기초적인 한문 공부도 할 수 있도록 한자 실사와 허사를 상세히 해설해 두었다.

論語

제1편

학이 學而

1-1

공자가 말했다.

"몰랐던 것을 배우고서 때에 따라 익히면 기쁘지 않겠는가? 친구가 먼 곳에서 찾아오면 즐겁지 않겠는가? 남이 나를 인정해주지 않아도 화내지 않는다면 군자(君子)[1]가 아니겠는가?"

子曰 學而時習之, 不亦說乎? 有朋自遠方來, 不亦樂乎?
자 왈 학 이 시 습 지 불 역 열 호   유 붕 자 원 방 래   불 역 락 호

人不知而不慍, 不亦君子乎?
인 부 지 이 불 온   불 역 군 자 호

而(이): 접속사로서 순접이나 병렬 관계를 표현한다. 연속되는 동사 사이에 쓰인다.

習(습): 익히다.

---

1. 군자란 덕행이 훌륭한 사람이라는 뜻으로도 쓰이고, 지위가 높은 사람이라는 뜻으로도 쓰인다. 여기에서는 전자의 의미로 쓰였다.

不亦~乎?: 단순 의문문이 아니라 긍정적인 대답을 요구할 때 쓰는 수사 의문
　　　　문의 어법이다. 亦(역)은 '또한', '정말로'라는 뜻도 있다.

說(열): 즐겁다.

有(유): 있다. 어떤.

人(인): 다른 사람. 타인.

知(지): 알아봐 주다. 알다.

慍(온): 화내다.

1-2

유자(有子)[2]가 말했다.

"사람 됨됨이가 효성스럽고 어른을 공경할 줄 아는 사람 중에 윗사람
을 해치는 사람이 드물다. 윗사람을 해치기를 좋아하지 않으면서 반란
을 일으키는 것을 좋아하는 사람은 이제껏 없었다. 군자는 근본이 되는
일을 바로 세우려고 힘쓴다. 근본이 바로 서면 사람됨의 도리가 거기에
서 나온다. 효도와 공경은 인(仁)[3]을 행하는 근본일 것이다."

---

2. 공자의 제자로 성은 유(有)이고 이름은 약(若)이다. 공자보다 13세 적었다.
　　일설에 따르면 33세 적었다고 한다. 유약을 '유자'라고 했는데 '자(子)'는 선
　　생님이라는 뜻으로 존칭이다. 이는 공자 사후에 공자 제자 집단으로부터 존
　　숭을 받아서 그렇게 칭한 것으로 여겨진다.

3. 인은 공자가 인정하는 가장 높은 덕목을 말한다. 이상적인 인격자에게서만
　　나올 수 있는 선함과 지혜를 겸비한 덕목이자 타인을 아끼는 덕목이다. 하지
　　만 인을 한두 단어로 간략히 설명하기는 어렵다. 실제로 《논어》에서도 제자
　　들이 인에 대해 물을 때마다 공자는 제자들의 수준과 상황에 맞게 다른 대답
　　을 주었다.

有子曰 其爲人也孝弟, 而好犯上者, 鮮矣. 不好犯上,
유 자 왈 기 위 인 야 효 제 이 호 범 상 자 선 의 불 호 범 상

而好作亂者, 未之有也. 君子務本, 本立而道生.
이 호 작 란 자 미 지 유 야 군 자 무 본 본 립 이 도 생

孝弟也者, 其爲仁之本與!
효 제 야 자 기 위 인 지 본 여

其(기): 대명사로 '그', '그의'로 해석한다. 추정의 의미로도 쓰인다. 그때에는 '아마도', '혹'으로 해석한다.

者(자): 사람. 앞에 수식하는 부분이 나오면 '~하는 사람', '~인 사람'으로 해석한다.

鮮(선): 드물다.

好(호): 좋아하다.

犯(범): 범하다. 침범하다.

也(야): 명사구나 명사화된 동사구에서 화제를 표지하는 역할을 하는 어조사이다. 그밖에 긍정의 어기, 감탄, 원인, 강조, 의문을 드러나는 어조사로 쓰인다.

弟(제): 아랫사람으로 손윗사람을 공경하는 것이다.

與(여): 문장 끝에 쓰여서 '추측', '감탄', '반문', '선택'을 나타내는 허사이다.

1-3

공자가 말했다.

"듣기 좋은 말을 하고 얼굴빛을 꾸며 남이 자기를 좋아하게 하려는 사람 중에는 인한 사람이 없다."

子曰 巧言令色, 鮮矣仁.
자 왈 교 언 령 색 선 의 인

巧(교): 교묘하다. 정교하다. 아름답다.

令(령): 좋다. 아름답다.

1-4

증자(曾子)[4]가 말했다.

"나는 하루에 세 가지로 내 자신을 돌이켜본다. 남을 위해 일할 때 온 맘 다해 하였나? 친구와 함께 지낼 때 진심을 다했나? 내가 완벽히 익히지 않은 것을 함부로 남에게 전수했나?"

曾子曰 吾日三省吾身. 爲人謀而不忠乎?
증 자 왈   오 일 삼 성 오 신   위 인 모 이 불 충 호

與朋友交而不信乎? 傳不習乎?
여 붕 우 교 이 불 신 호   전 불 습 호

吾(오): 나(1인칭).

省(성): 살피다. 성찰하다.

爲(위): 위하다.

謀(모): 계획하다. 모의하다.

忠(충): 진심을 다하다.

與(여): ~와 함께.

傳(전): 전수하다. 전하다.

---

4. 공자의 제자로 이름은 삼(參)이다. 공자보다 46세 어렸다. 효도(孝道)를 잘했다고 알려졌다.

1-5

공자가 말했다.

"큰 나라를 맡아서 다스리는 일에서는 일처리를 신중하게 하고 백성을 성실함과 신뢰를 가지고 대하며, 나라 예산을 절약해서 쓰고 사람을 아끼며, 사람들의 노동력을 쓸 때는 그들이 처한 상황을 고려해서 일을 시켜야 한다."

子曰 道千乘之國, 敬事而信, 節用而愛人, 使民以時.
자 왈 도 천 승 지 국   경 사 이 신   절 용 이 애 인   사 민 이 시

道(도): 정치를 펴다. 나라를 맡아 다스리다.

千乘(천승): 천 개의 전투용 수레라는 뜻으로, 천 개의 수레를 낼 수 있는 나라라는 뜻의 千乘之國(천승지국)은 그 규모가 큰 나라라는 의미이다. 보통 제후가 다스리는 규모의 나라를 말한다.

敬(경): 신중하다. 공경스럽다.

節(절): 절약하다. 물자를 아끼다.

用(용): 비용.

愛(애): 사람을 아끼다. 사랑하다.

使(사): (사람을)부리다. 시키다.

以(이): 수단이나 방법을 표현할 때 쓴다. '~으로써', '~으로'라고 해석한다.

時(시): 때. 시기. 적당한 때.

1-6

공자가 말했다.

"젊은이들이 집안에서는 효성스럽고 밖에서는 어른들을 공경하고 몸

가짐을 단속하고 말에 신의가 있고, 대중을 널리 포용하고 인자(仁者)[5]를 가까이해야 한다. 이렇게 실천하고도 여력이 있으면 선왕(先王)[6]이 남긴 문헌을 배워야 한다."

子曰 弟子入則孝, 出則悌, 謹而信, 汎愛衆而親仁.
자 왈 제 자 입 즉 효 출 즉 제 근 이 신 범 애 중 이 친 인

行有餘力, 則以學文.
행 유 여 력 즉 이 학 문

悌(제): 공경하다.

謹(근): 공경스럽고 몸가짐을 삼가다.

汎(범): 광범위하게

愛(애): 아끼다.

1-7

자하(子夏)[7]가 말했다.

"훌륭한 사람을 훌륭한 사람에 걸맞게 대우하되 여자를 좋아하는 마음 정도로 좋아하고, 부모를 전심으로 섬기고 임금을 한 몸 바쳐 모시고, 친구를 사귈 때 말에 신뢰가 있으면 그런 사람이 비록 배우지 못했다고 하더라도 나는 그를 반드시 '배운 사람'이라고 부를 것이다."

---

5. 인의 덕성을 가진 사람으로, 도덕적으로 완벽한 사람이다.

6. 이상적인 통치를 했고 인격적으로도 훌륭한 과거의 왕들을 말한다.

7. 공자의 제자로 성은 복(卜), 이름은 상(商), 자(字)는 자하이다. 공자보다 44세 어렸다.

子夏曰 賢賢易色, 事父母能竭其力, 事君能致其身,
자 하 왈 현 현 역 색 사 부 모 능 갈 기 력 사 군 능 치 기 신

與朋友交言而有信, 雖曰未學, 吾必謂之學矣.
여 붕 우 교 언 이 유 신 수 왈 미 학 오 필 위 지 학 의

賢(현): 현자로서 대우하다. 현자.

易(역): 바꾸다.

色(색): 여자

事(사): 섬기다. 모시다.

竭(갈): 다하다.

雖(수): 비록.

未(미): 아직 ~ 않다.

謂(위): ~에게 말하다. ~에 대해 말하다.

矣(의): 문장의 끝에 쓰이는 문말 조사로 완료, 미래, 필연, 추측, 가능성, 감탄,
희망, 명령의 의미를 만들어 낸다.

1-8

공자가 말했다.

"군자가 무게감이 없이 언행하면 위엄이 떨어지고 배움도 탄탄하지
못하게 된다. 진정성이 있고 신뢰가 있는 사람을 가까이하고, 나만 못한
사람의 친구가 되지 말고, 단점이 있으면 과감하게 고치기를 어려워 말
아야 한다."

子曰 君子不重則不威, 學則不固. 主忠信,
자 왈 군 자 부 중 즉 불 위 학 즉 불 고 주 충 신

無友不如己者, 過則勿憚改.
무 우 불 여 기 자 과 즉 물 탄 개

則(즉): ~면.

主(주): 가까이하다(親).

無(무): 말라(명령).

A不如(불여)B: A가 B만 못하다.

憚(탄): 어려워하다(難).

1-9

증자가 말했다.

"지도자가 부모님의 상을 슬픔을 다하여 치르고 공경을 다하여 제사
를 치르면 백성의 도덕성도 훌륭해질 것이다."

曾子曰 愼終追遠, 民德歸厚矣.
증 자 왈 신 종 추 원   민 덕 귀 후 의

愼(신): 삼가다. 조심하다.

終(종): 죽음.

追(추): 쫓다. 따르다.

遠(원): 멀다. 여기서는 부모를 장사 지낸 뒤로 세월이 오래되었다는 의미로 쓰
        였다.

歸(귀): 돌아가다.

厚(후): 두텁다.

1-10

자금(子禽)[8]이 자공(子貢)[9]에게 물었다.

"공자 선생님께서는 한 나라에 도착할 때마다 그 나라 정치 상황에 대해 듣고 관여하시는데 그것은 선생님께서 요구하신 것입니까? 아니면 그 나라 임금이 자발적으로 와서 요청한 것입니까?"

자공이 대답했다.

"선생님께서는 온화함, 선량함, 공손함, 검약함, 양보라는 덕성으로 그런 기회를 얻은 것입니다. 선생님께서 정치 참여를 요구하는 방식은 다른 사람의 방식과는 다릅니다!"

子禽問於子貢曰 夫子至於是邦也, 必聞其政,
자 금 문 어 자 공 왈 부 자 지 어 시 방 야   필 문 기 정

求之與? 抑與之與? 子貢曰 夫子溫良恭儉讓以得之,
구 지 여   억 여 지 여   자 공 왈 부 자 온 량 공 검 양 이 득 지

夫子之求之也, 其諸異乎人之求之與.
부 자 지 구 지 야   기 저 이 호 인 지 구 지 여

與(여): 참여하다. 관여하다. 의문을 나타내는 허사(虛詞).

抑(억): 아니면. 아마도. 혹시.

其諸(기저): 부정이나 추측의 어기를 띠는 어조사로 '대개', '아마도'로 해석한다.

---

8. 위(衛)나라 사람으로 성은 진(陳), 이름은 항(亢)이다. 자금은 그의 자이다. 공자의 제자라는 견해도 있고 아니라는 견해도 있다. 진항이 아니라 자금이라는 이름의 동명이인으로 보는 견해도 있다. 자금에 대한 다른 일화는 〈자장〉 25장(19-25)을 참조.

9. 공자의 제자로 성은 단목(端木), 이름은 사(賜), 자는 자공이다. 위(衛)나라 사람으로 공자보다는 31세 어렸다.

부자(夫子): 중국 고대에서 사용되던 존칭어이다. 보통은 대부를 역임한 남성에 대해서 쓰던 존칭어인데, 공자가 노나라에서 대부를 역임했다고 하여 제자들이 스승인 공자를 부자라고 불렀다고 한다. 훗날에는 선생님이라는 뜻으로 쓰였다. 《논어》에서 '부자'는 주로 제자들이 공자를 가리키는 말로 쓰이나 때때로 다른 사람에 대한 존칭어로 쓰이기도 한다. 공자가 공숙문자, 계씨를 가리켜 '부자'라고 쓴 용례가 있다.

於(어): ~에게. ~에서. ~까지. ~에 의하여. ~으로. ~을.

1-11

공자가 말했다.

"부모님이 살아 계실 때는 그 자식의 의중을 보고, 부모님이 돌아가셨을 때는 그 자식의 행위를 보아야 한다.[10] 3년 동안 부모님의 방침을 바꾸지 않는다면 그것을 효도라 부를 수 있다."[11]

子曰 父在, 觀其志, 父沒, 觀其行, 三年無改於父之道,
자 왈 부 재　관 기 지　부 몰　관 기 행　삼 년 무 개 어 부 지 도

可謂孝矣.
가 위 효 의

---

10. 부모님이 살아 계실 때는 자식이 제멋대로 행동하기가 쉽지 않다. 부모님이 돌아가시고 난 후에 자식은 거리낌 없이 행동하기 쉬우므로 자식의 행위를 보고 그의 인간성을 판단할 수 있다.

11. 3년은 전통 사회에서 행해졌던 상례 기간을 말한다. 아버지의 방침이 올바르고 타당하다면 바꿀 이유가 없지만 바꿀 이유가 있다면 당장 바꿔야 한다. 당장 바꿔야 함에도 차마 바꾸지 못하는 그 마음이 바로 효자의 마음이다. 즉, 기본적으로 아버지의 방침을 바꿔야 할 타당하고 명백한 이유가 있음에도 아버지에 대한 효심으로 삼년상 동안 못 바꾼다는 것이다.

觀(관): 보다. 살피다.

志(지): 의중. 뜻.

沒(몰): 죽다.

可(가): 할 수 있다. 할 만하다.

1-12

유자가 말했다.

"예(禮)는 화합(和合)하는 것을 귀중한 가치로 여긴다.[12] 선왕의 도(道)는 이것을 아름답게 여겼다. 작은 일이나 큰일이나 모두 예만을 따르면 무엇인가 제대로 되지 않는 것이 있다. 화합의 중요성만을 알고 화합만을 추구하여 예로 절제하지 않으면 이 또한 안 될 일이다."

有子曰 禮之用和爲貴. 先王之道斯爲美, 小大由之,
유 자 왈　 예 지 용 화 위 귀　　 선 왕 지 도 사 위 미　　 소 대 유 지

有所不行. 知和而和, 不以禮節之, 亦不可行也.
유 소 불 행　　 지 화 이 화　　 불 이 예 절 지　　 역 불 가 행 야

用(용): 쓰임. 사용. 적용.

爲(위): ~로 삼다. ~로 여기다. ~이 되다.

斯(사): 이것.

由(유): 따르다. 말미암다.

---

12. 예는 정치 제도, 예식의 절차를 뜻하기도 개인의 행위 준칙을 뜻하기도 한다. 그렇기에 예는 기본적으로 엄격한 준수를 중시한다. 그와 반대되는 것이 화합이다. 화합에는 느슨함, 타협, 유연함이란 성질이 있다. 공자는 예란 기본적으로 엄격함이라는 성격을 갖지만 그 가운데 조화의 여지를 갖는 것이 중요하다고 본 것이다.

1-13

유자가 말했다.

"속임이 없는 약조가 사리에 합당하면 그 말을 지킬 수 있다.[13] 공손함이 예에 가까우면 치욕으로부터 멀어질 수 있다.[14] 친한 사람에게서 친함을 잃지 않는다면 또한 존경할 만하다."

有子曰 信近於義, 言可復也, 恭近於禮, 遠恥辱也.
유 자 왈 신 근 어 의   언 가 복 야   공 근 어 예   원 치 욕 야

因不失其親, 亦可宗也.
인 불 실 기 친   역 가 종 야

復(복): 이행하다.

恥(치): 치욕.

因(인): 친하다.

宗(종): 존경하다.

---

13. '의(義)'라는 말은 사리에 합당하다는 뜻이다. 속임이 없는 약조가 사리에 꼭 부합하는 것은 아니다. 역으로 사리에 부합하는 일이라도 꼭 약조를 지킬 필요는 없다. 속임이 없는 약조이지만 사리에 합당하지 않은 고사는 미생지신(尾生之信) 이야기에 나온다. 미생(尾生)은 사랑하는 여자와 다리 밑에서 만나자는 약속을 하고 기다렸다. 여자는 오지 않는데 비가 내리고 물이 차오름에도 불구하고 그는 끝까지 기다리다가 결국 익사하고 말았다. 따라서 속임이 없는 약조라도 사리에 합당해야만 지킬 수 있는 것이다.

14. 공손함을 그 자체로 예와 동일시하기 쉽지만, 실제로는 그렇지 않다. 공손함을 예법보다 과도하게 실행하거나 부족하게 실행하면 오히려 모욕을 당할 일이 많게 된다. 그러므로 공손함을 예에 '가까이해야' 한다고 말한 것이다.

1-14

공자가 말했다.

"군자는 음식에 배부르기를 추구하지 않고 거처에 안락함을 추구하지 않는다.[15] 맡은 일은 민첩하게 행하고 말을 신중하게 하고, 도를 깨친 사람이 있으면 가서 옳고 그름을 묻는다. 이렇다면 배우기를 좋아하는 사람이라고 부를 만하다."

子曰 君子食無求飽, 居無求安. 敏於事而愼於言,
자 왈 군 자 식 무 구 포　거 무 구 안　민 어 사 이 신 어 언

就有道而正焉. 可謂好學也已.
취 유 도 이 정 언　가 위 호 학 야 이

求(구): 추구하다. 좇다.

飽(포): 배부르다.

就(취): ～에(게) 가다. ～에(게) 나아가다.

1-15

자공이 물었다.

"가난하면서도 아첨하지 않고, 부유하면서도 교만하지 않는 사람은 어떻습니까?"

---

15. 배불리 먹는 것과 안락한 거처를 누리길 바라는 것은 인지상정이다. 군자가 포식과 편안한 주거를 추구하지 않는다는 것은 그것을 싫어한다는 것이 아니라 그런 것을 추구할 겨를이 없다는 것이다. 군자라 불리는 사람은 그런 세속적 가치는 안중에 없고 오직 배우는 일에 갈급한 인간형이다.

공자가 답했다.

"괜찮다. 그렇지만 가난하면서도 도를 즐거워하고 부유하면서도 예를 좋아하는 사람만 못하구나!"

자공이 말했다.

"《시경》에서 말한 '끊은 것 같고 간 것 같고, 쫀 것 같고 연마한 것과 같다'는 경지가 바로 그것을 말한 것입니까?"

공자가 말했다.

"사(賜)[16]야! 너와 함께 시(詩)를 논할 수 있겠구나! 하나를 알려주니 둘을 아는구나!"[17]

子貢曰 貧而無諂, 富而無驕, 何如? 子曰 可也.
자 공 왈 빈 이 무 첨   부 이 무 교   하 여   자 왈 가 야

未若貧而樂, 富而好禮者也. 子貢曰 詩云, 如切如磋,
미 약 빈 이 락   부 이 호 예 자 야   자 공 왈 시 운   여 절 여 차

如琢如磨. 其斯之謂與? 子曰 賜也, 始可與言詩已矣!
여 탁 여 마   기 사 지 위 여   자 왈 사 야   시 가 여 언 시 이 의

告諸往而知來者.
고 저 왕 이 지 래 자

諂(첨): 아첨하다.

---

16. 자공을 말한다.

17. 자공이 어떤 훌륭한 경지에 대해서 묻자 공자는 그보다 한층 더 훌륭한 경지에 대해 일러주었다. 자공은 그것을 듣고 시에서 말한 경지와 연결하여 형상화했다. 제자인 자공은 공자가 자신에게 어떤 이치를 알려주면 공자가 알려주지 않았던 이치와 연결해서 지식을 확충했다. 공자는 자공의 그러한 자질을 칭찬하였다. 스승에게서 배운 지식을 앵무새처럼 반복하는 것이 아니라 자기 방식으로 가르침을 소화했다는 것을 보여준다.

驕(교): 교만하다.

何如(하여): 어떠한가? 무엇인가?

如(여): 마치 ～와 같다.

切(절): 끊다.

磋(차): 갈다.

琢(탁): 쪼다. 다듬다.

磨(마): 연마하다.

斯(사): 이것.

諸(저): ～에게. ～에서. ～로부터. ～을(를).

1-16

공자가 말했다.

"나는 남이 나를 알아주지 않는 것을 걱정하지 않고, 내가 남을 몰라
줄까 걱정한다."[18]

子曰 不患人之不己知, 患不知人也.
자 왈 불 환 인 지 불 기 지   환 부 지 인 야

患(환): 걱정하다. 근심하다.

---

18. 사람들은 남을 알아봐주는 일에는 소홀하면서도 남이 자신을 알아봐주지 않
   는 것에 섭섭해한다. 공자는 그와 반대로 내가 다른 사람을 충분히 알아봐주
   지 못하는 것은 아닌지 걱정한다고 말한 것이다.

제2편
위정 爲政

2-1

공자가 말했다.

"덕(德)으로 정치하는 것은, 비유하자면 북극성이 제자리에 있으면 많은 별이 북극성을 빙 둘러 도는 것과 같다."[1]

子曰 爲政以德, 譬如北辰, 居其所, 而衆星共之.
자 왈 위 정 이 덕   비 여 북 신   거 기 소   이 중 성 공 지

爲政(위정): 정치를 하다.

譬(비): 비유하다.

北辰(북신): 북극성.

衆星(중성): 여러 별.

---

1. 정치를 고매한 인격으로 할 수 있다는 것에 대한 설명이다. 정치 지도자가 가진 도덕적 감화의 효과로 지도자가 올바른 자리를 지키기만 하고 특별히 인위적인 행위를 하지 않아도 정치 조직이 원활하게 돌아간다는 것을 표현하는 말이다.

2-2

공자가 말했다.

"《시경》이 300편이 되지만 한 마디로 총결하여 말할 수 있다. 즉, 생각에 사특함을 없게 하라는 것이다."[2]

子曰 詩三百, 一言以蔽之, 曰思無邪.
자 왈 시 삼 백　일 언 이 폐 지　왈 사 무 사

蔽(폐): 덮다. 총결하다.

邪(사): 사특함.

2-3

공자가 말했다.

"백성을 법령으로 다스리고 형벌로써 규제하면, 백성은 구차하게 형벌을 면하면서도 범법 행위에 대해 부끄러워할 줄 모르게 된다. 백성을 덕으로 다스리고 예로써 규제하면 백성은 부끄러워할 줄 알고 올바른 사람이 될 것이다."[3]

---

2. '생각에 사특함이 없게 하라'는 말의 원문은 '思無邪'로 《시경》〈노송(魯頌) 구(駒)〉의 한 구절이다. 공자의 이 언명을 듣고서 《시경》에는 생각에 사특함이 없는 소위 고매한 서정시만 수록되었다고 생각해서는 안 된다. 《시경》에 실린 시는 일종의 고대 노래 가사의 성격을 갖는데 남녀상열지사, 불륜 등의 내용도 담고 있다. 물론 선한 내용도 다수 있다. 단지 《시경》의 교육적 기능은 그 속에 수록된 선한 내용으로부터 배우고 또 악한 내용으로부터 독자가 경계로 삼을 수 있다는 데 있다.

3. 법이나 형벌은 국가가 질서와 치안을 유지하기 위해 행사하는 강압과 폭력

子曰 道之以政, 齊之以刑, 民免而無恥. 道之以德,
자 왈 도 지 이 정   제 지 이 형   민 면 이 무 치   도 지 이 덕

齊之以禮, 有恥且格.
제 지 이 예   유 치 차 격

道(도): 인도하다(導).

齊(제): 다스리다.

刑(형): 형벌.

恥(치): 부끄러워하다.

且(차): 또, 또한.

格(격): 바로잡다.

2-4

공자가 말했다.

"나는 15세에 배움에 뜻을 두었고, 30세에는 이룬 것이 있고,[4] 40세에는 미혹스러운 일에 흔들리지 않았고, 50세에는 천명(天命)을 알았고, 60세에는 어떤 말을 들으면 그 속의 은미한 뜻을 알았고, 70세에는 마음이 내키는 대로 행동해도 법도를 넘지 않았다."

이다. 그렇게 가혹한 수단으로 통치할 때 백성은 법망을 피해 나갈 궁리를 하고 법을 위반하더라도 부끄러움을 모르게 된다. 이와 반대로 지도자의 높은 인격과 예라는 수단은 비폭력적이고, 교육을 통한 백성의 교화에 초점을 맞춘다. 공자가 생각한 이상적인 정치는 백성에게 옳고 그름을 알려주고 그른 일을 했을 때 부끄러움을 갖도록 만드는 일이었다.

4. '립(立)'이라고 표현된 공자의 말에 대해서는 여러 해설이 있다. 주자는 15세에 배움에 뜻을 둔 것이 점차 강화되어 확고해지면 그 지향이 단단해져서 의식적으로 지향하지 않아도 된다는 뜻이라고 설명했다.

子曰 吾十有五而志于學, 三十而立, 四十而不惑,
자 왈 오 십 유 오 이 지 우 학   삼 십 이 립   사 십 이 불 혹

五十而知天命. 六十而耳順, 七十而從心所欲不踰矩.
오 십 이 지 천 명   육 십 이 이 순   칠 십 이 종 심 소 욕 불 유 구

踰(유): 넘다.

矩(구): 법도.

2-5

맹의자(孟懿子)[5]가 효도에 대해 묻자 공자가 말했다.

"위배되지 않게 행동하는 것이다."

번지(樊遲)[6]가 수레를 몰고 있는데 공자가 말했다.

"맹의자가 나에게 효도에 대해서 물었는데, 내가 위배되지 않게 행동
하는 거라고 일러주었다."[7]

---

5. 노나라의 대부로 성은 중손(仲孫), 이름은 하기(何忌)이다. 시호(諡號)는 의
   (懿)이다. 그의 아버지 맹희자(孟僖子)는 죽기 직전에 그에게 공자에게 가서
   예를 배우라는 유언을 했다. 맹의자는 당시 노나라의 권력을 독점하고 있던
   세 대부 가문인 삼환(三桓) 중 하나인 중손씨(仲孫氏) 가문 사람이었다. 중손
   씨는 나중에 맹손씨(孟孫氏)로 불렸으며, 나머지 두 가문은 숙손씨(叔孫氏),
   계손씨(季孫氏)이다. 맹손씨, 숙손씨, 계손씨는 모두 노나라 환공(桓公) 아들
   들의 후손이라서 삼환이라고 불렸다.

6. 공자의 제자로 이름은 수(須), 자(字)는 자지(子遲)이다. 공자보다 46세 어렸
   다는 기록도 있고, 36세 어렸다는 기록도 있다.

7. 공자는 맹의자에게 효도에 대해 일러주고는 왜 다시 한번 번지에게 그것을
   말했을까? 고대 유학자들은 공자가 맹의자에게 간단하게 알려주어서 스스
   로 깨칠 것을 기대하였지만, 혹시나 그가 잘못 해석하여 부모의 뜻을 거스르
   지 않고 순종한다는 뜻으로 오해할까봐 맹의자와 가까운 번지에게 본래의

번지가 물었다.

"무슨 뜻입니까?"

공자가 대답했다.

"부모가 살아 계실 때는 예법대로 섬기고 돌아가신 후에는 예법대로 장사 지내고, 예법대로 제사를 지내는 것이다."

孟懿子問孝, 子曰 無違. 樊遲御, 子告之曰 孟孫
맹의자문효 자왈 무위 번지어 자고지왈 맹손

問孝於我, 我對曰無違. 樊遲曰 何謂也? 子曰
문효어아 아대왈무위 번지왈 하위야 자왈

生事之以禮, 死葬之以禮, 祭之以禮.
생사지이예 사장지이예 제지이예

違(위): 어기다.

御(어): (수레나 말 따위를) 몰다.

葬(장): 장례 지내다.

2-6

맹무백(孟武伯)[8]이 효도에 대해 묻자 공자가 말했다.

"부모가 오직 자식의 질병만을 걱정하도록 해야 한다."[9]

뜻을 전달한 것이라고 보았다.

8. 맹무백은 〈위정〉 5장(2-5)에 나오는 맹의자의 아들이다. 성은 중손(仲孫), 이름은 체(彘), 시호는 무(武)이다. 백(伯)은 맏아들이라는 뜻이다.

9. 부모는 늘 자식에 대해 걱정한다. 그 이유는 다양하지만 적어도 법에 저촉되는 행동이나 비행을 하여 걱정하게 해서는 안 된다는 말이다. 주자는 이 글이 말하려는 바를 부모는 오직 자식이 병에 걸릴까 걱정하므로 그 마음으로 부

孟武伯問孝, 子曰 父母唯其疾之憂.
맹 무 백 문 효   자 왈 부 모 유 기 질 지 우

唯(유): 오직.

疾(질): 질병.

憂(우): 걱정하다.

2-7

자유(子游)[10]가 효도에 대해 묻자 공자가 말했다.

"오늘날 사람들이 말하는 효도는 단지 봉양을 잘하는 것을 말한다. 심지어 개나 말과 같은 짐승도 부모 봉양을 잘할 수 있는 것이니 공경하지 않는다면 짐승과 무엇이 다르겠는가?"[11]

子游問孝, 子曰 今之孝者, 是謂能養. 至於犬馬,
자 유 문 효   자 왈 금 지 효 자   시 위 능 양   지 어 견 마

皆能有養, 不敬, 何以別乎?
개 능 유 양   불 경   하 이 별 호

모님을 정성으로 대해야 한다는 내용으로 보았다.

10. 공자의 제자로 성은 언(言), 이름은 언(偃), 자는 자유(子游)이고 오(吳)나라 사람이다. 공자보다 45세 어렸다. 노나라의 작은 고을 무성(武城)을 다스렸다. 자유에 관한 일화는 〈옹야〉 14장(6-14), 〈양화〉 3장(17-3) 참조.

11. 연이어 효도에 대한 질문이 제자들에게서 나왔고 공자의 대답은 모두 달랐다. 같은 질문에 대해서 다른 대답이 주어지는 것은 《논어》의 특징이자 공자의 위대한 점의 하나이다. 공자는 제자들의 질문을 받고는 제자들이 처한 여건과 자질을 고려하여 그에 알맞은 맞춤형 대답을 해준 것이다. 그렇기에 앞으로 나올 여러 같은 질문에 대해서도 공자의 대답은 다르므로 어떻게 다른지 살펴보는 것도 《논어》를 감상하는 주요한 관점이다.

是謂(시위): 이것을 ~라고 한다.

至於(지어): ~의 경우.

養(양): 봉양하다.

何以(하이): '무엇으로써', '어떻게.'

2-8

자하가 효도에 대해 묻자 공자가 말했다.

"부모의 안색을 살펴서 따르는 것이 어렵다.[12] 일이 있으면 아우나 아들이 그 수고로움을 도맡아 하고 술이나 밥이 있으면 아버지나 형님께 먼저 드시게 하는 것쯤으로 효도라 할 수 있겠느냐?"

子夏問孝, 子曰 色難. 有事, 弟子服其勞, 有酒食,
자 하 문 효   자 왈 색 난   유 사   제 자 복 기 로   유 주 사

先生饌, 曾是以爲孝乎?
선 생 찬   증 시 이 위 효 호

色(색): 빛. 안색.

服(복): 복무하다. 맡아서 일하다.

勞(로): 수고, 수고로운 일.

饌(찬): 마시고 먹다. 음식.

曾(증): 일찍이.

---

12. 원문에서 '色難(색난)'이라고 하여 안색이 어렵다고 표현했는데, 안색과 관련하여 유학자들의 해설이 갈린다. 어떤 이는 '부모님의 안색'을 살펴가면서 모시는 일이 어렵다고 보았다. 다른 이는 '자식된 자의 부드러운 안색'으로 부모를 대하는 일이 어렵다고 해석하였다. 여기에서는 전자를 채택하였으나 둘 다 어려운 일임은 확실하다.

2-9

공자가 말했다.

"내가 안회(顏回)[13]와 종일 학문에 대해 이야기하는데 의문을 제기하지 않는 것이 마치 어리석은 사람 같았지만, 그가 물러간 후 평소 모습을 보니 중요한 뜻을 충분히 밝혀내었다. 안회는 어리석은 사람이 아니었구나!"

子曰 吾與回言終日, 不違如愚, 退而省其私, 亦足以發.
자 왈 오 여 회 언 종 일   불 위 여 우   퇴 이 성 기 사   역 족 이 발

回也不愚.
회 야 불 우

愚(우): 어리석다.

退(퇴): 물러나다.

省(성): 살피다.

私(사): 사적인, 사생활.

足(족): 충분히.

2-10

공자가 말했다.

"그 사람이 하는 행위를 보고 그 행위를 하게 된 이유를 관찰하고 그

---

13. 안회는 공자가 가장 사랑했고 가장 높이 평가한 제자였다. 노나라 사람이고 자는 자연(子淵)이다. 공자보다 30세 어렸고, 공자보다 2년 먼저 죽었는데 젊은 나이였다. 공자는 안회의 죽음을 매우 슬퍼하였다.

사람이 편하게 여기는 것을 살피면, 그 사람이 어떻게 자신의 실제 모습을 숨길 수 있겠는가? 그 사람이 어떻게 자신의 실제 모습을 숨길 수 있겠는가?

子曰 視其所以, 觀其所由, 察其所安. 人焉廋哉?
자왈 시기소이 관기소유 찰기소안 인언수재

人焉廋哉?
인 언 수 재

視(시): 보다.

以(이): 하다(爲).

觀(관): 관찰하다.

察(찰): 살피다.

焉(언): 어찌.

廋(수): 숨기다.

哉(재): 감탄의 어조사. '~하구나!', '~이구나'로 해석된다.

2-11

공자가 말했다.

"예전에 배운 것을 되풀이하여 익히고 새로운 것을 알아간다면 다른 사람의 스승이 될 수 있다."

子曰 溫故而知新, 可以爲師矣.
자왈 온고이지신 가이위사의

溫(온): 익히다. 찾다.

可以(가이): 할 수 있다.

爲(위): 되다.

師(사): 스승.

2-12

공자가 말했다.

"군자는 쓰임이 정해진 그릇이 아니다."[14]

子曰 君子不器.
자 왈 군 자 불 기

器(기): 그릇.

2-13

자공이 군자에 대해 묻자 공자가 말했다.

"말을 내뱉기 전에 먼저 행동을 하고, 그다음에야 말이 행동을 뒤따르게 하는 사람이다."[15]

---

14. 그릇은 각기 쓰임이 정해져 있지만, 군자는 모든 곳에 쓰일 수 있는 사람이라는 뜻이다. '군자'라는 인간형이 무한한 쓰임과 가능성을 지닌 존재라는 점을 설명한 것이다.

15. 이 말에는 말만 앞서고 행동이 늦거나 전혀 없는 부류에 대한 공자의 혐오가 드러나 있다. 군자는 그렇게 저열한 인간과는 다르다고 설명한 것이다. 공자

子貢問君子, 子曰 先行其言, 而後從之.
자 공 문 군 자　자 왈 선 행 기 언　이 후 종 지

從(종): 뒤따르다.

之(지): 대명사로 '이것', '그것', '그 사람'이라는 의미로 쓰인다.

2-14

공자가 말했다.

"군자는 진정성이 있고 신뢰할 만하지만 파벌을 짓지 않는다.[16]
소인은 파벌을 짓지만 진정성도 없고 신뢰할 만하지도 않다."

子曰 君子周而不比, 小人比而不周.
자 왈 군 자 주 이 불 비　소 인 비 이 부 주

周(주): 진정성이 있고 신뢰감이 있는 것을 뜻한다(忠信).

比(비): 파벌을 짓는 것.

2-15

공자가 말했다.

"배우기만 하고 생각하지 않으면 얻는 것이 없고, 생각만 하고 배우

_____

가 말만 앞세우는 사람을 얼마나 미워했는지 알 수 있는 대목이다.

16. 주자는 '군자는 공적으로 두루 친하게 지내지만 파당을 짓지 않는다'고 해석
했다.

지 않으면 얻는 것도 없고 사람의 정신만 피로하게 만들기 십상이다."[17]

子曰 學而不思則罔, 思而不學則殆.
자왈 학이불사즉망 사이불학즉태

罔(망): 없다.

殆(태): 피로하다.

2-16

공자가 말했다.

"이단(異端)[18]을 공부하는 것은 해가 될 뿐이다."

子曰 攻乎異端, 斯害也已.
자왈 공호이단 사해야이

攻(공): 연구하다.

斯(사): 접속사로 '~으면'으로 해석한다.

害(해): 해롭다.

也已(야이): 감탄이나 단정을 나타내는 어조사이다.

---

17. 원문의 '思而不學則殆'를 여기에서는 고주(古注)의 주석을 따라 '생각만 하고 배우지 않으면 사람의 정신을 피로하게 만들기 십상이다'라고 번역했지만, 주자는 '생각만 하고 배우지 않으면 위태롭다'로 해석했다.

18. 이단은 오늘날의 종교 이단을 말하는 것이 아니라 중국 고대에 있었던 여러 학술 학파를 말한다. 중국의 춘추전국시대에는 다양한 학파가 일어나 자유롭게 논쟁하고 경쟁했는데 이를 백가쟁명(百家爭鳴)이라고 한다.

2-17

공자가 말했다.

"유(由)[19]야! 너에게 앎에 대해 가르쳐주겠다. 아는 것을 안다고 하고 모르는 것을 모른다고 하는 것이 참으로 아는 것이다."

子曰 由! 誨女知之乎. 知之爲知之, 不知爲不知, 是知也.
자 왈 유　　회 여 지 지 호　　지 지 위 지 지　　부 지 위 부 지　　시 지 야

誨(회): 가르치다.

女(여): '너'를 뜻한다. '汝(여)'와 같다.

爲(위): ～라고 하다.

2-18

자장(子張)[20]이 관직을 얻는 방법을 배우려고 하자 공자가 말했다.

"많이 듣고서 의심스러운 것은 제쳐놓고 그 나머지를 조심히 말하면 말에 허물이 적을 것이다. 많이 보고서 위태로운 것은 제쳐놓고 그 나머지를 조심히 행하면 행동에 후회가 적을 것이다. 말에 허물이 적고 행동에 후회가 적다면 관직이 자연히 그 가운데 있을 것이다."

---

19. 공자의 제자로 우직하고 강직한 품성을 지녔다. 성은 중(仲), 이름은 유, 자는 자로(子路)이다. 공자보다 9세 어렸다. 당시 노나라의 실권을 쥐고 있던 계씨 집안 계강자(季康子)의 가신을 지냈다.

20. 공자의 제자로 성은 전손(顓孫), 이름은 사(師), 자는 자장(子張)이다. 공자보다 48세 어렸다.

子張學干祿, 子曰 多聞闕疑, 愼言其餘,
자 장 학 간 록 자 왈 다 문 궐 의 신 언 기 여

則寡尤. 多見闕殆, 愼行其餘, 則寡悔.
즉 과 우 다 견 궐 태 신 행 기 여 즉 과 회

言寡尤, 行寡悔, 祿在其中矣.
언 과 우 행 과 회 녹 재 기 중 의

干(간): 구하다.

祿(녹): 봉록과 관직.

闕(궐): 빠뜨리다. 제쳐놓다.

疑(의): 의심스러운 것.

餘(여): 나머지.

寡(과): 적다.

尤(우): 허물. 잘못.

悔(회): 후회.

2-19

애공(哀公)[21]이 물었다.

"어떻게 하면 백성이 복종합니까?"

---

21. 애공은 노나라의 임금으로 성은 희(姬), 이름은 장(蔣)이다. 노나라 정공(定公)의 아들로 정공의 뒤를 이어 왕위에 올랐다. 기원전 494년부터 기원전 466년까지 27년간 재위했고, 애(哀)는 그의 시호이다. 공자가 노나라를 떠날 때의 임금은 정공이었는데 그가 천하를 주유하고 노나라로 돌아온 후에는 애공이 즉위한 후였다. 애공이라는 젊은 왕은 공자를 국로(國老)로 모셔 정치에서 자문을 구했지만 신하인 삼가(三家) 세력이 막강하여 왕임에도 무력한 모습을 보였다. 애공에 관한 일화는 〈헌문〉 21장(14-21) 참조.

공자가 대답했다.

"곧은 사람을 등용하고 굽은 사람을 내치면 백성이 복종하고, 굽은 사람을 등용하고 곧은 사람을 내치면 백성이 복종하지 않습니다."

哀公問曰 何爲則民服? 孔子對曰 擧直錯諸枉, 則民服,
애 공 문 왈 하 위 즉 민 복　공 자 대 왈 거 직 조 저 왕　즉 민 복

擧枉錯諸直, 則民不服.
거 왕 조 저 직　즉 민 불 복

服(복): 복종하다.

擧(거): 등용하다.

直(직): 곧다.

錯(조): 내치다. 버리다.

枉(왕): 굽다.

2-20

계강자(季康子)[22]가 물었다.

"백성이 윗사람을 공경하고 충성하고 서로 권면하게 하려면 어떻게

---

22. 노나라의 대부로 당시 정경(正卿)을 지냈다. 노나라 임금 애공의 신하였지만 주군을 넘어선 권력을 지닌 노나라 최고의 권력자였다. 당시 노나라는 맹손 씨, 숙손씨, 계손씨 가문이 실권을 쥐고 있었는데 이 중 계손씨가 가장 강력한 가문이었고, 계강자는 기원전 492년에 계손씨 가문의 우두머리가 되었다. 공 자는 계씨가 노나라 임금의 권한을 침범하는 행태를 자주 비판했지만, 공자 의 제자들을 관직에 임용한 것도 계씨였다. 그 제자 중 하나가 바로 계씨의 가신을 지낸 염구(冉求)이다. 염구에 대한 일화는 〈선진〉 16장(11-16) 참조.

해야 합니까?"

공자가 말했다.

"백성을 위엄 있게 대하면 백성이 공경하고, 부모에게 효도하면 백성이 충심을 갖고, 인격이 훌륭한 사람을 등용해서 능력이 부족한 사람을 가르치면 백성이 권면할 것입니다."

季康子問 使民敬忠以勸, 如之何? 子曰 臨之以莊則敬,
계 강 자 문　사 민 경 충 이 권　 여 지 하　　자 왈　임 지 이 장 즉 경

孝慈則忠, 擧善而敎不能則勸.
효 자 즉 충　 거 선 이 교 불 능 즉 권

使(사): ~하게 하다. 사역의 의미.

以(이): 그리고.

勸(권): 권면하다.

如之何(여지하): '어떻게 합니까?'라는 뜻.

莊(장): 장엄하다.

2-21

어떤 사람이 공자에게 말했다.

"선생님은 어째서 정치를 하지 않으십니까?"[23]

---

23. 어떤 사람이 공자는 관직이 없었으므로 정치를 하지 않는다고 보고 어째서 정치를 하지 않느냐고 물었다. 하지만 공자는 진작부터 정치를 하고 있다고 생각했다. 효도를 하고 형제간에 우애가 있는 것이 또한 정치 활동이라고 본 것이다.

공자가 말했다.

"《서경》에 '효성스럽도다! 효성스럽고, 형제간에 우애가 있어서 이로써 정치에 시행하였다'[24]라고 하였다. 이 역시 정치하는 것이니 어찌 벼슬을 해야만 정치하는 것이겠는가?"

或謂孔子曰 子奚不爲政? 子曰 書云孝乎. 惟孝,
혹 위 공 자 왈 　자 해 불 위 정 　자 왈 　서 운 효 호 　유 효

友于兄弟, 施於有政. 是亦爲政, 奚其爲爲政?
우 우 형 제 　시 어 유 정 　시 역 위 정 　해 기 위 위 정

或(혹): 어떤 사람, 혹자.

奚(해): 어찌, 어째서.

施(시): 시행하다.

爲爲政(위위정): 처음 나온 爲(위)는 '~라고 하다'라는 뜻으로 쓰였고, 두 번째 爲(위)는 '하다'라는 뜻으로 쓰였다. 爲政(위정)은 '정치하다'라는 뜻이다.

2-22

공자가 말했다.

"사람으로서 신뢰가 없으면 그의 나머지 재능이 제대로 작용할지 모르겠다. 큰 수레에 소 멍에를 연결할 고정 핀이 없고 작은 수레에 말 멍에를 연결할 고정 핀이 없다면 어떻게 수레가 갈 수 있겠는가?"

子曰 人而無信, 不知其可也. 大車無輗, 小車無軏,
자 왈 　인 이 무 신 　부 지 기 가 야 　대 거 무 예 　소 거 무 월

---

24. 《서경》 군진(君陳)에 나오는 구절이다. 이 구절은 원래 주나라 신하였던 군진의 덕성을 칭송하는 내용이다.

其何以行之哉?
기 하 이 행 지 재

大車(대거): 무거운 짐을 싣는 수레인데 소가 끈다.

輗(예): 소와 수레를 연결하는 고정 핀이다.

小車(소거): 다소 작은 수레인데 말이 끈다.

軏(월): 말과 수레를 연결하는 고정 핀이다.

2-23

자장이 물었다.

"10대(代)²⁵의 미래 일을 알 수 있습니까?"

공자가 말했다.

"은나라는 하나라의 예를 따랐으니 하나라의 예로부터 덜거나 더한 것을 알 수 있다. 주나라는 은나라의 예를 따랐으니 은나라의 예로부터 덜거나 더한 것을 알 수 있다. 앞으로 혹 누군가 주나라를 계승한다면 주나라의 예를 따라서 그로부터 덜거나 더할 것이므로 비록 100대 이후의 일이라 하더라도 알 수 있을 것이다."

子張問 十世可知也? 子曰 殷因於夏禮, 所損益可知也.
자 장 문 십 세 가 지 야　　자 왈 은 인 어 하 예　　소 손 익 가 지 야

周因於殷禮, 所損益可知也. 其或繼周者, 雖百世可知也.
주 인 어 은 예　　소 손 익 가 지 야　　기 혹 계 주 자　　수 백 세 가 지 야

---

25. 대(代)에 대해서는 1세대, 즉 30년이라고 보는 해석이 있고, 한 왕조라고 보는 해석도 있다.

世(세): 한 세대. 한 왕조.

也(야): 의문을 나타내는 어기사.

因(인): 인습하다. 따르다.

繼(계): 계승하다.

2-24

공자가 말했다.

"제사드려야 할 신이 아닌데 제사를 지내는 것은 아첨하는 것이다.[26] 의로운 일을 보고도 하지 않는 것은 용기가 없는 것이다."

子曰 非其鬼而祭之, 諂也. 見義不爲, 無勇也.
자 왈 비 기 귀 이 제 지   첨 야   견 의 불 위   무 용 야

---

26. 귀(鬼)는 인신(人神), 즉 돌아가신 사람을 말하는데 보통 백성은 자신의 선조에게만 제사를 지냈다. 만약 자신의 선조가 아닌 신에게 제사를 지낸다면 그것은 복을 구하려고 아첨하는 행위라는 뜻이다.

제3편

팔일 八佾

3-1

공자가 계씨(季氏)에 대해 말했다.

"천자의 예식인 팔일무(八佾舞)를 뜰에서 추게 하다니, 이런 사람을 용인해준다면 누군들 용인하지 못하겠는가?"[1]

---

1. 당시에 노(魯)나라 군주는 양공(襄公)의 묘당에서 체(禘) 제사를 지내려고 했는데 그 제사에서 추는 만무(萬舞)의 춤꾼이 두 명밖에 남아 있지 않았다. 춤꾼들이 모두 계씨에게 동원되어 팔일무를 추러 간 것이다. 실질적인 권력이 신하인 계씨에게 넘어가 있었던 것을 보여준다.

  이뿐만 아니라 당시에는 신분에 맞는 예식 절차가 정해져 있었다. 제사를 지낼 때 예식의 일부로 천자는 팔일무, 제후는 육일무(六佾舞), 대부(大夫)는 사일무(四佾舞)를 추게 하는 것으로 되어 있었다. 따라서 대부인 계씨는 사일무를 추는 것이 예법에 맞는 일이었다.

  자신보다 지위가 높은 사람이 행하는 예식을 따라 한다는 것은 윗사람에 대한 도전 내지는 위협으로 읽혔다. 여기서 계씨는 계환자(季桓子)로 보는 학자도 있고, 계평자(季平子)로 보는 학자도 있다. 계씨의 신분은 제후를 섬기는 신하에 불과한데 제후보다 더 높은 지위인 천자가 하는 예식인 팔일무를 추게 했으므로 아주 오만하고 잘못된 일이었다.

  주자는 이 문장을 '이런 일을 차마 한다면 무엇인들 차마 하지 않겠는가?'라

孔子謂季氏 八佾舞於庭, 是可忍也, 孰不可忍也?
공 자 위 계 씨　 팔 일 무 어 정　　시 가 인 야　　숙 불 가 인 야

八佾(팔일): 고대 종묘예악 제도에서 행렬을 지어 추는 춤이다. 8열 8행으로 대
오를 맞추어 춤을 춘다.

庭(정): 뜰. 마당.

忍(인): 참다. 차마 ~하다.

孰(숙): 무엇. 어찌. 누구.

3-2

맹손, 숙손, 계손 세 유력 가문이 옹(雍)을 노래하면서 제기를 거두어
들였다. 공자가 말했다.

'제사를 돕는 제후여, 천자가 장중하게 제사를 주관하시는도다!'라는
노래를 어찌 세 가문의 사당에 쓰는가?"[2]

三家者以雍徹, 子曰 相維辟公, 天子穆穆,
삼 가 자 이 옹 철　　자 왈　 상 유 벽 공　　천 자 목 목

고 해석하였다. 이렇게 예를 참람하는 행위를 하는 사람이라면 더 심한 일도
거리낌 없이 행할 것이라고 본 것이다. 더 심한 일이란 신하인 계씨가 자신의
군주를 몰아내는 일이다. 실제로 소공(昭公)은 계씨를 공격했다가 계씨 측에
선 숙손씨와 맹손씨의 반격을 받아 노나라에서 쫓겨났다. 청대 학자 최술(崔
述)은 당시에 계씨가 소공을 몰아낼 낌새를 공자가 알아챈 것으로 보았다. 그
렇기 때문에 이 사건에서 공자가 단지 표면적으로 드러난 예를 참람한 행위
만을 미워한 것이 아니라고 본 것이다.

2.　앞의 구절과 마찬가지로 당시 유력 가문은 권세가 대단하여 이렇게 대놓고
천자의 예식을 남용하였다. 공자는 이러한 유력 가문이 천자의 지위를 흉내
내고 능멸하는 행위를 비판한 것이다.

奚取於三家之堂?
해 취 어 삼 가 지 당

徹(철): 거두다.

相(상): 돕다. 재상.

辟公(벽공): 제후.

穆穆(목목): 장중하다.

堂(당): 사당.

奚(해): 어찌.

取(취): 취하다. 사용하다.

於(어): ~에서.

3-3

공자가 말했다.

"사람이면서 인(仁)하지 않으면 예(禮)를 어떻게 행할 수 있겠는가?
사람이면서 인하지 않으면 어떻게 음악을 할 수 있겠는가?"[3]

子曰 人而不仁, 如禮何? 人而不仁, 如樂何?
자 왈 인 이 불 인   여 예 하   인 이 불 인   여 악 하

如(여)A何(하): A를 어찌하겠는가?

---

3. 여기서 말하는 음악은 종묘제례악과 같은 국가 예식에 행해지는 음악과 개
   인의 심신 수양으로서 음악의 의미를 갖는다.

3-4

임방(林放)[4]이 예의 근본을 묻자 공자가 말했다.

"훌륭한 질문이다! 예에는 예식이 사치스러운 것보다 차라리 검소한 편이 낫고, 상례는 평정심을 지키며 척척 해내는 것보다 차라리 깊이 슬퍼하는 편이 낫다."

林放問禮之本, 子曰 大哉問! 禮與其奢也, 寧儉.
임방문예지본 자왈 대재문 예여기사야 영검

喪與其易也, 寧戚.
상여기이야 영척

奢(사): 사치스럽다.

與其A寧B(여기 ~녕): A하느니 차라리 B하는 편이 더 낫다.

易(이): 화이(和易), 즉 평정심이라는 뜻이다.

戚(척): 슬퍼하다.

3-5

공자가 말했다.

"오랑캐들에게 임금이 있는 것은 중국에 임금이 없는 것만 못하다."[5]

---

4. 임방은 노나라 사람이라는 것 말고는 알려진 것이 없다.

5. 오랑캐 국가에 비록 임금이 있더라도 임금이 없는 중국의 상황만 못하다는 뜻이다. 오랑캐에게는 예법이라는 것이 없기에 중국이 설령 잠시 임금이 없었던 때가 있더라도 예법이 있는 정치 체제이기에 더 낫다는 뜻이다. 이에 대해 반대로 해석하는 해설자도 있다. 오랑캐도 임금이 있는데 더 높은 문명인 중국에 임금이 없다는 말로 보아 오랑캐의 상황이 중국의 상황보다 더 낫다

子曰 夷狄之有君, 不如諸夏之亡也.
자왈 이적지유군   불여제하지무야

夷狄(이적): 오랑캐를 통칭한다. 夷(이)는 동쪽 오랑캐, 狄(적)은 북쪽 오랑캐를
　　말한다.

諸夏(제하): 중국.

亡(무): 없다.

3-6

계씨[6]가 태산에 여(旅) 제사[7]를 지내자 공자가 염유(冉有)[8]에게 말했다.
"너는 그것을 막을 수 없었느냐?"[9]

염유가 대답했다.

"막을 수 없었습니다."

공자가 말했다.

　는 해석이다. 주(周)나라 때 려왕(厲王)이 폭정을 일삼다 폭동으로 쫓겨나자
　임금이 공석인 상태로 주정공(周定公)과 소목공(召穆公)이 함께 주나라를 다
　스렸는데, 이 시기를 공화(共和)라 불렀다. 오늘날 '공화국'의 어원이 여기에
　서 나왔다.

6. 여기서 말하는 계씨는 계강자(季康子)를 말한다.

7. 여 제사는 제후가 지닐 수 있는 것이 예법이었고, 계씨는 그 아래인 대부였기
　때문에 여 제사를 지낼 수 없었다.

8. 공자의 제자로 성은 염(冉), 이름은 구(求), 자는 자유(子有)이다. 공자보다 29
　세 어렸다.

9. 염유는 당시에 계씨를 섬기는 가신으로 있었다. 계씨가 예에서 규정하는 적
　절한 행위를 하지 않았는데도 상급자인 계씨를 제지하지 못하였기 때문에
　공자가 염유를 책망한 것이다.

"아! 태산의 신령이 예의 근본을 물어보았던 임방보다도 못하다는 말인가!"[10]

季氏旅於泰山, 子謂冉有曰 女弗能救與? 對曰 不能.
계 씨 려 어 태 산　자 위 염 유 왈　여 불 능 구 여　　대 왈 불 능

子曰 嗚呼, 曾謂泰山不如林放乎!
자 왈 오 호　증 위 태 산 불 여 림 방 호

旅(려): 제사의 한 종류.

弗(불): 아니다. 不(불)과 같은 뜻이다.

救(구): 막다. 제지하다.

嗚呼(오호): 감탄이나 탄식을 나타내는 말.

3-7

공자가 말했다.

"군자는 경쟁하는 법이 없지만, 하나가 있다면 활쏘기 정도일 것이다. 활쏘기 상대에게 허리 굽혀 인사하고 서로 양보하며 당에 올라가고, 활을 쏘고 내려와서는 진 사람이 벌칙으로 술을 마신다. 그러한 다툼은 군자다운 경쟁이다."

---

10. 계씨의 잘못된 제사는 태산의 신령도 받지 않을 것이라는 말이다. 거기에서 임방을 예로 든 것은 임방도 예의 근본을 물을 정도로 예에 대해서 잘 아는데, 태산의 신령이 예의 근본을 모를 리가 없기 때문에 부당한 제사를 받지 않을 거라고 본 것이다.

子曰 君子無所爭, 必也射乎. 揖讓而升, 下而飲,
자 왈 군 자 무 소 쟁   필 야 사 호   읍 양 이 승   하 이 음

其爭也君子.
기 쟁 야 군 자

揖(읍): 두 손을 모으고 허리를 깊이 숙이는 인사법.

讓(양): 양보하다.

升(승): 오르다. 올라가다.

爭(쟁): 경쟁하다. 다투다.

3-8

자하가 물었다.

"'아름다운 웃음에 보조개지고, 아름다운 눈동자의 움직임이여! 흰색
으로 채색을 했네!'는 무엇을 말하는 것입니까?"

공자가 말했다.

"그림 그리는 일은 그림을 다 그린 후에 흰색으로 여백을 칠하는 것
이다."

자하가 말했다.

"예가 나중에 하는 일이라는 것입니까?"[11]

공자가 말했다.

---

11. 흰색[素]은 예를 비유한 말인데, 예로써 인간의 아름다움을 완성해 마무리한
다는 의미이다. 주자는 본바탕을 먼저 마련한 후에 채색을 한다는 의미로 보
았다. 이 경우에는 채색이 예를 비유하고, 바탕[素]이 인간의 꾸밈없는 본바
탕을 비유한다.

"나를 일깨우는 사람이 바로 너로구나. 비로소 너와 시를 이야기할 만하구나!"

子夏問曰 巧笑倩兮, 美目盼兮, 素以爲絢兮.
자 하 문 왈 교 소 천 혜 미 목 반 혜 소 이 위 현 혜

何謂也? 子曰 繪事後素. 曰 禮後乎? 子曰 起予者,
하 위 야 자 왈 회 사 후 소 왈 예 후 호 자 왈 기 여 자

商也. 始可與言詩已矣.
상 야 시 가 여 언 시 이 의

巧(교): 아름답다.

倩(천): 보조개.

盼(반): 움직임.

兮(혜): 감탄의 의미를 나타내는 어조사.

素(소): 흰색, 바탕.

絢(현): 채색.

繪(회): 그림. 그리다.

已矣(이의): 종결이나 단정을 나타내는 어조사이다.

3-9

공자가 말했다.

"하나라의 예를 내가 말할 수 있지만 그 후예인 기(杞)나라가 하나라의 예를 행하여 성과를 이루기에는 부족하다.[12] 은나라의 예 또한 내가 말할 수 있지만 그 후예인 송나라가 은나라의 예를 행하여 성과를 이루

_____

12. 주자는 '기나라가 하나라의 예를 실증하기에 부족하다'고 해석하였다.

기에는 부족하다.[13] 이는 문서 자료와 현명한 인재가 부족하기 때문이다. 이것만 충분하다면 나는 그들을 도와 성과를 이룰 수 있을 것이다."

子曰 夏禮吾能言之, 杞不足徵也, 殷禮吾能言之,
자 왈 하 예 오 능 언 지   기 부 족 징 야   은 예 오 능 언 지

宋不足徵也. 文獻不足故也. 足則吾能徵之矣.
송 부 족 징 야   문 헌 부 족 고 야   족 즉 오 능 징 지 의

禮(예): 제도

徵(징): 이루다(成). 실증하다.

文獻(문헌): '문'은 글로 만들어진 자료, '헌'은 현명한 인재를 뜻한다.

3-10

공자가 말했다.

"체(禘) 제사[14] 절차 중에 울창주(鬱鬯酒)[15]를 땅에 부어 신을 강림하게 하는 것을 넣은 뒤부터는 나는 보고 싶지가 않다."[16]

---

13. 기나라는 하왕조를 세운 우왕의 후손의 제후국이고, 송나라는 은왕조를 세운 탕왕의 후손의 제후국이다. 이 두 나라는 주나라 무왕이 은나라를 멸망시킨 후에 하나라와 상나라의 왕족에게 봉해준 나라이다. 이 두 나라는 각각 하나라의 예, 은나라의 예를 보존하고 있었지만 그들의 임금이 어둡고 나약해서 보존된 예를 행한다고 하더라도 성과를 이루기는 어렵다고 말한 것이다.

14. 고대 중국에서 천자만이 지낼 수 있던 큰 제사이다.

15. 종묘 제사에서 쓰는 제사용 술이다. 술을 땅에 부어 그 향기로 신을 강림하게 한다.

16. 공자가 체 제사를 보고 싶어 하지 않은 이유에 대해서는 여러 해석이 있다. 하나는 울창주를 붓는 절차 다음에 오는 것이 신주를 배열하는 일인데 거기에

子曰 禘, 自旣灌而往者, 吾不欲觀之矣.
자 왈 체   자 기 관 이 왕 자   오 불 욕 관 지 의

禘(체): 천자(天子)가 종묘에서 선조들에게 지내는 제사의 이름.

旣(기): 이윽고, ～한 뒤에.

灌(관): 부어서 따르다. 여기에서는 술을 땅에 부어 신을 부르는 의식을 말한다.

3-11

어떤 사람이 공자에게 체 제사의 의미를 묻자, 이렇게 말했다.

"나는 모르겠다. 그 의미를 아는 사람은 온 세상의 일을 바로 여기에서 보는 것과 같을 것이다!"[17]

그러면서 손바닥을 가리켰다.

或問禘之說. 子曰 不知也. 知其說者之於天下也,
혹 문 체 지 설   자 왈 부 지 야   지 기 설 자 지 어 천 하 야,

其如示諸斯乎! 指其掌.
기 여 시 저 사 호   지 기 장

禘(체): 중국 고대의 제왕이나 제후가 거행하는 각종 큰 제사의 총칭이다.

說(설): 뜻. 의의.

指(지): 가리키다.

其(기): 그 사람. 그 자신. 그.

서 배열에 예법이 어긋난 부분이 있어서 보고 싶어 하지 않았다는 것이다. 다른 하나는 제사를 치르는 성의가 없어져서 보고 싶어 하지 않았다는 것이다.

17. 공자가 모르겠다고 한 것은 3-10에 나온 것처럼 체 제사의 수치스러운 측면이라 나라의 치부를 감추어주려는 뜻이었다. 손바닥에서 온 세상일을 본다는 것은 매우 쉽고 분명한 일이라는 것을 뜻한다.

掌(장): 손바닥.

3-12

공자가 조상에게 제사를 지낼 때는 마치 조상이 와서 계시는 것처럼 지냈고, 신에게 제사를 지낼 때는 마치 신이 와서 계시는 것처럼 지냈다. 공자가 말했다.

"내가 직접 제사에 참여하지 않으면 제사를 지내지 않은 것과 같다."[18]

祭如在, 祭神如神在. 子曰 吾不與祭, 如不祭.
제 여 재　제 신 여 신 재　자 왈　오 불 여 제　여 부 제

如(여): 마치~. 흡사~. ~와 같다.
吾(오): 나.
與(여): 참여하다.

3-13

왕손가(王孫賈)[19]가 물었다.

"아랫목 신(神)에게 잘 보이기보다 차라리 부뚜막 신에게 잘 보이라

---

18. 자신이 출타 중이거나 질병으로 직접 제사를 지내지 못하여 대리인이 제사를 지내게 하면 마음속에서는 제사를 드리지 않은 것과 같다는 것이다.
19. 위나라 영공(靈公)의 대신이다. 왕손(王孫)이 성이고, 이름이 가(賈)이다.

고 하는 말[20]은 무슨 뜻입니까?"

공자가 말했다.

"그렇지 않습니다. 하늘에 죄를 지으면 빌 곳이 없습니다."[21]

王孫賈問曰 與其媚於奧, 寧媚於竈, 何謂也? 子曰 不然.
왕 손 가 문 왈　여 기 미 어 오　영 미 어 조　하 위 야　자 왈 불 연

獲罪於天, 無所禱也.
획 죄 어 천　무 소 도 야

媚(미): 아첨하다.

奧(오): 아랫목. 집 안의 깊은 곳이자 모퉁이이다.

竈(조): 부엌.

何謂(하위): 무엇을 말합니까? 무슨 뜻입니까?

獲罪(획죄): 죄를 짓다.

禱(도): 빌다.

3-14

공자가 말했다.

---

20. 집의 여러 장소에 제사를 지낼 때 아랫목은 부뚜막에 비해 위계적으로 존귀한 곳이다. 하지만 음식이 나오는 곳이 부뚜막인 것처럼 실제적인 이익을 줄 수 있는 신 역시 부뚜막 신이다. 이 구절에서는 실권을 가진 왕손가가 자신과 같은 사람을 부뚜막 신으로 비유하고 나서 공자에게 자신에게 아첨하라고 말한 것이다. 왕손가는 이러한 불순한 의도를 숨기며 의뭉스럽게 세속에 유행하는 말로 자신의 뜻을 건넸다.

21. 하늘은 집안의 여러 신보다 한층 더 높은 존재를 가리킨다. 하늘이 군주를 의미한다고 보는 유학자들도 있고, 이치를 가리킨다고 보는 사람도 있다.

"주나라의 예악과 제도는 하와 은 두 나라를 거울로 삼아 더 나은 예악과 제도를 갖추었다. 찬란하구나, 주나라 문화여! 나는 주나라의 제도를 따르리라."

子曰 周監於二代, 郁郁乎文哉! 吾從周.
자 왈 주 감 어 이 대   욱 욱 호 문 재   오 종 주

監(감): 살펴서 좋음과 나쁨을 아는 것.

郁郁(욱욱): 郁(욱)은 빛나다는 의미로, 郁郁(욱욱)은 빛이 나는 모습을 형용하는 의태어이다.

文(문): 예악(禮樂)과 국가의 제도.

3-15

공자가 태묘(太廟)[22]에 들어가 일마다 물었다. 어떤 사람이 말했다.

"누가 추 땅 사람의 자식(공자)이 예를 잘 안다고 했는가?[23] 태묘에 들어와 매사를 묻고 있구나."

공자가 그 말을 듣고 말했다.

"이것이 바로 예이다."[24]

---

22. 나라를 개국한 임금을 태조라고 하는데 태조의 묘를 태묘라고 한다. 주공단(周公旦)이 노나라에서 처음으로 분봉받은 임금이었기 때문에 여기에서 말하는 태묘는 주공의 신주를 모신 사당을 말한다.

23. 공자를 추 땅 사람의 자식이라고 한 것은 공자가 노나라 창평향(昌平鄕) 추읍에서 태어났기 때문이다.

24. 이렇게 비록 알고 있는 내용일지라도 다시 묻는 행위는 경건함의 극치를 보여준다. 이러한 경건한 태도가 바로 예라는 것이다.

子入太廟, 每事問. 或曰 孰謂鄹人之子, 知禮乎?
자 입 태 묘   매 사 문   혹 왈   숙 위 추 인 지 자   지 예 호

入太廟, 每事問. 子聞之曰 是禮也.
입 태 묘   매 사 문   자 문 지 왈   시 예 야

太廟(태묘): 노나라를 세운 주공의 신주를 모신 사당이다.

3-16

공자가 말했다.

"활쏘기에서는 과녁 가죽을 뚫는 일을 목표로 하지 않는다. 노역을 배정할 때 동일하게 적용하지 않았다.[25] 이것이 옛 제도이다."

子曰 射不主皮, 爲力不同科, 古之道也.
자 왈 사 불 주 피   위 력 부 동 과   고 지 도 야

主(주): ~을 위주로 하다.

皮(피): 가죽.

爲(위): 하다.

科(과): 등급.

道(도): 방식, 제도, 이치.

---

25. 활쏘기에는 과녁을 뚫는 일 말고도 여러 수양 덕목을 요구하지만, 당시의 풍속은 과녁을 꿰뚫는 것만이 중시되었다. 노역 부과 역시 상, 중, 하 세 등급으로 하지만 정치가 쇠퇴하여 힘이 강한 자와 약한 자를 동일하게 배정하였다. 공자의 말은 공자의 시대의 제도와 풍속을 비판한 것이다. 원문 '爲力不同科'를 여기에서는 '노역을 배정할 때 동일하게 적용하지 않았다'라고 번역했는데, 주자는 '힘이 동등하지 않기 때문이다'라고 해석했다.

3-17

자공이 초하루를 알리는 의식 중 희생 제물로 양을 바치는 일을 없애려고 하자 공자가 말했다.

"사(賜)야! 너는 그 양을 아끼느냐? 나는 그 예를 아낀다."[26]

子貢欲去告朔之餼羊, 子曰 賜也, 爾愛其羊, 我愛其禮.
자 공 욕 거 곡 삭 지 희 양   자 왈 사 야   이 애 기 양   아 애 기 예

去(거): 제거하다.

告朔(곡삭): 초하루를 알리다. 이때 초하루를 알리는 의식을 거행하였다.

餼羊(희양): 희생양. 제물로 쓰이는 양.

爾(이): 너.

愛(애): 아끼다.

3-18

공자가 말했다.

"신하로서 임금을 섬길 때 예를 다하는 것을 사람들은 아첨한다고 한다."[27]

---

26. 초하루를 알리는 예식은 폐지되었는데, 양을 희생물로 바치는 일은 계속되고 있었다. 자공은 그 예식이 폐지된 것을 알고 양을 희생물로 바치는 것을 없애자고 제안하였다. 공자는 양을 없애면 그러한 예식이 있었다는 것도 잊힐 것을 걱정하였다.

27. 당시에는 임금에 대한 예법 질서가 무너져서 많은 신하가 무례하게 행동했다. 그런 상황에서 공자가 예를 다하여 임금을 섬기자 무례한 신하들이 도리어 공자가 아첨한다고 비판한 것이다. 공자는 그런 무례한 시대와 신하들을 비판하는 취지로 이런 말을 하였다.

子曰 事君盡禮, 人以爲諂也.
자 왈 사 군 진 예　　인 이 위 첨 야

盡(진): 극진히 하다. 다하다.

諂(첨): 아첨.

以爲(이위): ~라고 여기다. ~라고 생각하다.

3-19

정공[28]이 물었다.

"임금이 신하를 부리고 신하가 임금을 섬기는 일은 어떻게 해야 합니까?"

공자가 대답했다.

"임금이 신하를 예에 맞게 부리면 신하는 진정을 다하여 임금을 섬깁니다."

定公問 君使臣, 臣事君, 如之何? 孔子對曰 君使臣以禮,
정 공 문　군 사 신　 신 사 군　 여 지 하　 공 자 대 왈　군 사 신 이 예

臣事君以忠.
신 사 군 이 충

如之何(여지하): 어떻게 합니까?

使(사): 부리다. 일을 시키다.

---

28. 정공(재위 기원전 509~기원전 495)은 노나라 임금으로 이름은 송(宋)이고 소공(昭公)의 동생이다. 소공에 이어서 노나라 임금이 되었다. 정공의 아들이 다음 왕위에 오르는 애공이다.

3-20

공자가 말했다.

"〈관저(關雎)〉[29]의 내용은 즐겁지만 지나침이 없고, 슬프지만 선한 사람의 마음을 상하게 하지 않는다."

子曰 關雎, 樂而不淫, 哀而不傷.
자 왈 관 저 낙 이 불 음 애 이 불 상

淫(음): 지나치다(過). 넘치다(濫). 무절제하다.

哀(애): 슬프다.

傷(상): 상하다. 다치다.

3-21

애공이 재아(宰我)[30]에게 사(社)에 신주(神主) 삼는 나무에 대해 물었다.[31] 재아가 대답했다.

---

29. 〈관저〉는 《시경》 〈국풍(國風) 제남(周南)〉 첫 편의 시이다. 주나라 문왕 비(妃)의 덕을 비유한 시이다.

30. 공자의 제자로 이름은 여(予), 자는 자아(子我)이다. 노나라 사람이고, 공자의 제자 중에 자공과 함께 변론을 잘했다고 평가받는다. 낮잠을 자다가 공자에게 꾸지람을 들은 일화가 알려져 있다. 〈공야장〉 10장(5-10) 참조.

31. 사(社)는 토지신을 말하고 직(稷)은 곡물신을 말하는데, 이 둘을 함께 사직이라 말한다. 국가에서는 나라의 안위와 복을 기원하기 위해 사직에 제사를 지내는데 그 장소가 사직단이다. 이러한 연유로 사직은 나라나 국가를 부르는 말로 사용되었다.

"하후씨(夏后氏)[32]는 소나무를 사용했고, 은나라 사람들은 측백나무를 사용했습니다. 주나라 사람들은 율(栗)나무를 사용했는데, 백성을 전율(戰慄)하게 하려는 것이었습니다."

공자가 이 말을 듣고 말했다.

"이루어진 일이라 다시 설명할 수 없고, 다 끝난 일이라 다시 간할 수 없고, 이미 지나간 일은 다시 밝혀 탓할 수 없다."[33]

哀公問社於宰我. 宰我對曰 夏后氏以松, 殷人以柏,
애 공 문 사 어 재 아   재 아 대 왈   하 후 씨 이 송   은 인 이 백

周人以栗, 曰使民戰栗. 子聞之曰 成事不說, 遂事不諫,
주 인 이 율   왈 사 민 전 율   자 문 지 왈   성 사 불 설   수 사 불 간

旣往不咎.
기 왕 불 구

社(사): 토지신.

栗(율): 밤나무. 율(慄)의 뜻도 있다.

戰慄(전율): 두려워하다.

遂(수): 마치다. 완수하다.

諫(간): 간언하다.

咎(구): 탓하다. 꾸짖다.

---

32. 하후씨는 하나라를 세운 우임금이 천자 자리에 올랐을 때 불린 이름이다.

33. 공자는 재아가 근거 없는 말을 애공에게 전한 것을 듣고는 어쩔 도리가 없다는 뜻으로 이렇게 말한 것이다. 재아가 실언한 것을 비판한 것으로 볼 수 있다.

3-22

공자가 말했다.

"관중³⁴은 그릇이 작았다!"

어떤 사람이 말하였다.

"관중은 검소했습니까?"

공자가 말했다.

"관중은 세 아내를 두었고³⁵ 관아의 아랫사람들에게 일을 겸임시키지 않았으니³⁶ 어찌 검소했다고 하겠는가?"

"그러면 관중은 예를 알았습니까?"

"나라의 임금이어야 대문 안쪽에 가림벽을 세우는 법인데, 관중도 가림벽을 세웠다. 나라의 임금이어야 두 임금이 회견할 때 술잔을 되돌려 놓는 받침대를 두는 것인데 관중 또한 술잔 받침대를 두었다. 그런데도 관중이 예를 안다고 하면 누가 예를 모른다고 하겠는가?"

子曰 管仲之器小哉! 或曰 管仲儉乎? 曰 管氏有三歸,
자 왈 관 중 지 기 소 재   혹 왈 관 중 검 호   왈 관 씨 유 삼 귀

官事不攝, 焉得儉? 然則管仲知禮乎? 曰 邦君樹塞門,
관 사 불 섭 언 득 검   연 즉 관 중 지 예 호   왈 방 군 수 색 문

---

34. 성은 관(管), 이름은 이오(夷吾), 자는 중(仲)이다. 제(齊)나라 재상으로 있으면서 주군 환공(桓公)을 도와 제후들을 규합하여 제나라가 패자가 되는 데 가장 큰 역할을 했다.

35. 원문의 '삼귀(三歸)'를 세 아내를 두었다고 번역했는데, 주자는 관중이 호화롭게 지은 누대(樓臺)의 이름으로 보았다.

36. 아랫사람에게 여러 일을 겸직하게 하여 비용을 절감해야 하는데, 관중은 직무마다 각각의 가신을 두었기에 검소하지 않았다고 할 수 있다.

管氏亦樹塞門. 邦君爲兩君之好, 有反坫, 管氏亦有反坫.
관 씨 역 수 색 문　방 군 위 량 군 지 호　유 반 점　관 씨 역 유 반 점

管氏而知禮, 孰不知禮?
관 씨 이 지 예　숙 부 지 예

攝(섭): 여러 일을 한 사람이 맡게 하다.

樹(수): 세우다.

塞門(색문): 대문 안쪽에 세운 가림막으로 밖에서 내부를 볼 수 없게 가리는 것
　　　이다.

反坫(반점): 두 임금이 회합해서 술을 마실 때 권하여 마시고 나서 돌려놓는 받
　　　침대이다.

3-23

공자가 노나라 악관 태사(太師)[37]에게 음악에 대해 말했다.

"음악은 알 만한 것이다. 연주를 시작할 때는 여러 악기 소리가 우렁
차게 울리고, 이어서 악기 소리가 조화를 이루고, 음절을 명확하게 하
고, 끊이지 않고 이어서 마침내 한 연주를 마친다."

子語魯大師樂曰 樂其可知也. 始作, 翕如也, 從之,
자 어 노 태 사 악 왈　악 기 가 지 야　시 작　흡 여 야　종 지

純如也, 皦如也, 繹如也, 以成.
순 여 야　교 여 야　역 여 야　이 성

翕(흡): 합치다.

純(순): 순수하다. 조화를 이루다.

---

37. 태사는 중국 고대 국가에서 음악을 관장하는 벼슬이다.

皦(교): 분명하다.

繹(역): 풀다. 이어지다.

成(성): 이루어지다. 완성하다.

3-24

의(儀)[38] 고을의 관리가 공자를 뵙기를 청하며 말하였다.

"군자가 이 땅에 왔을 때 내 일찍이 만나보지 못한 적이 없었다."

공자를 따르던 사람들이 뵙게 해주자, 그가 공자를 뵙고 나오면서 말하였다.

"그대들은 어찌 선생의 탁월한 덕성이 빛을 보지 못하고 소멸할까 걱정하는가? 천하에 도가 없어진 지 오래되었으니, 하늘이 장차 선생을 목탁(木鐸)으로 삼을 것이다."[39]

儀封人請見曰 君子之至於斯也, 吾未嘗不得見也.
의 봉 인 청 현 왈　군 자 지 지 어 사 야　　오 미 상 부 득 현 야

從者見之, 出曰 二三子何患於喪乎? 天下之無道也久矣,
종 자 현 지　출 왈　이 삼 자 하 환 어 상 호　　천 하 지 무 도 야 구 의

天將以夫子爲木鐸.
천 장 이 부 자 위 목 탁

---

38. 위나라의 고을 이름이다. 일설에 따르면 오늘날의 카이펑시(開封市) 안에 있는 지역이라고 한다.

39. 목탁은 원래 국가에서 법령을 낼 때 치는 국가 예식 도구이다. 여기에서는 하늘이 공자를 목탁으로 삼을 거라고 했는데 이 말이 함의하는 것은 국가의 법령이나 교화를 초월한 하늘의 명령이나 교화를 낸다는 의미로 공자의 덕성과 잠재력을 극찬한 것이다.

封人(봉인): 관직명의 하나이다.

請見(청현): 뵙기를 청하다.

未嘗不~(미상불~): 일찍이 ~하지 않은 적이 없다.

二三子(이삼자): 그대들.

將(장): 장차 ~하다.

木鐸(목탁): 동(銅)으로 만들어지고 그 안에 혀[舌]를 나무로 만든 것이다. 불교
　　　승려가 쓰는 목탁보다는 손으로 흔드는 작은 종과 같은 모양에 가깝다.
　　　보통 국가에서 법령이나 교화를 펼 때 목탁을 쳐서 사람들이 잘 듣도록
　　　하는 기능을 하였다.

3-25

공자가 고대의 성왕 순임금이 지은 음악인 소(韶)를 듣고 평했다.

"소리가 지극히 아름답고 내용 또한 지극히 착하다."

무왕이 지은 음악인 무(武)에 대해서 "소리는 지극히 아름답지만 내
용이 지극히 좋지는 못하다"라고 하였다.

子謂韶, 盡美矣, 又盡善也. 謂武, 盡美矣, 未盡善也.
자 위 소　진 미 의　우 진 선 야　　위 무　진 미 의　미 진 선 야

韶樂(소악): 고대의 성왕 요는 순임금에게 천하를 선양한다. 순은 그런 요의 덕
　　　을 계승하여 이었다. 소에는 계(繼. 잇다)의 뜻이 있다.

武樂(무악): 무왕은 무력으로 은나라의 폭군인 주왕을 정벌하였다. 폭군을 제거하
　　　여 사람들을 행복하게 했기 때문에 그의 음악을 무악(武樂)이라고 했다.

3-26

공자가 말했다.

"사람이 윗자리에 있으면서 관대하지 않고, 예를 행하면서 공경스럽지 않고, 상례에 참여하면서 슬퍼하지 않는다면, 내가 무엇을 가지고 그 사람을 보겠는가?"

子曰 居上不寬, 爲禮不敬, 臨喪不哀, 吾何以觀之哉?
자 왈 거 상 불 관   위 예 불 경   임 상 불 애   오 하 이 관 지 재

居上(거상): 윗자리에 거하다. 윗사람으로 있다.

寬(관): 관대하다.

臨(임): 임하다. 참여하다.

제4편

이인 里仁

4-1

공자가 말했다.

"인자(仁者)의 마을에 거주하는 것이 훌륭한 것이다. 거주할 곳을 잘 선택하여 인자의 마을을 택해 살지 않는다면 어찌 지혜롭다고 하겠는가?"[1]

子曰 里仁爲美. 擇不處仁, 焉得知?
자 왈 이 인 위 미 택 불 처 인 언 득 지

美(미): 훌륭하다. 아름답다.

擇(택): 선택하다.

焉(언): 어찌.

_____

1. 인자가 사는 고을을 선택해서 살아야 지혜로운 자라는 뜻이다.

4-2

공자가 말했다.

"인(仁)하지 못한 사람은 곤궁한 처지에서 오래 살지 못하고, 안락한 처지에서도 오래 살 수 없다.[2] 인한 사람은 인을 편안히 여기고, 지혜로운 사람은 인을 이롭게 여긴다."[3]

子曰 不仁者不可以久處約, 不可以長處樂. 仁者安仁.
자 왈 불 인 자 불 가 이 구 처 약   불 가 이 장 처 락   인 자 안 인

知者利仁.
지 자 이 인

約(약): 검약하다. 곤궁하다.

4-3

공자가 말했다.

"오직 인한 사람만이 다른 사람을 좋아할 수도 있고 미워할 수도 있다."[4]

---

2. 인하지 못한 사람이 빈궁함을 겪다보면 잘못된 일을 저지르고, 안락한 처지에 있다면 오래지 않아 교만하고 방자해진다는 뜻이다.

3. 인한 사람은 억지가 아니라 자연스럽게 인을 실천하고, 지혜로운 사람은 인이란 훌륭한 일이라는 것을 알고 그것이 이익이 되리라 보고 인을 실천한다.

4. 인자라고 모든 사람을 포용하고 사랑하는 것은 아니다. 오히려 인자는 사심 없이 사람을 판별하여 좋아해야 마땅한 사람을 좋아하고, 미워해야 마땅한 사람을 미워하는 사람이다.

子曰 惟仁者, 能好人, 能惡人.
자 왈 유 인 자 능 호 인 능 오 인

惟(유): 오직.

能(능): 할 수 있다.

惡(오): 미워하다.

4-4

공자가 말했다.

"진실로 인에 뜻을 두면 악한 일을 하지 않을 것이다."

子曰 苟志於仁矣, 無惡也.
자 왈 구 지 어 인 의 무 악 야

苟(구): 진실로.

4-5

공자가 말했다.

"부유함과 귀한 신분은 사람이면 바라는 것이지만, 부당한 방법으로 얻은 것이라면 받아들이지 말아야 한다. 가난함과 천한 신분은 사람이면 싫어하는 것이지만 부당한 방법으로 그렇게 되었더라도 기어코 버리지 않는다. 군자가 인을 버리면 어떻게 군자라는 명성을 이루겠는가? 군자는 밥을 먹는 동안에도 인을 떠나지 않아야 한다. 위급한 상황에도 반드시 인에 머무르며 뒤집어지는 순간에도 반드시 인에 있어야 한다."

子曰 富與貴, 是人之所欲也, 不以其道得之,
자왈 부여귀 시인지소욕야 불이기도득지

不處也. 貧與賤, 是人之所惡也, 不以其道得之, 不去也.
불처야 빈여천 시인지소오야 불이기도득지 불거야

君子去仁, 惡乎成名? 君子無終食之間違仁. 造次必於是,
군자거인 오호성명 군자무종식지간위인 조차필어시

顚沛必於是.
전패필어시

惡(오): 의문사로 '어디'로 해석한다. 보통 乎(호), 在(재)와 함께 쓰인다. 惡乎(오호), 惡在(오재)는 '어디에서', '어디에'라고 해석한다.

成名(성명): 명성을 이루다.

終食之間(종식지간): 식사를 마치는 시간.

造次(조차): 위급한 순간.

顚沛(전패): 뒤집어지다.

4-6

공자가 말했다.

"나는 인을 좋아하는 사람과 불인(不仁)을 미워하는 사람을 보지 못했다. 인을 좋아하는 사람은 더할 것 없이 훌륭하다. 불인을 미워하는 사람도 인을 행할 수 있고 불인한 사람이 자신에게 옳지 않은 일을 하지 못하게 할 수 있다. 하루라도 자신의 힘을 인에 쓸 수 있는 사람이 있겠는가? 힘이 부족해서 그렇게 못한다는 사람을 나는 이제껏 보지 못했다. 아마 그런 사람이 있을지 모르겠지만, 나는 보지 못했다."

子曰 我未見好仁者, 惡不仁者. 好仁者,
자왈 아미견호인자 오불인자 호인자

無以尙之. 惡不仁者, 其爲仁矣, 不使不仁者加乎其身.
무 이 상 지 　 오 불 인 자 　 기 위 인 의 　 불 사 불 인 자 가 호 기 신

有能一日用其力於仁矣乎? 我未見力不足者. 蓋有之矣,
유 능 일 일 용 기 력 어 인 의 호 　 아 미 견 력 부 족 자 　 개 유 지 의

我未之見也.
아 미 지 견 야

無以(무이): ～할 것이 없다.

尙(상): 더하다.

加乎其身(가호기신): 자신의 몸에 영향을 가하다.

蓋(개): 아마도, 대개.

4-7

공자가 말했다.

"사람이 범하는 과실은 각각 그 부류에 맞으니, 그 허물을 관찰하여 사람의 부류에 맞게 대하면 여기에서 인한지 아닌지를 알 수 있다."[5]

子曰 人之過也, 各於其黨, 觀過, 斯知仁矣.
자 왈 　 인 지 과 야 　 각 어 기 당 　 관 과 　 사 지 인 의

過(과): 잘못, 과오.

黨(당): 부류.

---

5. 다른 사람의 과실을 보고서 그 사람이 현자인지 소인인지를 판단하여 그에 맞게 대응해야 한다는 것을 말한다.

4-8

공자가 말했다.

"아침에 도(道)가 세상에 있다는 이야기를 들으면 저녁에 죽어도 좋으리라!"[6]

子曰 朝聞道, 夕死可矣!
자 왈 조 문 도　석 사 가 의

4-9

공자가 말했다.

"선비된 자로서 도에 뜻을 두면서 질 나쁜 옷과 질 나쁜 음식을 부끄러워하는 사람과는 함께 도를 논하기에 부족하다."[7]

子曰 士志於道, 而恥惡衣惡食者, 未足與議也.
자 왈 사 지 어 도　이 치 악 의 악 식 자　미 족 여 의 야

恥(치): 부끄러워하다. 수치로 여기다.

---

6. 세상에 도가 있다는 것은 세상이 올바른 질서를 갖추고 있다는 뜻, 즉 세상이 올바른 방향으로 운행되고 있다는 것을 말한다. 공자는 거의 죽을 때가 되었음에도 세상에 도가 있다는 이야기를 듣지 못했다. 세상에 도가 없다는 것을 간접적으로 비판한 것이고 세상에 도가 있기를 갈망하는 말이기도 하다. 주자는 하루 사이, 즉 아침과 저녁 사이의 짧은 시간만이라도 도를 알고 죽었으면 좋겠다는 의미로 보았다. 도를 알고 싶은 개인의 갈망을 표현했다고 해석한 것이다.

7. 도에 뜻을 두었으면서도 옷과 음식이 질이 떨어지는 것에 부끄러움을 느끼는 사람이라면 도에 대한 뜻이 그만큼 깊지 않다고 본 것이다.

惡(악): 나쁘다. 질이 조악하다.

未足(미족): 아직 ~ 못하다.

4-10

공자가 말했다.

"군자는 온 세상 사람들에 대해 부유한 사람이나 가난한 사람이나 가리지 않고 오직 도의가 있는 사람만을 서로 가까이 지낸다."[8]

子曰 君子之於天下也, 無適也, 無莫也, 義之與比.
자 왈 군 자 지 어 천 하 야   무 적 야   무 막 야   의 지 여 비

適(적): 후하다. 부유하다.

莫(막): 박하다. 가난하다.

比(비): 친하다. 가까이하다.

4-11

공자가 말했다.

"군자는 덕을 편안하게 여기고, 소인은 고향을 편안하게 여긴다.[9] 군

---

8. 원문 '無適也, 無莫也, 義之與比'에 대해서 주자는 '오로지 주장하지도 않고 부정하여 반대하지도 않고 오직 의만을 따르셨다'로 해석했다.

9. 군자는 덕을 굳게 지켜서 변치 않기에 덕을 편안하게 여기는 것이고, 소인은 익숙한 환경과 관습을 편안하게 여겨서 변치 않기에 고향을 편안하게 여기는 것이다.

자는 법을 편안하게 여기고, 소인은 혜택을 편안하게 여긴다."[10]

子曰 君子懷德, 小人懷土. 君子懷刑, 小人懷惠.
자 왈 군 자 회 덕　　소 인 회 토　　군 자 회 형　　소 인 회 혜

懷(회): 편안하게 여기다. 安(안)의 뜻이 있다.

4-12
공자가 말했다.

"이익을 좇아 행동하면 원한을 살 일이 많다."

子曰 放於利而行, 多怨.
자 왈　방 어 리 이 행　　다 원

放(방): 따르다. 좇다.

4-13
공자가 말했다.

"예법과 겸양으로 나라를 다스릴 수 있겠는가? 그렇게 하면 무슨 어

---

10. 군자는 법과 제도로 백성을 다스리는 것을 좋아하기에 형벌을 편안하게 생
　　각하고, 소인은 오직 이득을 가까이하려 하기 때문에 혜택을 편안하게 생각
　　한다. 원문 '君子懷刑, 小人懷惠'에 대해 주자는 다른 해석을 내렸다. 주자는
　　'군자는 법을 두려워하고 소인은 이익을 탐낸다'라고 해석했다.

려움이 있겠는가? 예법과 겸양으로 나라를 다스리지 못한다면 예법이 무슨 소용이 있겠는가?"[11]

子曰 能以禮讓爲國乎? 何有? 不能以禮讓爲國, 如禮何?
자 왈 능 이 예 양 위 국 호   하 유   불 능 이 예 양 위 국   여 예 하

爲(위): 다스리다(治).

何有(하유): 무슨 어려움이 있는가? 何難之有(하난지유)의 줄임말.

4-14

공자가 말했다.

"벼슬이 없는 것을 걱정하지 말고 벼슬에 설 만한 재능과 학식이 없을 것을 걱정해야 한다. 자기를 알아주지 않는 것을 걱정하지 말고 알아줄 만한 사람이 될 것을 추구해야 한다."[12]

子曰 不患無位, 患所以立, 不患莫己知, 求爲可知也.
자 왈 불 환 무 위   환 소 이 립   불 환 막 기 지   구 위 가 지 야

患(환): 걱정하다. 근심하다.

位(위): 직위. 관직.

所以(소이): 까닭. 근거. 바탕.

---

11. 예법과 겸양이라는 수단으로 통치를 하면 통치에 어려울 것이 없다. 예법이 있는데도 쓰지 못하면 예법이 무슨 효용성이 있겠느냐고 반문하는 것이다.

12. 나 자신이 재능과 학식을 갖추면 다른 사람들이 나를 알아준다는 것이다.

4-15

공자가 말했다.

"삼(參 증자)아! 나의 도는 세상만사의 이치를 하나의 이치로 꿰고 있다."

증자가 망설임 없이 대답했다.

"예!"

공자가 나가자 문인들이 증자에게 물었다.

"무슨 뜻인가?"

증자가 말했다.

"선생님의 도는 충(忠)과 서(恕)[13]일 뿐입니다."

子曰 參乎! 吾道一以貫之. 曾子曰 唯! 子出, 門人問曰
자 왈 삼 호   오 도 일 이 관 지   증 자 왈 유   자 출   문 인 문 왈

何謂也? 曾子曰 夫子之道, 忠恕而已矣.
하 위 야   증 자 왈 부 자 지 도   충 서 이 이 의

貫(관): 관통하다. (실이나 끈 따위로) 물체를 꿰다.

而已矣(이이의): ～일 뿐이다. ～일 따름이다.

4-16

공자가 말했다.

---

13. 충은 진정성이 있고 충실한 마음을 다하는 것이다. 서는 내 마음을 살펴봄으로써 다른 사람 마음이 어떨지 헤아려보는 것이다. 충은 진심, 서는 공감의 능력이라고 볼 수 있다.

"군자는 의에 밝고, 소인은 이익에 밝다."[14]

子曰 君子喩於義, 小人喩於利.
자 왈 군 자 유 어 의 소 인 유 어 리

喩(유): 밝다. 깨닫다.
義(의): 마땅히 해야 할 일, 준칙.

4-17

공자가 말했다.

"어진 사람을 보면 그러한 사람과 같은 사람이 될 것을 생각하고, 어질지 못한 사람을 보면 자기 자신을 성찰해보아야 한다."

子曰 見賢思齊焉, 見不賢而內自省也.
자 왈 견 현 사 제 언 견 불 현 이 내 자 성 야

齊(제): 가지런하다. 같게 하다.

---

14. 의(義)는 '올바름'[正], '마땅함'[宜] 등의 의미가 있는 말로 유교의 중요한 실천 원리가 되는 개념이다. 인격적 성숙을 추구하는 군자가 소인과 구분되는 점은 삶의 기본적인 태도에서 사사롭게 이로움을 추구하기보다 도덕적 올바름을 우선적인 기준으로 삼는다는 데 있다.

4-18

공자가 말했다.

"부모를 섬기는 일에서는 부모의 잘못된 점을 섬세하게 간언해야 한다. 부모가 나의 간언을 따르지 않을 뜻을 보면 더욱 공경하여 부모의 뜻을 어기지 않으며, 수고로워도 원망하지 않아야 한다."

子曰 事父母幾諫, 見志不從, 又敬不違, 勞而不怨.
자 왈 사 부 모 기 간   견 지 부 종   우 경 불 위   노 이 불 원

幾(기): 은미하다. 세심하다.

諫(간): 간언하다. 충고하다. 조언하다.

4-19

공자가 말했다.

"부모가 살아 계실 때는 먼 곳에 머물러서는 안 되고, 부득이하게 먼 곳에 머무를 경우에는 반드시 일정한 장소에 머물러야 한다."[15]

子曰 父母在, 不遠遊, 遊必有方.
자 왈 부 모 재   불 원 유   유 필 유 방

---

15. 부모가 나를 종종 보고 싶어 할 것이기 때문에 먼 곳에서 공부하거나 머무르지 말라고 한 것이다. 다만 부득이하게 먼 곳에 머무를 경우에는 부모가 소식을 전하거나 찾을 경우에 대비해서 일정한 장소에 머물러야 한다고 한 것이다. 특별한 고지 없이 머무는 장소가 바뀌면 부모가 자식을 찾을 때 찾지 못해 걱정하게 된다.

在(재): 세상에 살아 있다.

遊(유): 다니다. 유람하다.

方(방): 일정한 장소.

4-20

공자가 말했다.

"아버지가 돌아가신 후 3년 동안 부모님의 방침을 바꾸지 않는다면 그것을 효도라 부를 수 있다."[16]

子曰 三年無改於父之道, 可謂孝矣.
자 왈 삼 년 무 개 어 부 지 도   가 위 효 의

4-21

공자가 말했다.

"부모님 나이는 몰라서는 안 되는 것이다. 부모님 나이에 대해서는 한편으로는 장수하시는 것이 기쁘고, 한편으로는 점점 쇠약해지시는 것이 두렵다."

子曰 父母之年, 不可不知也. 一則以喜, 一則以懼.
자 왈 부 모 지 년   불 가 부 지 아   일 즉 이 희   일 즉 이 구

不可(불가): ~해서는 안 된다.

喜(희): 기쁘다.

---

16. 〈학이〉 11장(1-11)에 나왔다. 중복된 글이다.

懼(구): 두렵다.

4-22

공자가 말했다.

"옛사람들이 말을 함부로 내뱉지 않은 것은 자신의 행동이 내뱉은 말에 미치지 못할 것을 부끄러워했기 때문이다."

子曰 古者言之不出, 恥躬之不逮也.
자 왈 고 자 언 지 불 출   치 궁 지 불 체 야

恥(치): 부끄러워하다.

躬(궁): 자기 자신. 신체.

逮(체): 이르다. 도달하다.

4-23

공자가 말했다.

"검약할 줄 알면서 실수하는 사람은 드물다."[17]

子曰 以約失之者鮮矣.
자 왈 이 약 실 지 자 선 의

---

17. 여기서는 검약, 즉 사치하지 않고 절약하고 아끼는 것으로 해석했지만 주자는 말과 행동을 미리 검사하여 단속한다는 의미로 해석한다.

約(약): 검약.

鮮(선): 드물다.

4-24

공자가 말했다.

"군자는 말은 굼뜨게 하고, 행동은 민첩하게 한다."[18]

子曰 君子欲訥於言, 而敏於行.
자 왈 군 자 욕 눌 어 언　이 민 어 행

訥(눌): 느리다. 굼뜨다.

敏(민): 민첩하다.

4-25

공자가 말했다.

"덕이 있는 사람은 외롭지 않고 반드시 이웃이 있다."[19]

子曰 德不孤, 必有鄰.
자 왈 덕 불 고　필 유 린

---

18. 말을 조심히 하고 행동을 신속하게 하라는 뜻이다.

19. 덕이 있는 사람 곁에는 그를 우러러보며 뜻을 함께하려는 사람들이 찾아오 기 때문에 고독하지 않다고 한 것이다.

孤(고): 외롭다. 고립.

鄰(린): 이웃.

4-26

자유(子游)가 말했다.

"임금을 섬기는 일에서 급하게 서두르면 치욕을 당하게 되고, 친구를 사귀는 일에서 급하게 서두르면 관계가 소원해진다."[20]

子游曰 事君數, 斯辱矣. 朋友數, 斯疏矣.
자 유 왈 사 군 삭　　사 욕 의　　붕 우 삭　　사 소 의

數(삭): 빠르다. 서두르다.

辱(욕): 치욕.

疏(소): 소원하다. 관계가 멀어지다.

---

20. 임금을 섬기는 일이나 친구를 사귀는 일을 너무 급하게 서두르면 도리어 안 좋은 일이 생긴다. 그러므로 완급 조절을 잘해야 한다는 뜻이다.

제5편
공야장 公冶長

5-1

공자가 공야장(公冶長)[1]에 대해 이렇게 평했다.

'사위로 삼을 만하다. 비록 감옥에 갇힌 적이 있지만 그의 죄가 아니었다'고 하시고는 당신 딸을 그에게 시집보냈다.

子謂公冶長 可妻也. 雖在縲絏之中, 非其罪也.
자 위 공 야 장   가 처 야   수 재 루 설 지 중   비 기 죄 야

以其子妻之.
이 기 자 처 지

妻(처): 딸을 시집보내다.

縲(루): 검은 끈. 옛날에는 죄인을 검은 끈으로 묶었다.

絏(설): 묶다.

---

1. 공자의 제자이다. 노(魯)나라 사람이라는 말도 있고, 제(齊)나라 사람이라는 말도 있다.

5-2

공자가 남용(南容)[2]에 대해 이렇게 평했다.

'나라에 도가 있을 때 관직을 잃지 않을 것이고, 나라에 도가 없을 때 형벌을 면할 것이다'라고 평하고는 형의 딸을 그에게 시집보냈다.

子謂南容 邦有道, 不廢, 邦無道, 免於刑戮.
자 위 남 용 방 유 도　　불 폐　　방 무 도　　면 어 형 륙

以其兄之子妻之.
이 기 형 지 자 처 지

邦(방): 나라

不廢(불폐): 버려지지 않는다. 쓰임을 받는다.

免(면): 면하다.

戮(륙): 형벌.

5-3

공자가 자천(子賤)[3]에 대해 말했다.

"군자로다! 이 사람이여! 노나라에 군자들이 없었다면 그가 어디에서 이러한 덕(德)을 이룰 수 있었겠는가?"[4]

---

2. 공자의 제자로 노나라 사람이다. 성은 남궁(南宮), 이름은 도(韜), 자는 자용(子容)이다.

3. 공자의 제자로 성은 복(宓), 이름은 부제(不齊)이다. 자천(子賤)은 그의 자이다. 공자보다 30세 어렸다.

4. 제자 자천의 덕성을 칭찬하는 동시에 노나라에 군자가 많다는 것을 은연중에 드러내는 말이다.

子謂子賤 君子哉, 若人! 魯無君子者, 斯焉取斯?
자 위 자 천 군 자 재   약 인   노 무 군 자 자   사 언 취 사

哉(재): 감탄을 나타내는 어조사.

若(약): 이. 이런.

斯(사): 이. 이런. 이 사람. 이것.

焉(언): 어디. 어찌. 어떻게.

5-4

자공이 물었다.

"저는 어떻습니까?"[5]

공자가 말했다.

"너는 그릇이다."

"어떤 그릇입니까?"

"종묘 제사에 쓰이는 귀중한 제기인 호련(瑚璉)이다."

子貢問曰 賜也何如? 子曰 女器也. 曰 何器也?
자 공 문 왈   사 야 하 여   자 왈   여 기 야   왈   하 기 야

曰 瑚璉也.
왈   호 련 야

瑚璉(호련): 옥으로 제작해 제사에 쓰는 그릇.

---

5. 공자는 평소에 제자들의 학문과 덕행에 대해서 평을 내렸는데, 이를 보고 자
   공이 자신에 대한 평가를 요구한 것이다.

5-5

어떤 사람이 말했다.

"옹(雍)⁶은 인(仁)하지만 말재주가 없다."

공자가 말했다.

"말재주를 어디에 쓰겠는가? 재빠른 말재주로 남에게 반박하다가 자주 미움을 사게 된다. 그가 인한지는 모르겠으나 말재주를 어디에 쓰겠는가?"

或曰 雍也仁而不佞. 子曰 焉用佞? 禦人以口給,
혹왈 옹야인이불녕　자왈 언용녕　어인이구급

屢憎於人. 不知其仁, 焉用佞?
누증어인　부지기인　언용녕

佞(녕): 말재주.

焉(언): 어디에.

禦(어): 막다. 맞서다. 여기에서는 사람들을 대한다는 의미로 쓰였다.

屢(누): 쌓이다. 자주.

5-6

공자가 칠조개(漆雕開)⁷에게 벼슬하게 하자, 칠조개가 대답했다.

"저는 아직 벼슬에 관해서 스스로를 자신할 수 없습니다."

---

6. 공자의 제자로 성은 염(冉), 이름은 옹(雍), 자는 중궁(仲弓)이다. 노나라의 실질적인 권력자인 계강자(季康子)의 가신(家臣)이 되어 정치 활동을 했다.

7. 공자의 제자로 성은 칠조(漆雕), 이름은 개(開), 자는 자약(子若)이다.

그 말을 듣고 공자는 기뻐하였다.

子使漆雕開仕, 對曰 吾斯之未能信. 子說.
자 사 칠 조 개 사   대 왈   오 사 지 미 능 신   자 열

斯(사): 이것. 이 일.

說(열): 기뻐하다.

5-7

공자가 말했다.

"여기에서는 도(道)를 행할 수 없으니 뗏목을 타고 바다를 건너 다른 나라로 가련다. 나를 따를 자는 바로 유(由)일 것이다!"

자로가 그 말을 듣고 기뻐했다. 공자가 말했다.

"유가 용맹함을 좋아하는 것은 나를 넘어서지만, 뗏목에 쓰일 목재를 구할 곳이 없구나."[8]

子曰 道不行, 乘桴浮于海, 從我者, 其由與!
자 왈 도 불 행   승 부 부 우 해   종 아 자   기 유 여

子路聞之喜. 子曰 由也好勇過我, 無所取材.
자 로 문 지 희   자 왈 유 야 호 용 과 아   무 소 취 재

桴(부): 뗏목

---

8. 공자는 실제로 떠날 생각이 있었던 것이 아니라 도를 행할 수 없는 현실을 한
   탄한 것인데, 자로가 마치 막 떠날 것처럼 믿었다. 공자는 뗏목 만들 목재를
   구할 곳이 없다며 진짜로 떠나려는 것이 아니라고 말하면서 자로를 놀렸다.

浮(부): 물에 뜨다.

材(재): 목재

5-8

맹무백(孟武伯)[9]이 물었다.

"자로는 인한 사람입니까?"

공자가 말했다.

"모르겠소."

맹무백이 다시 묻자 공자가 말했다.

"유는 수레를 천 대 동원할 수 있는 규모의 나라에서 병무를 맡길 수 있지만, 그가 인한지는 모르겠소."

"구(求 염유)는 어떻습니까?"

공자가 말했다.

"구는 천 가구가 있는 고을이나 수레 백 대를 동원할 수 있는 규모의 집안일을 맡길 수 있지만, 그가 인한지는 모르겠소."

"적(赤 공서화)[10]은 어떻습니까?"

공자가 말했다.

"적은 관복에 띠를 두르고 조정에 서서 외국 사신들과 외교를 논의하

---

9. 노나라 대부로, 시호는 무(武)이다. 백(伯)은 그가 맏아들이기 때문에 붙여진 것이다.

10. 공자의 제자로 노나라 사람이다. 성은 공서(公西), 이름은 적(赤), 자는 자화(子華)이다. 공자보다 42세 어렸다.

게 할 수 있지만, 그가 인한지는 모르겠소."

孟武伯問 子路仁乎? 子曰 不知也. 又問 子曰
맹 무 백 문 자 로 인 호   자 왈 부 지 야   우 문   자 왈

由也, 千乘之國, 可使治其賦也, 不知其仁也.
유 야   천 승 지 국   가 사 치 기 부 야   부 지 기 인 야

求也何如? 子曰 求也, 千室之邑, 百乘之家,
구 야 하 여   자 왈 구 야   천 실 지 읍   백 승 지 가

可使爲之宰也, 不知其仁也. 赤也何如? 子曰 赤也,
가 사 위 지 재 야   부 지 기 인 야   적 야 하 여   자 왈 적 야

束帶立於朝, 可使與賓客言也, 不知其仁也.
속 대 립 어 조   가 사 여 빈 객 언 야   부 지 기 인 야

賦(부): 군대. 군사.

帶(대): 관복에 두르는 띠.

賓客(빈객): 외국 사신.

5-9

공자가 자공에게 말했다.

"너와 안회 중에 누가 더 나으냐?"

자공이 대답했다.

"제가 어찌 감히 안회보다 낫기를 바라겠습니까. 안회는 하나를 들으면 열을 알고 저는 하나를 들으면 둘을 압니다."

공자가 말했다.

"네가 안회에게만큼은 안 되지. 나와 네가 모두 안회만 못하다."[11]

_____

11. 공자는 자신의 재능과 덕성이 안연보다 한참 못하다고 자평한 자공을 위로

子謂子貢曰 女與回也孰愈? 對曰 賜也何敢望回.
자 위 자 공 왈 여 여 회 야 숙 유   대 왈 사 야 하 감 망 회

回也聞一以知十, 賜也聞一以知二. 子曰 弗如也.
회 야 문 일 이 지 십   사 야 문 일 이 지 이   자 왈 불 여 야

吾與女弗如也.
오 여 녀 불 여 야

愈(유): 낫다.

敢(감): 감히.

望(망): 바라다.

弗(불): 아니다.

與(여): ~와. 허락하다.

5-10

재여(宰予)가 낮잠을 자고 있자 공자가 말했다.

"썩은 나무에는 조각을 할 수 없고, 더러운 흙으로 쌓은 담장은 흙으로 손질할 수 없다. 그러니 재여에게 무엇을 꾸짖겠는가?"[12]

공자가 또 말했다.

"처음에 나는 다른 사람에 대해 그의 말을 듣고 그의 행실이 어떨 것이라고 믿었다. 요즘 나는 사람들에 대해 그 사람의 말을 듣고도 하는 행동을 자세히 살펴본다. 재여 때문에 이렇게 고친 것이다."[13]

하고자 이렇게 말한 것이다. 주자는 '나는 네가 그만 못하다는 것을 인정한다'라고 해석하기도 한다.

12. 반어법으로 매우 강하게 비판하는 말이다. 꾸짖을 가치가 없다는 것이다.

13. 재여의 언행이 일치하지 않는 것을 보고서, 공자는 말을 듣고 행동까지 관찰

宰予晝寢, 子曰 朽木不可雕也, 糞土之墻不可杇也.
재 여 주 침　 자 왈　후 목 불 가 조 야　　분 토 지 장 불 가 오 야

於予與何誅? 子曰 始吾於人也, 聽其言而信其行,
어 여 여 하 주　　자 왈　시 오 어 인 야　　청 기 언 이 신 기 행,

今吾於人也, 聽其言而觀其行. 於予與改是.
금 오 어 인 야　 청 기 언 이 관 기 행　 어 여 여 개 시

晝寢(주침): 낮잠(자다).

朽(후): 썩다.

雕(조): 조각하다.

糞(분): 거름. 흙.

杇(오): 흙을 발라 손질하다.

與(여): 어기를 돕는 어조사로 쓰였다. 이때에는 특별한 뜻을 가지지 않는다.

誅(주): 꾸짖다.

5-11

공자가 말했다.

"나는 아직 강직한 사람을 보지 못했다."

어떤 사람이 대답했다.

"신정(申棖)[14]이 있습니다."

공자가 말했다.

"신정은 욕심이 많은데 어찌 강직하다고 하겠는가?"

하여 그 사람을 판단하게 되었다고 한 것이다.

14. 공자의 제자로 노나라 사람이다. 자는 주(周)이다.

子曰 吾未見剛者. 或對曰 申棖. 子曰 棖也慾, 焉得剛?
자 왈 오 미 견 강 자   혹 대 왈 신 정   자 왈 정 야 욕   언 득 강

慾(욕): 욕심. 탐욕.

5-12

자공이 말했다.

"저는 다른 사람이 저를 업신여기기를 원치 않기에[15] 저 역시 다른
사람을 업신여기지 않으려고 합니다."

공자가 말했다.

"사(賜)야, 너는 다른 사람이 너를 업신여기지 않도록 제지할 수 없느
니라."

子貢曰 我不欲人之加諸我也, 吾亦欲無加諸人.
자 공 왈 아 불 욕 인 지 가 저 아 야   오 역 욕 무 가 저 인

子曰 賜也, 非爾所及也.
자 왈 사 야   비 이 소 급 야

加(가): 업신여기다. 능욕하다.

諸(저): ~에. ~에게. ~을(를). ~로부터. ~로. ~에서.

---

15. 주자는 이렇게 해석하였다.
    "저는 다른 사람이 저에게 하지 않았으면 하는 일을 저 또한 다른 사람에게
    하지 않으려고 합니다."
    공자가 말했다.
    "사(賜)야, 그것은 네가 쉽게 도달할 수 있는 경지가 아니다."

5-13

자공이 말했다.

"선생님의 글, 위엄, 예법은 밝게 드러나서 보고 들을 수 있었지만, 선생님께서 성(性)과 천도(天道)에 대해 말씀하시는 것은 들을 수 없었다."[16]

子貢曰 夫子之文章, 可得而聞也. 夫子之言性與天道,
자 공 왈 부 자 지 문 장   가 득 이 문 야   부 자 지 언 성 여 천 도

不可得而聞也.
불 가 득 이 문 야

文(문): 저술. 위엄. 예법.

章(장): 드러나다.

5-14

자로는 가르침을 받은 것이 있는데 아직 제대로 실천하지 못하였으면 다시 다른 가르침을 받는 것을 두려워했다.[17]

子路有聞, 未之能行, 唯恐有聞.
자 로 유 문   미 지 능 행   유 공 유 문

---

16. 성과 천도는 그 이치가 심오해서 말씀해주셨더라도 알아듣기가 어려웠다는 뜻이다. 반면, 주자는 공자가 드물게 말했기 때문에 들을 기회가 거의 없었다는 뜻으로 해석하였다.

17. 자로는 배운 것을 과감하게 행동에 옮기는 사람으로 잘 알려졌다. 그렇기 때문에 아직 실천에 옮기지 못한 가르침이 있는데 다시 가르침을 들어서 실천하지 못한 가르침이 쌓이는 것을 싫어했다는 뜻이다.

恐(공): 두려워하다.

5-15

자공이 물었다.

"공문자(孔文子)[18]는 어떻게 '문(文)'이라는 시호(諡號)를 얻었습니까?"

공자가 말했다.

"재빠르게 행동하면서 배우기를 좋아하고, 아랫사람에게 묻는 것을 부끄러워하지 않았다. 그러므로 문이라는 시호를 얻은 것이다."

子貢問曰 孔文子何以謂之文也? 子曰 敏而好學,
자 공 문 왈　공 문 자 하 이 위 지 문 야　　자 왈　민 이 호 학

不恥下問. 是以謂之文也.
불 치 하 문　시 이 위 지 문 야

敏(민): 재빠르다. 민첩하다.

恥(치): 부끄러워하다. 수치로 여기다.

是以(시이): 이 때문에. 이러한 까닭으로.

---

18. 위(衛)나라의 대부로 성은 공(孔), 이름은 어(圉), 시호는 문(文)이다. 공자가 천하를 주유 중일 때 위나라에서 그를 만났다. 당시 위나라는 괴외(蒯聵)의 아들 출공(出公)이 임금으로 있었고, 그의 대신이었던 공문자가 위나라 실권을 쥐고 있었다.

5-16

공자가 자산(子産)[19]에 대해 이렇게 평하였다.

"그에게는 네 가지 군자의 도가 있었다. 몸가짐이 공손하고, 윗사람을 섬길 때는 공경스럽고, 백성을 보살필 때는 은혜롭고, 백성을 동원하는 일에서는 정황을 고려하여 합당하게 했다."[20]

子謂子産 有君子之道四焉. 其行己也恭, 其事上也敬,
자 위 자 산 유 군 자 지 도 사 언   기 행 기 야 공   기 사 상 야 경

其養民也惠, 其使民也義.
기 양 민 야 혜   기 사 민 야 의

使(사): 부리다. ~하게 하다.

義(의): 마땅하다. 합당하다.

5-17

공자가 말했다.

---

19. 정(鄭)나라의 대부로 성은 공손(公孫), 이름은 교(僑)이다. 자산(子産)은 자이다. 춘추시대의 훌륭한 재상으로 꼽히는 자산은 정나라 간공(簡公)과 정공(定公) 시기에 22년간 경(卿)으로 집정했다. 당시 강대국 진(晉)나라와 초(楚)나라가 끊임없이 전쟁을 하던 때였는데 자산은 두 나라 사이에서 적절하게 처신하면서 정나라의 안전을 지켰다. 자산은 고대 중국 제일의 걸출한 정치가이자 외교관이었다.

20. 백성을 합당하게 동원했다는 말의 원문은 '使民也義(사민야의)'인데, 백성의 주업인 농사에 방해가 되지 않도록 안배했다고 해석하기도 하고, 백성을 정해진 규율, 신분, 제도에 입각하여 동원했다고 해석하기도 한다.

"안평중(晏平仲)[21]은 다른 사람들과 사귀는 일을 잘했다. 오랫동안 알고 지낸 친구라도 공경했다."

子曰 晏平仲善與人交, 久而敬之.
자 왈 안 평 중 선 여 인 교   구 이 경 지

5-18

공자가 말했다.

"장문중(臧文仲)[22]은 귀갑(龜甲)[23]을 소장하고 대들보 위에 세운 기둥에는 산 문양을 새기고, 대들보 위 짧은 기둥에는 수초 문양을 새겼다.[24] 그러하니 어찌 그를 지혜롭다 할 수 있겠는가?"

子曰 臧文仲居蔡, 山節藻梲, 何如其知也?
자 왈 장 문 중 거 채   산 절 조 절   하 여 기 지 야

蔡(채): 거북이 딱지인 귀갑을 말하는데, 나라의 임금은 귀갑을 수장하였다.

節(절): 기둥 윗부분의 지붕을 받치는 나무. 기둥머리.

---

21. 성은 안(晏), 이름은 영(嬰), 자는 중(仲), 시호는 평(平)이다. 제(齊)나라의 훌륭한 재상이었다.

22. 노나라의 대부로 성은 장손(臧孫), 이름은 진(辰), 자는 중(仲), 文(문)은 그의 시호이다. 재상을 지냈고, 장공(莊公)과 민공(閔公), 희공(僖公), 문공(文公) 네 임금을 섬긴 권력가였다.

23. 고대 사회에서는 거북이 등딱지나 배딱지를 점을 치는 데 사용하거나 화폐로 사용하였다.

24. 이렇듯 사치스럽고 임금의 신분으로 누릴 수 있는 것을 참람되게 행했으니 지혜롭지 않다는 것이다.

藻(조): 수초.

梲(절): 대들보 위에 세운 짧은 기둥.

5-19

자장(子張)이 물었다.

"영윤(令尹) 자문(子文)[25]은 세 번이나 영윤이 되었으나 기뻐하는 기색이 없었고, 세 번 면직되어 모두 물러날 때에도 원망하는 기색이 없었으며, 전임 영윤의 업무를 반드시 신임 영윤에게 알려주었습니다. 그의 이런 행동은 어떻습니까?"

공자가 말했다.

"자신의 충심을 다한 것이다."

자장이 물었다.

"이런 행동을 두고 인하다고 할 수 있습니까?"

공자가 말했다.

"모르겠으나, 어찌 인하다고 할 수 있겠는가?"

자장이 물었다.

"최자(崔子)[26]가 제나라의 임금을 시해하자, 진문자(陳文子)[27]는 소유

---

25. 초나라에서는 집정관을 영윤이라고 했는데 재상과 유사한 역할을 했다. 자문은 초나라의 대부로 성은 투(鬪), 이름은 구어도(穀於菟)이며, 자는 자문이다.

26. 제나라의 대부로 성은 최(崔), 이름은 저(杼)이다. 최자는 당시 주군이었던 제나라 임금 장공(莊公)을 시해하였다.

27. 제나라의 대부로 성은 진(陳), 이름은 수무(須無)이며 문(文)은 그의 시호이다.

하고 있던 말 40필을 버리고 제나라를 떠나 다른 나라로 갔습니다. 거기에 도착해서 말하길 '이 나라의 대부도 우리나라의 최자와 같구나!' 하고는 떠났습니다. 또 다른 나라로 가서 다시 말하길 '이 나라의 대부도 우리나라의 최자와 같구나!' 하고는 또 떠났습니다. 그의 이러한 행동은 어떻습니까?"

공자가 말했다.

"깨끗하다."

자장이 말하였다.

"이런 행동을 두고 인하다고 할 수 있습니까?"

공자가 말했다.

"모르겠으나, 어찌 인하다고 할 수 있겠는가?"

子張問曰 令尹子文, 三仕爲令尹, 無喜色, 三已之,
자 장 문 왈 영 윤 자 문   삼 사 위 영 윤   무 희 색   삼 이 지

無慍色, 舊令尹之政, 必以告新令尹. 何如? 子曰 忠矣.
무 온 색   구 영 윤 지 정   필 이 고 신 영 윤   하 여   자 왈 충 의

曰 仁矣乎? 曰 未知, 焉得仁. 崔子弑齊君, 陳文子,
왈 인 의 호   왈 미 지   언 득 인   최 자 시 제 군   진 문 자

有馬十乘, 棄而違之. 至於他邦, 則曰猶吾大夫崔子也,
유 마 십 승   기 이 위 지   지 어 타 방   즉 왈 유 오 대 부 최 자 야

違之. 之一邦, 則又曰猶吾大夫崔子也, 違之. 何如?
위 지   지 일 방   즉 우 왈 유 오 대 부 최 자 야   위 지   하 여

子曰 淸矣. 曰 仁矣乎? 曰 未知, 焉得仁.
자 왈 청 의   왈 인 의 호   왈 미 지   언 득 인

三仕(삼사): 세 번 벼슬에 오르다.

已(이): 그만두다.

弑(시): 시해하다. 신하로서 자신의 임금을 죽이는 것.

乘(승): 수레. 수레 한 대는 네 마리 말이 끌기에 10승(乘)은 말 40필이다.

棄(기): 버리다.

之(지): 가다.

至(지): (장소나 경지에) 이르다. 도착하다.

猶(유): ~와 같다.

違(위): 떠나다.

5-20

계문자(季文子)[28]는 세 번 생각한 이후에 행동했다. 공자가 그 말을 듣고 말했다.

"두 번만 생각하고 행동해도 괜찮다."

季文子三思而後行. 子聞之曰 再斯可矣.
계 문 자 삼 사 이 후 행   자 문 지 왈   재 사 가 의

斯(사): 접속사로 '그렇다면 ~ 곧'으로 해석한다.

5-21

공자가 말했다.

---

28. 노나라의 대부로 성은 계손(季孫), 이름은 행보(行父)이며, 시호는 문(文)이다. 계문자는 노나라 문공(文公), 선공(宣公), 성공(成公), 양공(襄公) 때 벼슬을 지냈다. 공자는 양공 22년에 태어났고, 계문자는 양공 5년에 죽었으니 공자가 태어나기 17년 전에 죽은 것이다.

"영무자(甯武子)[29]는 나라에 도가 있을 때는 지혜로웠고 나라에 도가 없을 때는 어리석은 듯이 행동했다. 그의 지혜로운 행동은 누구나 행할 수 있지만, 어리석은 행동은 누구도 행할 수 없다."[30]

子曰 甯武子, 邦有道則知, 邦無道則愚. 其知可及也,
자 왈 영 무 자   방 유 도 즉 지   방 무 도 즉 우   기 지 가 급 야

其愚不可及也.
기 우 불 가 급 야

愚(우): 어리석다.
及(급): 도달하다. 미치다.

5-22

공자가 진(陳)나라에 있을 때 말했다.

"돌아가야겠구나! 돌아가야겠구나! 우리 고향의 젊은이들은 도를 향해 과감하고 용맹스럽게 나아가지만 함부로 견강부회하여 문장을 짓고 또 재단할 줄을 모른다."[31]

子在陳曰 歸與! 歸與! 吾黨之小子狂簡, 斐然成章,
자 재 진 왈 귀 여   귀 여   오 당 지 소 자 광 간   비 연 성 장

---

29. 위나라의 대부로 성은 영(甯), 이름은 유(兪), 시호는 무(武)이다.
30. 나라에 도가 없는 무질서한 시대일 때 지혜를 숨기고 바보로 위장하여 화를 피한 것을 말한다.
31. 주자는 '젊은이들이 뜻은 높으나 행동은 소략하고, 학문의 성취는 높게 이루었지만 재단할 줄 모른다'고 해석하였다.

不知所以裁之.
부 지 소 이 재 지

小子(소자): 젊은이들.

狂簡(광간): 매우 적극적으로 행동하고 주저함이 없는 모습.

斐然(비연): 함부로 견강부회하다.

裁(재): 재단하다.

5-23

공자가 말했다.

"백이와 숙제[32]는 다른 사람의 과거 악행을 염두에 두지 않았다.[33] 이 때문에 백이와 숙제를 원망하는 사람이 적었다."

子曰 伯夷叔齊不念舊惡, 怨是用希.
자 왈 백 이 숙 제 불 념 구 악　 원 시 용 희

---

32. 백이(伯夷)와 숙제(叔齊)는 은(殷) 왕조 말엽 고죽국(孤竹國)의 왕자들이었다. 백이는 아버지가 동생 숙제에게 왕위를 물려주려는 것을 알고, 아버지 사후에 다른 나라로 떠났다. 숙제 또한 자신의 형에게 왕위를 양보하고 다른 나라로 떠났다. 훗날에 백이와 숙제는 은나라의 주(紂)왕을 정벌하려고 출정 중인 주나라 무왕을 만났는데, 당시에 신하였던 무왕이 자신의 임금을 정벌하는 것은 도리에 맞지 않는다는 점을 들어 말고삐를 붙들고 간언했다. 하지만 무왕은 듣지 않고 은나라를 토벌한 뒤 주나라를 세웠는데, 이를 부끄럽게 여긴 백이와 숙제는 주나라의 곡식은 먹지 않고 수양산(首陽山)에 숨어 고사리를 캐 먹다 굶어 죽었다. 유가에서는 백이와 숙제를 절개의 대명사로 여겼다.

33. 과거의 악행을 염두에 두어 보복하려고 하지 않았기 때문에 남들로부터 원한 살 일이 적었다는 말이다.

念(념): 염두에 두다.

用(용): ~ 때문에.

希(희): 드물다. 적다.

5-24

공자가 말했다.

"누가 미생고(微生高)[34]를 정직하다고 하는가? 어떤 사람이 식초를 얻으러 가자 자기 집에 없는데도 이를 말하지 않고 이웃집에서 빌려서 주는구나."[35]

子曰 孰謂微生高直? 或乞醯焉, 乞諸其鄰而與之.
자 왈 숙 위 미 생 고 직   혹 걸 혜 언   걸 저 기 린 이 여 지

醯(혜): 식초

乞(걸): 빌리다.

鄰(린): 이웃.

與(여): 주다.

5-25

공자가 말했다.

"말을 교묘하게 하고 얼굴빛을 꾸미고 발걸음을 공손하게 하는 것을

---

34. 노나라 사람으로 성은 미생(微生), 이름은 고(高)이다.

35. 식초를 구하러 왔을 때 자신에게 없으면, '없다'고 말하는 것이 정직한 행동이라는 것이다.

좌구명(左丘明)[36]이 수치스럽게 여겼는데, 나도 그것을 수치스럽게 여긴다. 원한을 숨기고 그 사람과 친구가 되는 것을 좌구명이 수치스럽게 여겼는데, 나도 그것을 수치스럽게 여긴다."

子曰 巧言令色足恭, 左丘明恥之, 丘亦恥之.
자왈 교언령색족공 좌구명치지 구역치지

匿怨而友其人, 左丘明恥之, 丘亦恥之.
닉원이우기인 좌구명치지 구역치지

足恭(족공): 발을 공손하게 하다. 발을 빠르게 움직이는 것을 말한다.

恥(치): 수치스럽게 여기다.

匿(닉): 숨기다.

5-26

안연(顔淵)과 계로(季路)[37]가 공자를 모시고 있을 때 공자가 말했다.

"어찌 너희가 품은 생각을 말하지 않느냐?"

자로가 말했다.

"수레와 말, 좋은 가죽옷을 친구들과 함께 쓰고 그것을 망가뜨려도 서운해하지 않기를 원합니다."

안연이 말했다.

"제 선행을 자랑하지 않고 타인을 수고롭게 하지 않기를 원합니다."

자로가 말했다.

---

36. 노나라 사관(史官)으로 성은 좌구(左丘) 이름은 명(明)이다.

37. 자로를 가리킨다.

"선생님의 뜻은 어떠한지 듣고 싶습니다."

공자가 말했다.

"노인들이 나를 편안하게 생각하고, 친구들이 나를 신뢰하고, 젊은이들이 나를 사모하기를 원한다."[38]

顔淵季路侍, 子曰 盍各言爾志?
안 연 계 로 시 자 왈 합 각 언 이 지

子路曰 願車馬衣輕裘, 與朋友共, 敝之而無憾. 顔淵曰
자 로 왈 원 거 마 의 경 구 여 붕 우 공 폐 지 이 무 감 안 연 왈

願無伐善, 無施勞. 子路曰 願聞子之志.
원 무 벌 선 무 시 로 자 로 왈 원 문 자 지 지

子曰 老者安之, 朋友信之, 少者懷之.
자 왈 노 자 안 지 붕 우 신 지 소 자 회 지

侍(시): 모시다.

盍(합): '어찌 ~하지 않겠는가?'로 해석한다.

敝(폐): 망가뜨리다.

伐(벌): 자랑하다.

施(시): 베풀다. 가하다.

懷(회): 생각하다. 사모하다.

5-27

공자가 말했다.

---

38. 주자는 원문 '老者安之, 朋友信之, 少者懷之'에 대해 '노인들을 편안하게 하고, 친구들을 신의로 대하고, 젊은이에게 은혜를 베풀어 그들을 품어주길 원한다'라고 해석한다.

"그만두어야겠구나!³⁹ 나는 자신의 과오를 보고 속으로 잘못을 스스로 꾸짖는 사람을 아직 보지 못했다."⁴⁰

子曰 已矣乎! 吾未見能見其過而內自訟者也.
자 왈 이 의 호   오 미 견 능 견 기 과 이 내 자 송 자 야

已(이): 그만두다. 끝내다.

過(과): 과오. 잘못.

訟(송): 꾸짖다.

5-28

공자가 말했다.

"열 집이 사는 작은 마을에도 나처럼 진심을 다하고 신의가 있는 사람은 반드시 있겠지만, 그런 사람조차 나만큼 학문을 좋아하지는 않는다."

子曰 十室之邑, 必有忠信如丘者焉, 不如丘之好學也.
자 왈 십 실 지 읍   필 유 충 신 여 구 자 언   불 여 구 지 호 학 야

---

39. 그만두겠다는 대상은 스스로의 과오를 보고 자책하는 사람을 만나는 기대감이다. 끝내 그런 사람을 볼 수 없을 거라고 한탄하는 것이다.

40. 자기 허물을 보고 속으로 자기 잘못을 스스로 꾸짖을 수 있는 사람을 끝내 만나보지 못할 것 같다는 걱정 끝에 나온 탄식으로 주위의 제자들에게 느끼는 바가 있게끔 자극을 준 것이다.

제6편

옹야 雍也

6-1

공자가 말했다.

"옹(雍 중궁)은 한 나라의 정치를 맡길 만한 인물이다."

子曰 雍也可使南面.
자 왈   옹 야 가 사 남 면

南面(남면): 북을 등지고 남쪽을 향해 앉는다는 뜻으로 정치 지도자의 지위나
　　　　그 통치 행위를 뜻하는 말이다. 고대 제왕과 제후들은 신하들을, 경대부
　　　　들은 관료들을 볼 때 모두 남쪽을 향해서 앉았다.

6-2

중궁(仲弓)이 자상백자(子桑伯子)[1] 에 대해 묻자 공자가 말했다.

"관대하고 소탈하니 한 나라의 정치를 맡길 만하다."

---

1. 문헌에 나오지 않는 미상의 인물이다.

중궁이 말했다.

"몸가짐이 경건하면서 소탈하게 행동하며 백성을 다스린다면 그것도 괜찮은 것이 아니겠습니까? 그렇지만 몸가짐이 소탈한데 행실도 소탈하다면 지나치게 소탈한 것 아니겠습니까?"

공자가 말했다.

"네 말이 옳다."

仲弓問子桑伯子, 子曰 可也, 簡. 仲弓曰 居敬而行簡,
중궁문자상백자 자왈 가야 간 중궁왈 거경이행간

以臨其民, 不亦可乎? 居簡而行簡, 無乃大簡乎? 子曰
이림기민 불역가호   거간이행간   무내태간호   자왈

雍之言, 然.
옹지언   연

簡(간): 관대하다. 소탈하다. 번잡하지 않다.

臨(림): 임하다. 대하다.

無乃~乎(무내~호): ~하지 않겠는가?

然(연): 합당하다. 정확하다.

6-3

애공(哀公)이 물었다.

"제자들 가운데 누가 배우기를 좋아합니까?"

공자가 대답했다.

"안회가 배우기를 좋아합니다. 안회는 노여움을 다른 곳으로 옮기지

않고[2] 잘못을 재차 범하지 않았는데, 불행히도 명이 짧아 일찍 죽었습니다. 지금은 그가 죽고 없으니 배우기를 좋아하는 사람이 있다는 말을 아직 들어보지 못했습니다."

哀公問 弟子孰爲好學? 孔子對曰 有顔回者好學. 不遷怒,
애 공 문　제 자 숙 위 호 학　　공 자 대 왈　유 안 회 자 호 학　　불 천 노

不貳過, 不幸短命死矣. 今也則亡, 未聞好學者也.
불 이 과　　불 행 단 명 사 의　금 야 즉 무　미 문 호 학 자 야

遷(천): 옮기다.

貳(이): 둘. 거듭.

亡(무): 없다.

6-4

자화(子華)가 제나라에 사신으로 가게 되자 염자(冉子 염유)가 자화의 어머니를 위해 곡식을 보내주기를 청하였다. 공자가 말했다.

"6말 4되를 주거라."

더 많이 청하자 공자가 다시 말했다.

"16말 정도 주거라."

염자가 공자의 말을 듣지 않고 곡식 다섯 섬을 주었다. 공자가 말했다.

"적(赤 자화)이 제나라로 갈 때 살찐 말을 타고 가벼운 가죽옷을 입었다.[3] 내가 듣기로 군자는 가난하고 위급한 사람을 돕지 부유한 사람을

---

2. A에게 화가 났는데 B에게 화내는 것을 화를 옮긴다고 한다.

3. 자화의 모습으로 보면 그가 경제적으로 넉넉했음을 알 수 있다.

돕지 않는다고 하였다."

子華使於齊, 冉子爲其母請粟. 子曰 與之釜. 請益, 曰
자화시어제 염자위기모청속 자왈 여지부 청익 왈

與之庾. 冉子與之粟五秉. 子曰 赤之適齊也, 乘肥馬,
여지유 염자여지속오병 자왈 적지적제야 승비마

衣輕裘. 吾聞之也, 君子周急, 不繼富.
의 경 구 오 문 지 야 군 자 주 급 불 계 부

使(시): 사신으로 가다.

粟(속): 곡식.

釜(부): 양을 헤아리는 단위. 6말 4되.

庾(유): 양을 헤아리는 단위. 16말.

秉(병): 양을 헤아리는 단위. 160말(16섬).

乘(승): (탈것에) 타다.

肥(비): 살찌다.

裘(구): 가죽옷.

周(주): 부족한 것을 도와주다.

繼(계): 여유가 있도록 계속 도와주다.

6-5

원사(原思)[4]가 공자의 봉토를 관리하는 관리인이 되었다.[5] 공자가 그

---

4. 공자의 제자로 성은 원(原), 이름은 헌(憲)이고, 자는 자사(子思)이다.
5. 후한 때의 학자 포함(包咸)은 '공자가 노(魯)나라의 사구(司寇)라는 직책을 맡
   았을 때 원헌을 자신의 채지(采地)의 재(宰)로 삼았다'고 했는데 공자가 정말

에게 곡식 900말을 주려 하자 그가 사양하였다. 공자가 말했다.

"사양하지 말거라. 자신에게 여유가 있거든 이 곡식을 네 이웃과 마을 사람들에게 나누어주어라."[6]

原思爲之宰, 與之粟九百, 辭. 子曰 毋,
원 사 위 지 재   여 지 속 구 백   사   자 왈 무

以與爾鄰里鄕黨乎.
이 여 이 린 리 향 당 호

宰(재): 중국 고대 관직의 통칭으로, 여기서는 봉토를 관리하는 관리자급 관원을 말한다.

辭(사): 사양하다.

毋(무): 금지를 명령하는 말로, '말라!'라고 해석한다.

鄰(린): 이웃. 5가구.

里(리): 5린(鄰), 즉 25가구.

鄕黨(향당): '향(鄕)'은 12500가구, '당(黨)'은 500가구.

6-6

공자가 중궁(仲弓)에 대해 말했다.

"얼룩소의 새끼가 털이 붉고 또 뿔이 바르다면 비록 사람들이 제사의

사구라는 고위 직책을 맡았는지에 대해 현대의 많은 학자는 부정한다.

6. 공자는 자신의 채지를 관리하는 원사에게 봉록을 주었는데 그가 사양하자 봉록은 법에 따라 받도록 되어 있으니 사양해서는 안 되고 자신에게 경제적 여유가 있다면 가난한 이웃에게 나누어주라고 한 것이다.

희생 제물로 쓰려 하지 않을지라도 산천의 신(神)이 버려두겠는가?"[7]

子謂仲弓曰 犁牛之子, 騂且角, 雖欲勿用, 山川其舍諸?
자 위 중 궁 왈 이 우 지 자 성 차 각 수 욕 물 용 산 천 기 사 저

犁(리): 잡색 무늬.

騂(성): 붉은색.

且(차): 또.

舍(사): 버리다.

諸(저): 구(句)의 끝에 써서 감탄, 의문, 반문을 나타내는 어조사로, "구나", "~인가?", "~는가?", "~겠는가?"라고 해석한다.

6-7

공자가 말했다.

"안회는 그 마음이 석 달 동안 인에서 떠나지 않았는데[8] 그 밖의 제자들은 하루에 한 번이나 한 달에 한 번 인에 이를 뿐이다."

子曰 回也, 其心三月不違仁, 其餘則日月至焉而已矣.
자 왈 회 야 기 심 삼 월 불 위 인 기 여 즉 일 월 지 언 이 이 의

---

7. 얼룩소는 희생 제물에 적합하지 않은 요소로 중궁의 아버지를 상징한다. 중궁의 아버지는 천한 사람으로 행실이 좋지 못했다. 그러한 한계가 있지만 중궁의 덕이 훌륭하여 결국 산천의 신에게 쓰임을 받게 된다는 것이다. 태생적 한계를 극복한 인간의 후천적 노력은 결국 보답을 받는다는 뜻이다.

8. 안회의 보통 사람과 다른 탁월한 부분을 칭찬한 것이다. 다른 제자들은 어쩌다 한 번 인(仁)에 이르렀지만 안회는 늘 인에 이르렀다.

6-8

계강자가 물었다.

"중유(仲由 자로)는 정치에 종사하게 할 만한 인물입니까?"

공자가 말했다.

"중유는 과단성이 있으니 정치하는 데 무슨 어려움이 있겠습니까?"

계강자가 물었다.

"사(賜 자공)도 정치에 종사하게 할 만한 인물입니까?"

공자가 말했다.

"사는 사물의 이치에 통달했으니 정치하는 데 무슨 어려움이 있겠습니까?"

계강자가 물었다.

"구(求 염유)도 정치에 종사하게 할 만한 인물입니까?"

공자가 말했다.

"구는 다재다능하니 정치하는 데 무슨 어려움이 있겠습니까?"

季康子問 仲由可使從政也與? 子曰 由也果,
계 강 자 문 　 중 유 가 사 종 정 야 여 　 자 왈 　 유 야 과

於從政乎何有? 曰 賜也可使從政也與? 曰 賜也達,
어 종 정 호 하 유 　 왈 　 사 야 가 사 종 정 야 여 　 왈 　 사 야 달

於從政乎何有? 曰 求也可使從政也與? 曰 求也藝,
어 종 정 호 하 유 　 왈 　 구 야 가 사 종 정 야 여 　 왈 　 구 야 예

於從政乎何有?
어 종 정 호 하 유

6-9

계씨(季氏)가 민자건(閔子騫)[9]에게 사람을 보내어 비(費)[10] 고을의 수령을 맡아주길 청했다. 민자건이 명을 전하러 온 사자(使者)에게 말했다.

"나를 위해 잘 사양해주십시오.[11] 만약 다시 와서 나를 부른다면 나는 반드시 이곳을 떠나 문수(汶水)가에[12] 있을 것입니다."

季氏使閔子騫爲費宰. 閔子騫曰 善爲我辭焉,
계 씨 사 민 자 건 위 비 재 민 자 건 왈 선 위 아 사 언

如有復我者, 則吾必在汶上矣.
여 유 부 아 자 즉 오 필 재 문 상 의

善爲我辭(선위아사): 나를 위해 잘 사양하다.

如(여): 만약.

復(부): 부르다. 찾다.

---

9. 공자의 제자로 성은 민(閔), 이름은 손(損), 자는 자건(子騫)이다. 어질다는 명성이 있었다.

10. 비(費)는 노나라의 실질적 권력가인 계씨 가문이 지배력을 행사하며 세금을 거둘 권리를 가진 지역이다. 계씨 집안의 권력가들은 비에 읍재로 자신들의 가신을 보내 다스리게 했는데 몇몇 가신은 이곳을 점거하여 자신의 주군인 계씨에게 반기를 들고 반란을 일으키기도 했다. 자세한 내용은 〈양화〉 4장 (17-4)에 보인다.

11. 계씨 스스로 신하이면서 올바른 신하의 예법을 지키지 않고 무도하게 행동하자 그의 휘하 수령들이 배반하는 경우가 많았다. 그래서 어질다는 민자건을 자신의 밑에서 일하게 하려고 했는데, 그런 민자건 역시 무도한 계씨 밑에서 일하고 싶지 않아 거절한 것이다.

12. 문수는 노나라와 제나라의 국경 사이에 흐르는 강으로, 문수가로 떠나겠다는 것은 곧 노나라를 떠나겠다는 것이다. 이는 법을 어기고 참람한 행동을 일삼는 계손 가문의 신하가 될 생각이 없다는 결연한 의지를 보인 것이다.

6-10

백우(伯牛)[13]가 병을 앓자 공자가 병문안을 가서 집 안으로 들어가지 않고 창문으로 그의 손을 잡고 말했다.

"죽겠구나. 천명이구나! 이런 사람이 이런 병에 걸리다니! 이런 사람이 이런 병에 걸리다니!"[14]

伯牛有疾, 子問之. 自牖執其手曰 亡之, 命矣夫!
백 우 유 질　자 문 지　자 유 집 기 수 왈　망 지　명 의 부

斯人也而有斯疾也! 斯人也而有斯疾也!
사 인 야 이 유 사 질 야　　사 인 야 이 유 사 질 야

疾(질): 병.

自(자): ~로부터.

牖(유): 창문.

亡(망): 사망.

矣夫(의부): '이미 그러한', '장차 그러할'의 뜻이다. '~하구나', '~이겠지'로 해석한다.

6-11

공자가 말했다.

"어질구나. 안회여! 대그릇 한 공기의 밥에 표주박 물 한 컵을 마시면

---

13. 공자의 제자로 성은 염(冉), 이름은 경(耕), 자는 백우(伯牛)이다.

14. 덕행이 훌륭한 제자 염백우가 이런 나쁜 병에 걸린 것을 애석해하면서 한탄한 것이다.

서 누추한 골목에서 사는 것이, 다른 사람은 그러한 근심을 견디지 못하지만 안회는 그렇게 살면서도 자신의 즐거움을 바꾸지 않는구나. 어질구나.[15] 안회여!"

子曰 賢哉, 回也! 一簞食, 一瓢飮, 在陋巷. 人不堪其憂,
자 왈 현 재　회 야　일 단 사　일 표 음　재 루 항　인 불 감 기 우

回也不改其樂. 賢哉, 回也!
회 야 불 개 기 락　현 재　회 야

簞(단): 대를 엮어서 만든 그릇. 밥을 담는 용도로 쓴다.

食(사): 밥을 먹다.

瓢(표): 표주박.

陋(루): 비천하다. 더럽다.

巷(항): 거리. 골목길.

堪(감): 견디다.

憂(우): 근심.

6-12

염구(冉求)가 말했다.

"선생님의 도를 좋아하지 않는 것은 아닙니다만 저의 역량이 부족합니다."

---

15. 가난하고 비천하게 살아가는 것은 모든 사람의 근심이 된다. 하지만 안회는 그런 환경 속에 살면서도 도(道)를 즐거워하는 일에 변함이 없었다. 공자는 보통 사람으로 견디기 어려운 일을 행하는 안회를 칭찬한 것이다.

공자가 말했다.

"역량이 부족한 자는 중도에 멈춘다. 그런데 지금 너는 스스로 멈추는구나."[16]

冉求曰 非不說子之道, 力不足也. 子曰 力不足者,
염 구 왈 비 불 열 자 지 도   역 부 족 야   자 왈 역 부 족 자

中道而廢. 今女畫.
중 도 이 폐   금 여 획

說(열): 좋아하다. 즐거워하다.

廢(폐): 포기하다. 멈추다.

畫(획): 멈추다.

6-13

공자가 자하(子夏)에게 말했다.

"너는 군자다운 유자(儒者)가 되어라. 소인 같은 유자가 되어서는 안 된다."

子謂子夏曰 女爲君子儒, 無爲小人儒.
자 위 자 하 왈   여 위 군 자 유   무 위 소 인 유

儒(유): 선왕(先王)의 도를 널리 배워 자신을 수양하는 사람을 유, 또는 유자라고 한다. '선비'라고 통칭된다.

---

16. 역량이 부족해서 멈추는 것은 문제될 것이 없다. 문제는 해보기도 전에 스스로 멈추는 것이다. 공자는 그러한 의지박약을 비판한 것이다. 주자는 '그런데 지금 너는 스스로 한계를 짓는구나!'로 해석하였다.

6-14

자유(子游)가 무성(武城)[17]의 수령이 되자 공자가 말했다.

"너는 인재를 얻었느냐?"

자유가 말하였다.

"담대멸명(澹臺滅明)[18]이라는 사람이 있습니다. 길을 다닐 때 지름길로 다니지 않고, 공적인 일이 아니면 저의 집에 찾아온 적이 없습니다."

子游爲武城宰, 子曰 女得人焉爾乎? 曰 有澹臺滅明者.
자유위무성재 자왈 여득인언이호 왈 유담대멸명자

行不由徑, 非公事, 未嘗至於偃之室也.
행불유경 비공사 미상지어언지실야

焉爾乎(언이호): 의문을 나타내는 어조사.

由(유): 경유하다.

徑(경): 지름길.

未嘗(미상): 아직 ～한 적이 없다.

6-15

공자가 말했다.

"맹지반(孟之反)[19]은 자신의 공로를 자랑하지 않았다. 전투에서 퇴각할 때 맨 뒤에서 오다가 성문으로 들어가면서는 말에 채찍질하며 말하

---

17. 노나라의 작은 고을.

18. 성은 담대, 이름은 멸명, 자는 자우(子羽)이다.

19. 노나라의 대부로 성은 맹(孟), 이름은 측(側), 자는 지반(之反)이다.

길, '내가 용감해서 뒤에 오려고 한 것이 아니라 말이 앞으로 나아가지
않았을 뿐이다'라고 하였다."

子曰 孟之反不伐. 奔而殿, 將入門, 策其馬曰
　　　자 왈 맹 지 반 불 벌　　분 이 전　　장 입 문　　책 기 마 왈

非敢後也, 馬不進也.
　비 감 후 야　　마 부 진 야

伐(벌): 자랑하다.

奔(분): 달아나다.

殿(전): 군대의 후미.

策(책): 채찍질하다.

敢(감): 감히. 용감히.

6-16

공자가 말했다.

"축타(祝鮀)[20]만큼 말솜씨가 없고 송조(宋朝)[21]만큼 미모만 가졌다
면[22] 지금 세상에서 화를 면하기가 어렵다."

---

20. 위(衛)나라의 대부로 성은 축(祝), 이름은 타(鮀), 자는 자어(子魚)이다. 말재
　　주가 좋기로 당대에 이름을 날렸다.

21. 송(宋)나라의 공자(公子)로 이름은 조(朝)이다. 당대에 미남으로 이름을 날렸
　　고 간음을 일삼는 행실을 보여 당시 사람들이 미워했다.

22. 여기에서는 말재주가 없는 사람이 미모만 가지고 있는 경우에 세상 속에서
　　환난을 피하기가 어렵다는 뜻으로 해석했다. 주자는 '축타의 말재주가 없고
　　송조의 미모가 없다면'으로 해석하기도 한다.

子曰 不有祝鮀之佞, 而有宋朝之美, 難乎免於今之世矣.
자 왈 불 유 축 타 지 녕 이 유 송 조 지 미 난 호 면 어 금 지 세 의

佞(녕): 말재주.

難(난): 어렵다.

免(면): 면하다.

6-17

공자가 말했다.

"누가 밖으로 나가면서 방문을 거치지 않을 수 있겠는가! 같은 이치로 어찌 이 도를 거치지 않는 것인가!"[23]

子曰 誰能出不由戶. 何莫由斯道也.
자 왈 수 능 출 불 유 호 하 막 유 사 도 야

誰(수): 누구.

由(유): 거쳐가다. 말미암다.

何莫(하막): 어찌 ~ 않는가?

_____

23. 밖으로 나갈 때 방문을 거치는 것은 필연적인 선택이다. 사람으로서 인격을 닦고 사회에서 성공적인 처세를 하려면 도를 거쳐야 한다는 것 또한 필연적인 선택이어야 한다는 것이다. 실상은 그렇지 못하기에 공자가 지적한 것이다.

6-18

공자가 말했다.

"질박함[質]이 세련됨[文]을 넘어서면 야만인과 같고, 세련됨이 질박함을 넘어서면 역사가와 같다. 질박함과 세련됨이 고르게 어우러진 후에야 군자이다."

子曰 質勝文則野, 文勝質則史. 文質彬彬, 然後君子.
자 왈 질 승 문 즉 야　문 승 질 즉 사　문 질 빈 빈　연 후 군 자

質(질): 질박함. 본바탕.

勝(승): 이기다. 넘어서다.

文(문): 세련됨. 예식. 문식. 글. 교양.

野(야): 야만스럽다.

史(사): 역사가.

彬彬(빈빈): 질박함과 세련됨이 적절히 섞인 모양.

6-19

공자가 말했다.

"사람이 세상에 수명대로 살다 죽는 것은 정직하기 때문이다. 정직함의 도리를 속이고 생존한 것은 운 좋게 화를 면한 것이다."

子曰 人之生也直, 罔之生也幸而免.
자 왈 인 지 생 야 직　망 지 생 야 행 이 면

罔(망): 속이다.

6-20

공자가 말했다.

"학문에 대해 아는 자는 그것을 좋아하는 자만 못하고, 좋아하는 자는 그것을 즐기는 자만 못하다."

子曰 知之者不如好之者, 好之者不如樂之者.
자 왈 지 지 자 불 여 호 지 자   호 지 자 불 여 락 지 자

6-21

공자가 말했다.

"중간 이상의 사람에게는 심오한 학문에 대해 말해줄 수 있지만 중간 이하의 사람에게는 심오한 학문에 대해 말해줄 수 없다."

子曰 中人以上, 可以語上也, 中人以下, 不可以語上也.
자 왈 중 인 이 상   가 이 어 상 야   중 인 이 하   불 가 이 어 상 야

6-22

번지(樊遲)가 지혜에 대해 묻자 공자가 말했다.

"백성을 인도하고 교화하는 마땅한 일에 힘쓰고,[24] 귀신을 공경하면서도 멀리한다면 지혜롭다고 말할 만하다."[25]

---

24. 주자는 '사람이 마땅히 해야 할 일에 힘쓰고'라고 해석하였다. 원문의 민(民)을 보통 사람, 즉 인(人)으로 풀이한 것이다.
25. 귀신은 천신과 조상신처럼 신성(神性)을 지닌 초월적 존재를 말한다. 귀신을

번지가 인에 대해 묻자 공자가 말했다.

"인한 사람은 어려운 일을 먼저 하고 얻는 것은 나중에 생각한다. 그 렇다면 인하다고 말할 수 있다."

樊遲問知, 子曰 務民之義, 敬鬼神而遠之, 可謂知矣.
번지문지　자왈　무민지의　경귀신이원지　가위지의

問仁, 曰 仁者, 先難而後獲, 可謂仁矣.
문인　왈　인자　선난이후획　가위인의

務(무): (어떤 일)에 힘쓰다.

遠(원): 멀리하다.

可謂(가위): ~라고 말할 만하다.

獲(획): 얻다.

6-23

공자가 말했다.

"지혜로운 사람은 물을 좋아하고, 인한 사람은 산을 좋아한다. 지혜 로운 사람은 활동적이고 인한 사람은 정적(靜的)이다. 지혜로운 사람은 즐기며 살고 인한 사람은 장수한다."

子曰 知者樂水, 仁者樂山. 知者動, 仁者靜. 知者樂,
자왈　지자요수　인자요산　지자동　인자정　지자락

공경하는 마음을 잃지 않으면서 인간 스스로 문제를 해결하려고 적극적으로 고민하는 것이 진정한 '앎'의 자세라는 것이다.

仁者壽.
인 자 수

樂(요): 좋아하다.

6-24

공자가 말했다.

"제(齊)나라가 한 번 변하면 노나라의 정치 수준에 이르고, 노나라가
한번 변하면 위대한 도의 시대에 이른다."[26]

子曰 齊一變至於魯, 魯一變至於道.
자 왈 제 일 변 지 어 노   노 일 변 지 어 도

變(변): 변하다.
至(지): 이르다. 도달하다.

6-25

공자가 말했다.

---

26. 제나라에는 현인(賢人)이었던 강태공(姜太公)이 남긴 유풍이 있었고, 노나라
    에는 성인(聖人)이었던 주공(周公)이 남긴 훌륭한 유풍이 있었다. 이 두 나라
    가 세월이 흘러 공자 시대에 와서는 정치와 교화가 모두 쇠퇴한 상태였다. 그
    럼에도 이 두 나라에는 훌륭한 정치적 유산이 남아 있기에 가능성이 있었다.
    공자는 제나라가 변하여 개선되면 노나라 수준에 이르고, 노나라가 변하여
    개선되면 위대한 정치 질서를 이룰 수 있다고 보았다.

"고(觚)라는 이름의 술잔으로 술을 마시면서 적게 마시지 않으면, 그것이 고이겠는가! 그것이 고이겠는가!"[27]

子曰 觚不觚, 觚哉! 觚哉!
자 왈 고 불 고 고 재   고 재

觚(고): 예기(禮器)의 하나로 네 모서리가 각이 진 술잔이다. 이 술잔의 의미는 술을 적게 마셔야 한다는 것이다.

6-26

재아(宰我)가 물었다.

"인한 사람은 가령 누군가 그에게 '인한 사람[28]이 우물에 빠졌다'고 말하면 그 사람을 구하러 우물에 들어가겠지요?"

공자가 말했다.

"어찌 그렇게 행동하겠는가? 군자는 우물까지 가게 할 수는 있지만 우물에 빠지게 할 수는 없으며, 사리에 맞는 말로 속일 수는 있지만 터무니없는 말로 속일 수는 없다."[29]

---

27. 고라는 술잔을 쓰는 일에는 정해진 예법이 있는데, 그 예법대로 사용하지 않으면 그것은 고라고 할 수 없다. 정치 영역에서도 그 합당한 예법에 따라서 해야 하는데 그렇지 않은 경우가 많다는 것을 고라는 술잔에 빗대어 비판한 것이다.

28. 주자는 인한 사람이 아니라 보통 사람[人]으로 해석하였다.

29. 인한 사람은 사람을 살리려는 마음이 있지만, 상황이 급박하다고 하여 판단력을 흐리지는 않는다는 말이다. 그렇기 때문에 이치에 맞는 말이라면 인자라도 어느 정도 속을 수는 있지만, 터무니없는 말에 대해서는 인자가 스스로 사리 판단을 하기 때문에 인한 사람을 속일 수 없는 법이다.

宰我問曰 仁者, 雖告之曰井有仁焉, 其從之也?
재 아 문 왈 인 자　수 고 지 왈 정 유 인 언　기 종 지 야

子曰 何爲其然也? 君子, 可逝也, 不可陷也, 可欺也,
자 왈 하 위 기 연 야　군 자　가 서 야　불 가 함 야　가 기 야

不可罔也.
불 가 망 야

逝(서): 가다.

陷(함): 빠지다.

欺(기): 사리에 맞는 말로 속이다.

罔(망): 터무니없는 말로 속이다.

6-27

공자가 말했다.

"군자가 선왕(先王)이 남긴 글을 널리 배우고 예로써 자신을 단속한
다면, 또한 도리에 어긋나지 않을 것이다!"

子曰 君子博學於文, 約之以禮, 亦可以弗畔矣夫!
자 왈 군 자 박 학 어 문　약 지 이 예　역 가 이 불 반 의 부

博(박): 널리.

約(약): 단속하다.

畔(반): 어긋나다. 위배되다.

6-28

공자가 음란하기로 소문난 남자(南子)[30]를 만나자 자로가 불쾌해했다. 공자가 맹세하며 말했다.

"내가 남자로 하여금 남편 위령공이 올바른 정치를 하도록 하려는 의도가 아니었다면,[31] 하늘이 나를 버리실 것이다! 하늘이 나를 버리실 것이다!"

子見南子, 子路不說. 夫子矢之曰 予所否者, 天厭之!
자 견 남 자   자 로 불 열   부 자 시 지 왈   여 소 부 자   천 염 지

天厭之!
천 염 지

說(열): 기뻐하다.

矢(시): 맹세하다.

予(여): 나(1인칭).

所(소): 만일.

否(부): 아니다.

厭(염): 싫어하다. 버리다.

---

30. 위(衛)나라 영공(靈公)의 부인. 송(宋)나라 공자(公子)인 송조(宋朝)와 정을 통하는 등 당대에 음란하기로 유명하였다.

31. 주자는 원문 '予所否者'를 '내가 한 일이 예(禮)가 맞지 않았다면'으로 해석하였다.

6-29

공자가 말했다.

"중용(中庸)³²이라는 덕은 지극하도다! 백성 중에 중용의 덕을 행하는 자가 드물게 된 지 오래되었다."

子曰 中庸之爲德也, 其至矣乎! 民鮮久矣.
자 왈 중 용 지 위 덕 야   기 지 의 호   민 선 구 의

鮮(선): 드물다.

久(구): 오래되다.

6-30

자공(子貢)이 말했다.

"가령 백성에게 널리 혜택을 베풀어 대중을 구제할 수 있는 사람이 있다면 어떻습니까? 인하다고 말할 수 있습니까?"

공자가 말했다.

"어찌 인하다고 하는 것에 그치겠는가? 반드시 성인이라 할 것이다! 고대의 성왕 요임금과 순임금³³도 그렇게 하는 것이 어려워 근심하셨다. 인한 사람은 자기가 세상에 우뚝 서고자 하면 남을 먼저 우뚝 서게

---

32. 중용은 과하지도 부족하지도 않게 행동하는 것을 말하는데 유가에서는 이를 이상적인 덕성으로 여겼다.

33. 요(堯)와 순(舜)은 중국 역사상 가장 훌륭한 임금으로 추앙되는 인물들이다. 이들은 내면의 덕을 훌륭히 닦았을 뿐만 아니라 이를 바탕으로 훌륭한 신하들을 거느리며 태평성세를 구가하였다.

해주고, 자기가 벼슬하고자 하면 남을 먼저 벼슬하게 해주는 것이다. 가까이에 있는 유사한 것에서 실마리를 찾아 다른 사람에게 적용해볼 수 있다면 그것이 바로 인을 실천하는 방법이라고 말할 수 있다."

子貢曰 如有博施於民, 而能濟衆, 何如?
자 공 왈 여 유 박 시 어 민   이 능 제 중   하 여

可謂仁乎? 子曰 何事於仁? 必也聖乎! 堯舜其猶病諸.
가 위 인 호   자 왈 하 사 어 인   필 야 성 호   요 순 기 유 병 저

夫仁者, 己欲立而立人, 己欲達而達人. 能近取譬,
부 인 자   기 욕 립 이 립 인   기 욕 달 이 달 인   능 근 취 비

可謂仁之方也已.
가 위 인 지 방 야 이

如有(여유): 만약 ~이 있다면.

博(박): 널리.

濟(제): 구제하다.

事(사): 그치다(止).

聖(성): 성인. 도덕적으로 완벽한 사람을 말한다.

病(병): 근심하다.

達(달): 벼슬하다(進達).

譬(비): 비유.

제7편
술이 述而

7-1

공자가 말했다.

"나는 옛 제도를 전하려고 기술하되 새로 만들지는 못하고, 진실한 마음과 믿음을 가지고서 옛 선왕의 도를 좋아한다. 그런 나를 남몰래 노팽(老彭)[1]에 견주어본다."[2]

---

1. 은(殷)나라의 현명한 대부로 옛일을 전술(傳述)하는 것을 좋아했다.

2. 여기에서는 황간(皇侃)의 《논어집해의소(論語集解義疏)》의 주해를 따라 번역하였다. 황간은 기술(述)과 창작(作)의 대상을 옛 제도(舊章, 禮樂)라고 보았다. 옛 제도를 만들려면 덕(德)과 정치적 지위(位)를 겸해야 하는데 공자는 덕은 갖추었으나 정치적 지위를 결하고 있었기 때문에 어쩔 수 없이 옛 제도를 전하기만 할 뿐 새로 만들어낼 수는 없었던 것이다. 과거의 현자 노팽 역시 덕은 갖추었으나 정치적 지위를 결하고 있었기 때문에 옛 제도를 전하기만 할 뿐 새로 만들어낼 수 없었다. 그래서 공자는 자신을 노팽에 견준 것이다. 드러내서 견준 것이 아니라 남몰래 견준 것은 겸허한 태도였다. 황간의 해석과 달리, 주자는 기술(述)과 창작(作)의 대상을 《주역》이나 《춘추》와 같은 문헌이라고 보았다.

옛 선왕의 도를 좋아하는 일(好古)을 두고 많은 학자들은 공자를 전통주의자

子曰 述而不作, 信而好古, 竊比於我老彭.
자왈 술이부작 신이호고   절비어아노팽

述(술): 기술하다.

作(작): 창작하다.

竊(절): 내심으로.

7-2

공자가 말했다.

"묵묵히 기억하고 옛것을 배우면서도 마음으로 싫증내지 않고, 사람들을 가르치는 일에 게으르지 않는 것이 누구에게 있겠는가? 나에게만 있는 것이다."[3]

子曰 黙而識之, 學而不厭, 誨人不倦, 何有? 於我哉.
자왈 묵이지지 학이불염   회인불권   하유   어아재

黙(묵): 묵묵히.

로 규정했다. 하지만 공자는 전통을 묵종하지 않았다. 공자는 〈팔일〉 14장(3-14), 〈자한〉 3장(9-3), 〈위령공〉 10장(15-10)에서 볼 수 있듯이 전통에 대해 합리적으로 판단하여 그중 나은 것을 취사선택할 줄 알았다. 뿐만 아니라 크릴(H.G Creel)에 따르면, 과거 전통에 대한 숭상과 추종은 비단 공자만의 태도가 아니라 당시 사람들의 일반적인 태도였다. 심지어 고대 중국에서는 옛것을 좋아하고 따르는 태도 자체가 앞서가는 유행처럼 여겨졌다고 한다.

3. 주자는 원문 '何有於我哉'를 '(앞에서 말한 세 가지 중) 어느 것이 나에게 있겠는가?'라고 해석하였다. 나에게 그런 훌륭한 덕성이 없다는 겸손한 말을 했다고 본 것이다.

識(지): 기억하다.

厭(염): 싫증내다. 물리다.

倦(권): 게으르다.

何(하): 누구. 무엇. 어디.

7-3

공자가 말했다.

"내 스스로 덕(德)을 닦지 못하고, 배운 것을 익혀서 명료화하지 못하고, 의로운 일을 듣고서도 실천으로 옮기지 못하고, 불선함을 고치지 못하는 것, 이것이 내가 근심하는 것들이다."[4]

子曰 德之不脩, 學之不講, 聞義不能徙, 不善不能改,
자 왈 덕 지 불 수   학 지 불 강   문 의 불 능 사   불 선 불 능 개

是吾憂也.
시 오 우 야

脩(수): 닦다. 수양하다.

徙(사): 옮기다.

7-4

공자가 평소 한가로이 계실 때는 마음이 편하신 듯하고 몸의 긴장이 풀리신 듯 보이셨다.

---

4. 주자와 형병(邢昺)은 위 네 가지를 못하는 주체를 '나'로 보았는데, 황간(皇侃)은 '세상 사람들(世人)'로 보았다.

子之燕居, 申申如也, 夭夭如也.
자 지 연 거 신 신 여 야 요 요 여 야

燕居(연거): 평소.
申申(신신): 마음이 편안한 모양.
夭夭(요요): 모습이 편안히 풀린 모양.

7-5

공자가 말했다.

"심하구나, 나의 노쇠함이여! 오래되었구나, 내가 꿈에서 주공(周公)[5]을 다시 뵙지 못한 지가!"[6]

子曰 甚矣, 吾衰也! 久矣, 吾不復夢見周公!
자 왈 심 의 오 쇠 야 구 의 오 불 부 몽 견 주 공

甚(심): 심하다.
衰(쇠): 쇠하다. 늙다.
夢見(몽견): 꿈에서 보다.

---

5. 성은 희(姬), 이름은 단(旦), 시호는 문(文)이다. 은나라의 주왕을 몰아내고 주(周)나라를 건립한 무왕(武王)의 동생이다. 무왕이 일찍 죽자 왕위에 오른 어린 조카인 성왕(成王)을 대신하여 7년간 주나라를 섭정하였고, 주나라 예악 제도의 기틀을 마련하였다. 주왕조가 들어선 후 노(魯)나라를 최초로 분봉받아 시조가 되었다. 공자가 마음속으로 존경한 고대 성인 중 한 명이다.

6. 공자는 주공을 본받아 훌륭한 덕성을 연마하고 위대한 정치를 하고 싶어 했다. 그를 존경하는 마음이 커서 젊었을 때에는 꿈에서 주공을 뵈었는데, 이제 늙어 꿈에서 주공을 다시 보지 못해 이를 한탄한 것이다.

7-6

공자가 말했다.

"도(道)에 열정을 갖고, 덕(德)에 의거하고, 인(仁)에 의지하고, 육례(六禮)에서 노닌다."

子曰 志於道, 據於德, 依於仁, 游於藝.
자 왈 지 어 도   거 어 덕   의 어 인   유 어 예

志(지): 열정을 가지다. 의지를 가지다.

據(거): 의거하다.

依(의): 의지하다. 돕다.

游(유): 노닐다.

六藝(육례): 중국 고대의 학생들이 익혀야 할 여섯 가지 기예. 예(禮 예식), 악(樂 음악), 사(射 활쏘기), 어(御 말타기), 서(書 붓글씨), 수(數 수학)를 의미한다.

7-7

공자가 말했다.

"육포 한 묶음 이상을 가지고 오는 예(禮)를 행한 사람이라면 내가 가르치지 않은 적이 없다."[7]

子曰 自行束脩以上, 吾未嘗無誨焉.
자 왈 자 행 속 수 이 상   오 미 상 무 회 언

---

7. 공자가 타인을 가르치는 일을 게을리하지 않았다는 것을 의미하지만 적절한 예를 갖추는 경우에 한해서만 가르쳤다는 것을 의미하기도 한다.

束(속): 묶다.

脩(수): 육포. 말린 고기.

未嘗(미상): ~않은 적이 없다.

誨(회): 가르치다.

7-8

공자가 말했다.

"알려고 마음속으로 분투하지 않는 학생은 깨우쳐주지 않고, 입으로 표현하려고 애쓰지만 미처 표현하지 못하는 지경이 아니면 틔워주지 않는다. 한 모퉁이를 들어 설명해주었을 때 나머지 세 모퉁이로 유추하지 못하면 다시 가르쳐주지 않는다."[8]

子曰 不憤不啓, 不悱不發. 擧一隅, 不以三隅反,
자 왈 불 분 불 계　　불 비 불 발　　거 일 우　　불 이 삼 우 반

則不復也.
즉 불 부 야

憤(분): 애쓰다.

啓(계): 열다. 깨우치다.

悱(비): 표현 못하다.

隅(우): 모퉁이. 구석.

---

8. 마음속으로 알려고 노력하는 모습, 그리고 답답해하면서 말로 표현하려고 애쓰는 모습이 있을 경우에만 공자는 가르쳐주셨다. 또 모든 것을 다 가르쳐주신 것이 아니라, 단서만 일러주어서 나머지를 학생 스스로 유추하여 깨우치길 바라셨다.

7-9

공자는 상(喪)을 당한 사람 곁에서 음식을 먹을 때 배불리 먹은 적이 없었다.

子食於有喪者之側, 未嘗飽也.
자 식 어 유 상 자 지 측　　미 상 포 야

側(측): 곁.

飽(포): 배부르게 먹다.

7-10

공자는 곡(哭)을 한 날은 노래를 부르지 않았다.[9]

子於是日哭, 則不歌.
자 어 시 일 곡　　즉 불 가

哭(곡): 곡하다.

則(즉): ～하면.

7-11

공자가 안연에게 말했다.

"등용되면 도를 행하고, 버려지면 은둔한다. 오직 너와 나만이 이렇

---

9. 곡을 한 날에 노래를 한다면 이는 장중(莊重)하지 못한 것이라서 그런 것이다.

게 할 수 있을 것이다."

자로가 말했다.

"선생님이 대군을 거느리고 전쟁터에 나간다면 누구와 함께하겠습니까?"

공자가 말했다.

"맨손으로 호랑이를 잡으려 하고, 맨몸으로 황하(黃河)를 건너면서 죽어도 후회하지 않을 사람과는 나는 함께하지 않을 것이다. 반드시 일에 임해서 두려워하고 계획을 세우기를 좋아하여 성공시키는 사람과 함께할 것이다."[10]

子謂顔淵曰 用之則行, 舍之則藏. 惟我與爾有是夫.
자위안연왈 용지즉행   사지즉장   유아여이유시부

子路曰 子行三軍, 則誰與? 子曰 暴虎馮河, 死而無悔者,
자로왈 자행삼군   즉수여   자왈 포호빙하   사이무회자

吾不與也. 必也臨事而懼, 好謀而成者也.
오불여야   필야임사이구   호모이성자야

舍(사): 버리다. 버려지다.

藏(장): 숨다. 숨기다.

三軍(삼군): 큰 제후국의 군대로 군인 3만 7000명 규모이다.

暴(포): 맨손으로 때려잡다.

馮(빙): 건너다.

悔(회): 후회하다. 뉘우치다.

---

10. 자로는 스승인 공자가 안연을 칭찬하는 것을 보고 자신의 용맹을 칭찬해주길 은근히 바라면서 전쟁터에 누구와 함께하시겠냐고 물었다. 공자는 자로의 용맹함이 지나친 것을 억누르려고 이렇게 답한 것이다.

懼(구): 두려워하다.

7-12

공자가 말했다.

"부유함이 추구한다 해서 얻어지는 것이라면 비록 채찍을 들어 말을 모는 천할 일일지라도 나는 할 것이다. 만약 추구한다 해서 얻어지는 것이 아니라면 내가 좋아하는 일을 따르겠다."[11]

子曰 富而可求也, 雖執鞭之士, 吾亦爲之. 如不可求,
자 왈 부 이 가 구 야   수 집 편 지 사   오 역 위 지   여 불 가 구

從吾所好.
종 오 소 호

執(집): 잡다.

鞭(편): 채찍.

如(여): 만약.

從(종): 따르다. 좇다.

7-13

공자가 매우 조심스럽게 대한 일은 예식을 위한 재계(齋戒), 전쟁, 질

---

11. 공자는 어차피 부귀영화란 인간이 얻으려 노력한다고 해도 뜻대로 얻어질 수 있는 것이 아니라고 보고 그럴 바에야 차라리 자신이 좋아하는 일을 추구해나가겠다고 한 것이다.

병이었다.[12]

子之所愼, 齋戰疾.
자 지 소 신　 재 전 질

齋(재): 재계.

7-14

공자가 제(齊)나라에 있을 때 순임금의 음악인 소(韶)[13]를 듣고는 석
달 동안 고기 맛을 몰랐다. 공자가 말했다.

"악곡을 만드는 것이 이 정도 수준에 이르렀을 줄은 생각지도 못했
다."

子在齊聞韶, 三月不知肉味. 曰 不圖爲樂之至於斯也.
자 재 제 문 소　 삼 월 부 지 육 미　 왈 부 도 위 악 지 지 어 사 야

肉味(육미): 고기 맛.

圖(도): 생각하다.

---

12. 이 세 가지는 보통 사람들은 조심스럽게 대하는 일이 아니었는데 공자만 홀
로 조심스럽게 대한 것이다. 재계란 고대 사회에서 제사를 지내기 전에 자신
의 몸을 정결하게 하는 것을 말한다.

13. 〈팔일〉 25장(3-25)에서 공자는 순임금의 음악인 소에 대해 '소리가 지극히
아름답고 내용 또한 지극히 착하다'고 찬탄한 바 있다.

7-15

염유가 말했다.

"선생님이 위(衛)나라 임금[14]을 도울까?"

자공이 말했다.

"알았다. 내가 한번 물어보겠다."

자공이 공자의 방에 들어가 물었다.

"백이와 숙제는 어떤 사람입니까?"

공자가 말했다.

"옛날의 현인들이다."

자공이 물었다.

"그들에게 원한이 있었습니까?"

공자가 말했다.

"인을 구하여 인을 얻었으니 또 무슨 원한이 있겠는가?"

자공이 공자의 방에서 나오면서 말했다.

"선생님은 위나라 임금을 돕지 않을 것이네."[15]

---

14. 출공(出公) 첩(輒)을 말한다. 첩은 위나라 영공(靈公)의 손자이자 태자 괴외
(蒯聵)의 아들이다. 당시의 상황은 다음과 같다. 괴외가 위나라 영공의 부인
남자(南子)의 추문을 수치스럽게 여겨 남자를 죽이려다가 실패하고 진(晉)나
라로 망명해 있었다. 진나라의 조간자(趙簡子)는 괴외를 위나라로 다시 송환
하면서 위나라를 침략할 계획을 가지고 있었다. 괴외는 결국 진나라 군대의
도움을 받아 위나라에 쳐들어와서 아들 출공을 축출하고 자신이 왕위에 올
랐다. 출공은 노(魯)나라로 망명했는데 과연 공자가 출공이 위나라에서 왕위
를 되찾을 수 있도록 도울지 제자들은 궁금해했다.

15. 백이와 숙제는 나라를 맡기를 사양하고 멀리 떠나 굶어 죽었다. 반면 위나라
는 부자간에 나라를 다투는 상황이었다. 공자가 백이와 숙제의 행위를 옳았

冉有曰 夫子爲衛君乎? 子貢曰 諾, 吾將問之.
염유왈 부자위위군호   자공왈 낙 오장문지

入曰 伯夷叔齊, 何人也? 曰 古之賢人也. 曰 怨乎? 曰
입왈 백이숙제 하인야   왈 고지현인야   왈 원호   왈

求仁而得仁, 又何怨? 出曰 夫子不爲也.
구인이득인 우하원   출왈 부자불위야

爲(위): 돕다.

諾(낙): 대답하다.

怨(원): 원한.

7-16

공자가 말했다.

"나물밥을 먹고 물을 마시며 팔을 구부려 베개 삼더라도 즐거움이 또한 그 가운데 있다. 옳지 못한 일을 해서 얻은 부귀는 나에게 뜬구름과 같은 것이다."[16]

子曰 飯疏食飲水, 曲肱而枕之, 樂亦在其中矣.
자왈 반소사음수 곡굉이침지 낙역재기중의

不義而富且貴, 於我如浮雲.
불의이부차귀 어아여부운

飯(반): 먹다.

疏食(소사): 나물밥. 거친 밥.

다고 보았기 때문에 자공은 스승 공자가 그들처럼 절조를 지키려 위나라 임금을 돕지 않을 거라고 본 것이다.

16. 뜬구름이라고 표현한 것은 진정한 자기 소유가 아니라는 말이다.

肱(굉): 팔뚝.

枕(침): 베개.

浮雲(부운): 뜬구름.

7-17

공자가 말했다.

"내 나이에 몇 년 더하면 50세가 되는데《주역》을 배우면 큰 허물은
없을 것이다."[17]

子曰 加我數年, 五十以學易, 可以無大過矣.
자 왈 가 아 수 년   오 십 이 학 역   가 이 무 대 과 의

加(가): 더하다.

7-18

공자가 정확한 발음으로 말한 것은,[18]《시경》,《서경》을 읽을 때와 예

---

17. 주자는 '만일 나에게 나이를 몇 해 연장해주어 끝내《주역》을 배운다면 큰
   허물이 없을 것이다'라고 해석하였다.《주역》은 길흉을 점쳐서 길한 일은 따
   르고 흉한 일은 피하게 하여 처세를 잘 할 수 있도록 돕기 때문에 이런 말을
   한 것이다.

18. 주자는 원문 '子所雅言(자소아언)'을 '공자가 항상 하신 말씀은'이라고 해석하
   였다.《논어》의 주석서들은 폭넓게 참고하면, 원문의 '雅言(아언)'에는 크게
   '正言(바른 말)' 또는 '正音(정음; 바른 음)', '常言(상언; 늘 하는 말)', '夏言(하언;
   공용어)' 등 세 가지의 번역이 있다. 여기에서는 본서에서 일관되게 해온 대

를 행할 때로 이때에는 항상 정확한 발음으로 말했다.

> 子所雅言, 詩書執禮, 皆雅言也.
> 자 소 아 언   시 서 집 예   개 아 언 야

雅言(아언): 정확한 발음.

書(서): 원문에서 書(서)는 《서경》을 지칭한다. 《서경》은 요순(堯舜)에서 주나라에 이르기까지 역사를 기록한 책으로, 유교의 중요한 경전 중 하나이다.

7-19

섭공(葉公)[19]이 자로에게 공자에 대해 묻자, 자로가 대답하지 않았다. 공자가 말했다.

"너는 어찌 '그의 사람됨은 발분하면 먹는 일도 잊어버리고, 도를 즐거워하여 근심이 없고 늙음이 장차 닥쳐오는 것도 모른다'고 말하지 않았느냐?"

> 葉公問孔子於子路, 子路不對. 子曰 女奚不曰,
> 섭 공 문 공 자 어 자 로   자 로 불 대   자 왈 여 해 불 왈
>
> 其爲人也, 發憤忘食, 樂以忘憂, 不知老之將至云爾?
> 기 위 인 야   발 분 망 식   낙 이 망 우   부 지 로 지 장 지 운 이

奚(해): 어찌.

로 고주(古注)의 해설을 따라 '바른 음'으로 번역하였지만, '늘 하는 말', '공용어'도 나름의 타당성이 있는 번역어이다.

19. 초(楚)나라의 대부로 성은 심(沈), 이름은 제량(諸梁)이다. 섭(葉)은 초나라에 속한 지명인데 섭을 다스리는 지방 장관을 섭공이라고 했다.

忘(망): 잊다.

將至(장지): 장차 이르다. 장차 닥쳐오다.

云爾(운이): 일종의 대명사로 끝맺음이나 생략을 나타낸다. 대화나 문구를 인용할 때 사용하는 말이다. "이와 같이", "그렇다고 하면"으로 해석한다.

7-20

공자가 말했다.

"나는 태어나면서부터 이치를 아는 사람이 아니다. 옛것을 좋아하여 재빨리 그것을 구한 사람이다."[20]

子曰 我非生而知之者. 好古敏以求之者也.
자 왈 아 비 생 이 지 지 자   호 고 민 이 구 지 자 야

7-21

공자는 괴이한 일, 엄청난 괴력에 관한 일, 세상의 윤리를 어지럽히는 일, 귀신에 대한 일을 말하지 않았다.

子不語怪力亂神.
자 불 어 괴 력 란 신

怪(괴): 기이하다.

亂(난): 어지럽다. 혼란스럽다.

---

20. 사람들이 공자가 박식한 것을 두고 선천적으로 아는 사람이라고 여기고 공자와 같이 훌륭해지려는 노력을 포기할까봐 공자가 이렇게 말한 것이다. 공

7-22

공자가 말했다.

"세 사람이 길을 가면 반드시 내 스승이 될 만한 사람이 있다. 그중에 선한 사람을 골라 따르고, 선하지 않은 사람을 본보기로 삼아 고쳐야 한다."[21]

子曰 三人行, 必有我師焉. 擇其善者而從之,
자 왈 삼 인 행   필 유 아 사 언   택 기 선 자 이 종 지

其不善者而改之.
기 불 선 자 이 개 지

師(사): 스승.

擇(택): 고르다.

7-23

공자가 말했다.

"하늘이 나에게 덕(德)을 내려주셨으니, 환퇴(桓魋)[22]가 나를 어찌하겠는가?"[23]

자 역시 타고난 지식인이 아니라 후천적인 노력을 부단히 하여 세상의 이치를 널리 알게 되었다는 뜻이다.

21. 배우는 일에 고정된 스승이 있는 것이 아니라는 말이다. 모르는 사람이라도 그가 선한 사람이라면 누구든지 내가 배울 수 있고, 선하지 못한 사람이라면 반면교사로 삼아 배우는 기회로 삼을 수 있다는 말이다.

22. 송(宋)나라 사람으로 사마(司馬)라는 직책에 있었다.

23. 공자가 제자들과 송나라에 들러 큰 나무 아래에서 예를 익히고 있었는데, 환

子曰 天生德於予, 桓魋其如予何?
자 왈 천 생 덕 어 여   환 퇴 기 여 여 하

7-24

공자가 말했다.

"너희는 내가 숨기는 것이 있다고 여기느냐?[24] 나는 너희에게 숨기는 것이 없다. 나는 무엇을 하든 너희와 함께하지 않은 것이 없다. 이것이 바로 나이다."

子曰 二三子以我爲隱乎? 吾無隱乎爾.
자 왈 이 삼 자 이 아 위 은 호   오 무 은 호 이

吾無行而不與二三子者, 是丘也.
오 무 행 이 불 여 이 삼 자 자   시 구 야

二三子(이삼자): 너희들. 자네들.

以(이)A爲(위)B: A를 B로 여기다.

隱(은): 숨기다.

與(여): ~와 함께. 더불어.

丘(구): 공자의 이름.

퇴가 이들이 자신에게 정치적으로 위협이 된다고 보고 큰 나무를 쓰러뜨려 공자를 죽이려 한 일이 있자 제자들에게 이렇게 말했다.

24. 공자는 성인(聖人)으로서 그 지혜가 넓고 도가 깊어 제자들이 배워도 공자의 경지에는 미칠 수 없었으므로 제자들로서는 선생님이 무엇인가를 숨기고 가르쳐주지 않는다고 생각했다. 이런 사정을 알고 공자가 말한 것이다.

7-25

공자는 네 가지를 가르쳤다. 그것은 문(文), 행(行), 충(忠), 신(信)이다.

子以四教, 文行忠信.
자 이 사 교　문 행 충 신

文(문): 선왕의 글.

행(行): 덕행.

충(忠): 진정성.

신(信): 신의.

7-26

공자가 말했다.

"내가 성인을 만나볼 수 없다면 군자(君子)라도 만나볼 수 있다면 좋겠다."[25]

공자가 말했다.

"선한 사람을 내가 만나볼 수 없거든 한결같은 덕을 지닌 사람이라도 만나볼 수 있다면 좋겠다. 없으면서 있는 척하고 비었으면서 가득 찬 척하고 가난하면서도 부유한 척하는 사람이 한결같은 덕을 지니기는 어렵다."

25.《논어정의(論語正義)》에서는 성인은 덕과 지혜가 매우 훌륭한 사람, 이를 테면 요, 순, 우, 탕과 같은 임금을 말하고, 군주는 그보다는 못하지만 선한 일을 부지런히 실천하는 임금이라고 설명한다.

子曰 聖人, 吾不得而見之矣, 得見君子者, 斯可矣. 子曰
자 왈 성 인   오 부 득 이 견 지 의   득 견 군 자 자   사 가 의   자 왈

善人, 吾不得而見之矣, 得見有恒者, 斯可矣. 亡而爲有,
선 인   오 부 득 이 견 지 의   득 견 유 항 자   사 가 의   무 이 위 유

虛而爲盈, 約而爲泰, 難乎有恒矣.
허 이 위 영   약 이 위 태   난 호 유 항 의

不得(부득): 할 수 없다.

可(가): 좋다. 괜찮다.

恒(항): 변함없다. 항상되다.

虛(허): 비다.

爲(위): 꾸미다. 가장하다.

盈(영): 가득 차다.

約(약): 가난하다.

泰(태): 사치스럽다.

7-27

공자는 낚시질은 했으나 그물질은 하지 않았고, 화살로 새는 잡았으
나 잠자는 새는 쏘아 잡지 않았다.

子釣而不綱, 弋不射宿.
자 조 이 불 강   익 불 사 숙

釣(조): 낚시.

綱(강): 그물질하다.

弋(익): 화살에 실을 매어 쓰는 주살.

射(사): 화살을 쏘다.

宿(숙): 잠을 자다.

7-28

공자가 말했다.

"대체로 잘 알지도 못하면서 함부로 저술하는 사람이 있는데, 나는 그렇지 않다. 많이 듣고서 그 가운데 좋은 것을 선택해 따르고, 많이 보고서 잘 기억하는 사람이 타고난 지식인에 버금가는 것이다."

子曰 蓋有不知而作之者, 我無是也.
자 왈 개 유 부 지 이 작 지 자　 아 무 시 야

多聞擇其善者而從之, 多見而識之, 知之次也.
다 문 택 기 선 자 이 종 지　 다 견 이 지 지　 지 지 차 야

蓋(개): 대체로.

識(지): 기억하다.

7-29

호향(互鄉)[26] 지방 사람들은 함께 이야기하기가 어려운 자들인데, 그곳의 한 동자가 공자를 뵙자 문인들이 이상하게 여겼다.[27] 공자가 말했다.

---

26. 지명인데, 어디인지 정확히 알 수 없다.

27. 호향 지방 사람들은 말을 제멋대로 할 뿐 아니라 시의적절함을 몰랐기 때문에 그들과 이야기하는 것은 어려운 일이라고 알려져 있었다. 그런데 동자가 찾아와서 공자를 뵙기를 청하고 공자가 만나주자 제자들이 이상한 일이라고 생각했다.

"그 동자의 진보를 인정해줄 뿐이고, 퇴보를 인정해주는 것은 아니다. 심하게 대할 것이 뭐가 있겠는가? 사람이 몸을 정결히 하고서 찾아왔으면 그 정결함을 인정해줄 뿐, 그가 돌아간 후의 행실에 대해 보증하는 것은 아니다."[28]

互鄉難與言. 童子見, 門人惑. 子曰
호 향 난 여 언   동 자 현   문 인 혹   자 왈

與其進也, 不與其退也? 唯何甚? 人潔己以進, 與其潔也,
여 기 진 야   불 여 기 퇴 야   유 하 심   인 결 기 이 진   여 기 결 야

不保其往也.
불 보 기 왕 야

見(현): 뵙다.

與(여): 인정해주다.

潔(결): 깨끗하다.

7-30

공자가 말했다.

"인이 멀리 있는가? 내가 인을 실천하고자 하면 인이 온다."[29]

---

28. 여기에서는 왕(往)에 대한 해석을 '돌아간 후의 행실'로 번역하였는데, 주자는 왕을 '과거의 일'로 해석하였다. 왕은 '가다'〔去〕, '과거(過去)', '이후(以後)'의 뜻을 가지고 있어 다양한 해석이 가능하다.

29. 인은 공자가 말하는 최고의 덕성인데 그 실천이 쉽지 않아 사람들이 멀게만 느꼈다. 공자는 당장 실천하면 그것이 곧 인이라면서 인이라는 덕성이 멀리 있는 것이 아니라고 가르쳤다.

子曰 仁遠乎哉? 我欲仁, 斯仁至矣.
자 왈 인 원 호 재　 아 욕 인　 사 인 지 의

遠(원): 멀다.

乎哉(호재): 의문, 반문, 감탄을 나타내는 어조사이다. 이 문장에서는 반문을 나
　　　타내기 위해 쓰였다.

至(지): 오다. 도달하다.

7-31

진(陳)나라의 사패(司敗)[30]가 물었다.

"소공(昭公)[31]은 예를 알았습니까?"

공자가 말했다.

"예를 아셨습니다."

공자가 나가자 사패가 무마기(巫馬期)[32]에게 인사하고 다가가 말했다.

"내가 듣기로 군자는 편당적이지 않다고 하는데 군자도 편당적입니
까? 소공은 오(吳)나라 여인과 결혼했는데 동성끼리 혼인한 것입니다.
동성혼인 사실을 감추려고 부인을 '오맹자(吳孟子)'라고 불렀는데[33] 이

---

30. 사패는 관직명으로 형벌과 옥사를 관장하는 직책이다. 사구(司寇)라고도 한다.

31. 노나라의 제후이다.

32. 공자의 제자로 성은 무마(巫馬), 이름은 시(施)이다. 기(期)는 그의 자이다.

33. 중국 춘추시대의 관례에 제후 부인의 칭호는 국명(國名)과 본래의 성(姓)을
　　붙이도록 했다. 예를 들어, 노나라 소공의 부인은 성이 희(姬), 태어난 나라가
　　오나라이므로 오희(吳姬)라고 불러야 했다. 노나라와 오나라는 성이 같은 희
　　(姬)였기에 소공의 결혼은 동성혼이 되므로 이런 사실을 감추기 위해 '오희'
　　라고 부르지 않고 '오맹자'라고 불렀다.

런 임금을 두고 예를 안다고 평한다면 그 누군들 예를 모르겠습니까?"

무마기가 사패의 말을 공자에게 알리자 공자가 말했다.

"나는 참 다행이다. 참으로 잘못이 있으면 사람들이 그것을 반드시 알아차리는구나."[34]

陳司敗問 昭公知禮乎? 孔子曰 知禮.
진 사 패 문 소 공 지 예 호   공 자 왈   지 예

孔子退, 揖巫馬期而進之曰 吾聞君子不黨, 君子亦黨乎?
공 자 퇴   읍 무 마 기 이 진 지 왈   오 문 군 자 부 당   군 자 역 당 호

君取於吳, 爲同姓, 謂之吳孟子. 君而知禮, 孰不知禮?
군 취 어 오   위 동 성   위 지 오 맹 자   군 이 지 예   숙 부 지 예

巫馬期以告, 子曰 丘也幸, 苟有過, 人必知之.
무 마 기 이 고   자 왈 구 야 행   구 유 과   인 필 지 지

黨(당): 서로 돕고 잘못을 숨겨주는 일.

取(취): 아내를 얻다.

7-32

공자는 다른 사람들과 함께 노래하다가 어떤 이의 노래가 좋으면 반드시 다시 부르게 하고, 그 이후에 화답했다.

子與人歌而善, 必使反之, 而後和之.
자 여 인 가 이 선   필 사 반 지   이 후 화 지

---

34. 공자는 노나라 사람이라서 자기 나라의 수치스러운 일을 숨긴 것이다. 하지만 오맹자의 일은 분명 예에 맞지 않는 것이었다. 그렇기 때문에 공자는 사패의 비난을 인정하고 받아들였다.

反(반): 반복하다.

和(화): 화답하다.

7-33

공자가 말했다.

"학문에서는 내가 남들보다 뛰어나지 못하다. 군자의 도리를 몸소 실천하는 것에서 나는 아직 잘할 수 있는 게 없다."[35]

子曰 文, 莫吾猶人也. 躬行君子, 則吾未之有得.
자 왈 문 막 오 유 인 야   궁 행 군 자   즉 오 미 지 유 득

莫(막): 아니다(不).

躬(궁): 몸소.

7-34

공자가 말했다.

"나를 성인(聖人)과 인자(仁者)라고 한다면 내가 어찌 감당하겠는가? 그러나 도리를 배우는 일에 싫증내지 않고 사람들을 가르치는 일에 게으르지 않다고 한다면 그렇다고 말하겠다."

공서화(公西華)가 말했다.

"바로 그 점이 제자들이 배울 수 없는 점입니다."

---

35. 공자가 자신을 낮추어 겸손하게 한 말이다.

子曰 若聖與仁, 則吾豈敢? 抑爲之不厭, 誨人不倦,
자왈 약성여인 즉오기감 억위지불염 회인불권

則可謂云爾已矣. 公西華曰 正唯弟子不能學也.
즉가위운이의 공서화왈 정유제자불능학야

豈(기): 어찌.

抑(억): 그러나.

爲(위): 배우다(學).

厭(염): 싫증내다.

倦(권): 게으르다.

爾已矣(이이의): ~일 뿐이다.

7-35

공자의 병이 위중하자 자로가 귀신에게 기도드리겠다고 청하였다.
공자가 말했다.

"병이 들었을 때 하늘에 기도하는 경우가 있느냐?"

자로가 대답했다.

"있었습니다. 기도문이 적힌 책에 '너를 위해 하늘의 신, 땅의 신에게 기도한다'라고 했습니다."[36]

이에 공자가 말했다.

"그런 거라면 나는 기도를 드린 지 오래되었다."

---

36. 공자는 '병이 들었다고 해서 병을 낫게 해달라고 귀신에게 기도하는 게 가당한가?'라고 반문한 것인데, 자로는 반문이라는 것을 알지 못하고 그런 사례가 있다고 대답한 것이다.

子疾病, 子路請禱. 子曰 有諸? 子路對曰 有之. 誄曰
자 질 병　 자 로 청 도　 자 왈 유 저　 자 로 대 왈 유 지 뇌 왈

禱爾于上下神祇. 子曰 丘之禱久矣.
도 이 우 상 하 신 기　 자 왈 구 지 도 구 의

疾(질): 병.

病(병): 병이 위중해지는 것.

禱(도): 기도하다.

諸(저): 구(句)의 끝에 써서 감탄, 의문, 반문을 나타내는 어조사로, "구나!", "~인
가?", "~는가?", "~겠는가?"라고 해석한다.

誄(뇌): 기도문이 적힌 책.

祇(기): 땅의 신.

7-36

공자가 말했다.

"사치스러우면 공손하지 못하고, 검소하면 고지식하다. 공손하지 못
하기보다는 차라리 고지식한 것이 낫다."

子曰 奢則不孫, 儉則固. 與其不孫也, 寧固.
자 왈 사 즉 불 손　 검 즉 고　 여 기 불 손 야　 영 고

奢(사): 사치하다.

儉(검): 검소하다.

固(고): 고지식하다. 완고하다.

與其(여기)A寧(녕)B: A하느니 B하는 편이 낫다.

7-37

공자가 말했다.

"군자는 마음이 관대하고 넓지만, 소인은 근심과 두려움이 많다."

子曰 君子坦蕩蕩, 小人長戚戚.
자 왈 군 자 탄 탕 탕　　소 인 장 척 척

坦(탄): 평탄하다.

蕩蕩(탕탕): 넓은 모양.

長(장): 늘.

戚(척): 근심하다.

7-38

공자는 온화하면서 엄숙하시고 위엄이 있으면서 각박하지 않으시며,
공손하면서도 편안하셨다.

子溫而厲, 威而不猛, 恭而安.
자 온 이 려　　위 이 불 맹　　공 이 안

厲(려): 갈다. 괴롭다.

猛(맹): 각박하다. 매우 엄하다.

恭(공): 공손하다. 삼가다.

제8편

태백 泰伯

8-1

공자가 말했다.

"태백(泰伯)¹은 지극한 덕(德)을 지닌 사람이라 말할 만하다. 세 번 천하를 동생에게 양보했지만² 그런 훌륭한 일을 은미하게 진행하여 백성은 칭송할 수도 없었다."

子曰 泰伯其可謂至德也已矣. 三以天下讓,
자 왈 태 백 기 가 위 지 덕 야 이 의   삼 이 천 하 양

民無得而稱焉.
민 무 득 이 칭 언

---

1. 주(周)나라의 선조인 태왕(太王) 고공단보(古公亶父)의 첫째 아들이다. 고공단보에게는 태백, 중옹(仲雍), 계력(季歷) 세 아들이 있었다. 계력의 아들이 희창(姬昌)으로, 그가 곧 주나라 문왕(文王)이다.

2. 태백은 장자였으므로 왕위 계승 1순위였지만, 동생 계력에게 왕위를 양보했다.

讓(양): 양보하다.

無(무): 없다. 아니다(不).

得而(득이): 가능을 나타내는 조동사로 '~할 수 있다'라고 해석한다.

8-2

공자가 말했다.

"공손하더라도 예(禮)가 없으면 수고롭고, 신중하더라도 예가 없으면 두려워하게 되고, 용감하더라도 예가 없으면 반란을 일으키고, 강직하더라도 예가 없으면 각박해진다. 군자가 친족들과 돈독하게 지내면 백성은 인(仁)한 풍속을 일으키고, 옛 친구를 버리지 않으면 백성이 경박해지지 않는다."

子曰 恭而無禮則勞, 愼而無禮則葸,
자 왈 공 이 무 예 즉 로 신 이 무 예 즉 사

勇而無禮則亂, 直而無禮則絞. 君子篤於親, 則民興於仁,
용 이 무 예 즉 란 직 이 무 예 즉 교 군 자 독 어 친 즉 민 흥 어 인

故舊不遺, 則民不偸.
고 구 불 유 즉 민 불 투

葸(사): 두려워하다.

絞(교): 묶다. 묶어서 찔러 공격하다.

故舊(고구): 옛 친구.

偸(투): 경박하다.

8-3

증자(曾子)가 병이 나자 문하의 제자들을 불러 말하였다.[3]

"이불을 걷어서 내 발을 보고 내 손을 보아라! 《시경》에서 '두려워하고 삼가기를 마치 깊은 연못가에 다가선 듯이, 얇은 얼음 위를 밟듯이 하라' 하였다. 이제야 부모님이 주신 몸을 다치게 해서는 안 되는 무거운 책임에서 벗어났음을 알겠다. 아이들아!"

曾子有疾, 召門弟子曰 啓予足, 啓予手! 詩云戰戰兢兢,
증 자 유 질　소 문 제 자 왈　계 여 족　계 여 수　시 운 전 전 긍 긍

如臨深淵, 如履薄冰. 而今而後, 吾知免夫, 小子!
여 림 심 연　여 리 박 빙　이 금 이 후　오 지 면 부　소 자

門弟子(문제자): 문하의 제자.

啓(계): 열다. 젖히다.

戰戰(전전): 두려워 벌벌 떠는 모양.

兢兢(긍긍): 조심하며 움츠리는 모양.

淵(연): 연못.

薄氷(박빙): 얇은 얼음.

8-4

증자가 병을 앓자 맹경자(孟敬子)[4]가 병문안을 왔다. 증자가 말했다.

---

3. 증자가 병이 나고 위독해지자 곧 죽게 될지도 모른다고 생각하여 제자들을 모아 자신이 종신토록 부모로부터 받은 신체를 잘 지켰음을 보인 것이다.

4. 노(魯)나라의 대부로 성은 중손(仲孫), 이름은 첩(捷), 시호는 경(敬)이다. 노

"새가 죽으려 할 때면 그 울음이 슬프고, 사람이 죽으려 할 때면 그 말이 선해집니다. 군자가 귀하게 여기는 도리가 세 가지입니다. 용모와 행동을 장중하게 하면 타인이 나에게 사납고 오만하게 대하는 것으로 부터 멀어질 수 있습니다. 얼굴빛을 바르고 엄숙하게 하면 타인이 나를 성심으로 대할 것입니다. 말을 할 때 공손하게 하면 비속한 말이나 도리에 위배된 말을 내 귀로 듣지 않게 됩니다.[5] 제사에 관한 업무는 담당자가 있으니 그들에게 주관하게 하면 됩니다."

曾子有疾, 孟敬子問之. 曾子言曰 鳥之將死, 其鳴也哀,
증 자 유 질   맹 경 자 문 지   증 자 언 왈 조 지 장 사   기 명 야 애

人之將死, 其言也善. 君子所貴乎道者三. 動容貌,
인 지 장 사   기 언 야 선   군 자 소 귀 호 도 자 삼   동 용 모

斯遠暴慢矣. 正顔色, 斯近信矣. 出辭氣, 斯遠鄙倍矣.
사 원 폭 만 의   정 안 색   사 근 신 의   출 사 기   사 원 비 배 의

籩豆之事, 則有司存.
변 두 지 사   즉 유 사 존

問(문): 문병하다.

暴(폭): 사납다.

慢(만): 오만하다.

鄙(비): 비속하다. 천박하다.

倍(배): 위배되다(背).

___

나라에서 막강한 권력을 휘두르던 세 권세 가문인 삼가(三家)의 하나인 맹손 가문의 사람으로 맹무백(孟武伯)의 아들이다.

5. 주자는 '몸을 움직임에는 사납고 오만함을 멀리하고, 얼굴빛을 바르게 하는 일은 믿음직스럽게 하고, 말하는 일은 비루하고 도리에 어긋나는 것을 멀리해야 한다'라고 해석했다.

籩豆(변두): 제사 때 사용하는 그릇의 일종.

有司(유사): 담당자.

8-5
증자가 말했다.

"자신은 능력이 있으면서 능력이 부족한 사람에게 묻고, 자신은 많이 알아도 적게 아는 사람에게 묻고, 자신은 있으면서도 없는 것처럼 하고, 가득 찼으면서도 빈 것처럼 하고, 남이 나에게 해를 가해도 보복하지 않는다. 옛날에 나의 친구[6]가 이를 실천하였다."

曾子曰 以能問於不能, 以多問於寡, 有若無, 實若虛,
증 자 왈 이 능 문 어 불 능　　이 다 문 어 과　　유 약 무　　실 약 허

犯而不校. 昔者吾友, 嘗從事於斯矣.
범 이 불 교　　석 자 오 우　　상 종 사 어 사 의

校(교): 보복하다.

8-6
증자가 말했다.

"어린 임금을 부탁할 만하고, 사방 백 리가 되는 규모의 나라 정치를 맡길 만하며, 큰일을 당하였을 때 그 절개를 빼앗을 수 없다면 군자다운 사람인가? 군자다운 사람이다."

---

6. 공자가 매우 아꼈던 제자 중 한 명인 안연(顔淵)을 말한다.

曾子曰 可以託六尺之孤, 可以寄百里之命,
증 자 왈 가 이 탁 육 척 지 고　가 이 기 백 리 지 명

臨大節而不可奪也, 君子人與? 君子人也.
임 대 절 이 불 가 탈 야　군 자 인 여　군 자 인 야

託(탁): 부탁하다.

六尺之孤(육척지고): 고아가 된 어린 임금.

寄(기): 맡기다.

命(명): 정책과 법령(政令).

奪(탈): 빼앗다.

8-7

증자가 말했다.

"선비는 마음이 크고 굳세지 않으면 안 된다. 책무가 무겁고 갈 길이 멀기 때문이다. 인을 자신의 임무로 삼으니 또한 책무가 무겁지 않겠는가? 죽어야 멈추는 것이니 또한 가야 할 길이 멀지 않겠는가?"

曾子曰 士不可以不弘毅. 任重而道遠. 仁以爲己任,
증 자 왈 사 불 가 이 불 홍 의　임 중 이 도 원　인 이 위 기 임

不亦重乎? 死而後已, 不亦遠乎?
불 역 중 호　사 이 후 이　불 역 원 호

弘(홍): 넓다.

毅(의): 굳세다.

以爲(이위): ～로 삼다. ～로 여기다.

任(임): 짊어지다. 임무.

不亦(불역)～乎(호)?: 또한 ～하지 아니한가?

8-8

공자가 말했다.

"자기 수양은 시(詩)에서 시작하고,[7] 예(禮)를 익혀서 세상에서 성숙한 인격으로 자리매김하고, 악(樂)에서 덕성을 완성한다."[8]

子曰 興於詩, 立於禮, 成於樂.
자 왈 흥 어 시   입 어 예   성 어 악

樂(악): 음악.

8-9

공자가 말했다.

"백성이 성인(聖人)의 도리를 날마다 사용하게 할 수는 있지만 그것을 이해하게 할 수는 없다."[9]

子曰 民可使由之, 不可使知之.
자 왈 민 가 사 유 지   불 가 사 지 지

---

7. 주자는 '시에서 흥기하고'라고 해석하였다. 시의 효용은 시를 읽으면서 감정을 일으키고 그중 선한 것을 좋아하고 악한 것을 싫어하는 마음을 일으켜서 수양하는 데 도움을 얻는 것이라고 보았다.

8. 자기 자신의 인격을 수양하는 단계와 그 수단에 대해서 설명한 것이다. 시, 예, 악이 모두 인간의 인격 수양에 필요한 필수 불가결한 요소라고 보았다.

9. 공자가 살았던 당시에 백성은 대부분 식자층이 아니었다. 그렇기 때문에 성인의 도가 가진 원리에 대해서 알게 하기가 어려웠다. 일부러 백성이 알지 못하게 술책을 쓴 것이 아니라는 말이다.

使(사): ~하게 하다.

由(유): 쓰다(用).

8-10

공자가 말했다.

"용맹함을 좋아하는 사람이 가난을 싫어하면 반란을 일으키고, 사람
이 인하지 못하다고 해서 지나치게 미워하면 미움 받은 사람이 반란을
일으키게 된다."[10]

子曰 好勇疾貧, 亂也. 人而不仁, 疾之已甚, 亂也.
자 왈 호 용 질 빈 난 야 인 이 불 인 질 지 이 심 난 야

疾(질): 미워하다.

已甚(이심): 너무 심하다.

8-11

공자가 말했다.

"만약 주공(周公)과 같은 훌륭한 재능이 있다고 하더라도 교만하고

---

10. 어떤 사람이 인하지 못하다고 해서 그를 미워하고 비난하면 그 사람이 궁지
에 몰려 반란을 일으킬 가능성이 있다. 인하지 못한 사람일지라도 예와 겸양
으로 대해서 옳은 길로 인도해야 하는 것이다.

인색하다면 그 나머지는 더 볼 것이 없다."[11]

子曰 如有周公之才之美, 使驕且吝, 其餘不足觀也已.
자 왈 여 유 주 공 지 재 지 미　사 교 차 린　기 여 부 족 관 야 이

如(여): 만약.

才(재): 자질.

使(사): 가정이나 가설을 나타내는 접속사로 쓰인다. '만일', '만약'으로 해석한다.

驕(교): 교만하다.

且(차): 또.

吝(린): 인색하다.

8-12

공자가 말했다.

"3년 동안 배우고도 선(善)함에 도달하지 못한 사람을 찾기란 쉽지 않다."[12]

---

11. '그 나머지'는 여러 탁월한 재능을 말한다. 공자가 마음 깊이 존경했던 주공은 주나라의 정치를 흥성하게 일으킨 인물이다. 누군가 그렇게 훌륭한 재능이 있더라도 교만하고 인색하면 그 훌륭함이 오히려 가려져 별 볼 일 없게 된다는 뜻이다.

12. 3년이라는 짧지 않은 기간 부지런히 배우면 반드시 선함에 이를 수 있다고 하면서 부지런히 공부하라고 충고한 것이다. 주자는 '3년 동안 배우고도 벼슬에 뜻을 두지 않는 사람을 얻기가 쉽지 않다'라고 해석하였다. 이 해석에서는 3년 동안 배우면 으레 벼슬에 뜻을 두기 마련이라는 것이다.

子曰 三年學, 不至於穀, 不易得也.
자 왈 삼 년 학   부 지 어 곡   불 이 득 야

至(지): 이르다. 도달하다.

穀(곡): 착하다(善).

易(이): 쉽다.

8-13

공자가 말했다.

"독실하게 믿고 배우기를 좋아하고, 죽음을 무릅쓰더라도 선한 도리
를 지켜야 한다. 위태로운 나라에는 들어가지 말고 어지러운 나라에 살
지 말아야 한다. 세상에 도(道)가 있으면 자신을 드러내고, 세상에 도가
없으면 숨어 지내야 한다. 나라에 도가 있을 때 가난하고 천하게 사는
것이 수치스러운 일이고, 나라에 도가 없을 때 부유하고 귀하게 사는 것
이 수치스러운 일이다."[13]

子曰 篤信好學, 守死善道. 危邦不入, 亂邦不居.
자 왈 독 신 호 학   수 사 선 도   위 방 불 입   난 방 불 거

天下有道則見, 無道則隱. 邦有道, 貧且賤焉, 恥也,
천 하 유 도 즉 현   무 도 즉 은   방 유 도   빈 차 천 언   치 야

---

13. 나라에 도가 있다는 말은 그 임금이 올바른 정치를 하고 있다는 뜻이고, 그런
임금 밑에서 공직으로 봉록을 받지 못한다면 수치스러운 일이 된다. 반대로
나라에 도가 없다는 말은 무도(無道)한 임금 밑에서 나라가 다스려진다는 뜻
이고, 그런 나쁜 임금 밑에서 부귀를 누리고 있다면 이 역시 수치스러운 일이
된다.

邦無道, 富且貴焉, 恥也.
방 무 도　부 차 귀 언　치 야

守死(수사): 죽음으로써 지키다. 죽을 때까지 지키다.

見(현): 드러내다. 나타나다.

隱(은): 은거하다. 숨다.

8-14

공자가 말했다.

"그 직위에 있지 않다면, 그 지위에서 관할하는 일에 참견하지 말아야 한다."

子曰 不在其位, 不謀其政.
자 왈　부 재 기 위　　불 모 기 정

位(위): 직위

謀(모): 논의하다. 계획하다.

8-15

공자가 말했다.

"태사(太師) 지(摯)[14]가 처음으로 어지럽게 된 〈관저(關雎)〉의 성조(聲

---

14. 태사는 중국 고대 국가에서 음악을 관장하는 관직 이름이다. 지는 공자가 살았던 당시 노나라 태사의 이름이다.

調)를 정리하니 우렁찬 소리가 귀를 가득 채우는구나!"[15]

子曰 師摯之始, 關雎之亂, 洋洋乎盈耳哉!
자 왈 사 지 지 시 관 저 지 란 양 양 호 영 이 재

亂(란): 어지러움.

洋洋(양양): 우렁차다. 성대하다.

盈(영): 차다. 가득 차다.

8-16

공자가 말했다.

"과감하고 진취적이면서 솔직하지 못하고, 무지하면서 성실하지 못하며, 공경스러우면서 믿음직하지 못하다면[16] 나는 왜 그런지 모르겠다."[17]

子曰 狂而不直, 侗而不愿, 悾悾而不信, 吾不知之矣.
자 왈 광 이 부 직 동 이 불 원 공 공 이 불 신 오 부 지 지 의

狂(광): 진취적이다.

---

15. 〈관저〉는 《시경》에 기록된 노래 가사이다. 태사 지가 〈관저〉의 성조를 기억하여 어지러워졌던 〈관저〉의 성조를 바로잡아 공자가 그 공로를 칭찬한 것이다.

16. 주자는 원문 '悾悾(공공)'을 무능한 모습이라고 해석했다.

17. 진취적이면 솔직하기 마련인데 그렇지 못하고, 무지하면 성실하기 마련인데 그렇지 못하고, 공경스러우면 믿음직스러워야 하는데 그렇지 못한 상황이 모두 상식과 다르기 때문에 공자는 왜 그런지 모르겠다고 했다.

侗(동): 무지하다.

愿(원): 성실하다.

悾(공): 공경하다.

8-17

공자가 말했다.

"배우는 일은 마치 미치지 못할 것처럼 생각하면서 배우고, 오히려 배움을 잃을까 두려워해야 한다."

子曰 學如不及, 猶恐失之.
자 왈 학 여 불 급   유 공 실 지

如(여): 마치 ~처럼 하다.

猶(유): 오히려.

8-18

공자가 말했다.

"높고 위대하도다! 순(舜)임금과 우(禹)임금¹⁸이 천하를 소유하신 것

_____

18. 우(禹)임금은 순(舜)임금의 신하로 황하(黃河)의 치수(治水)를 담당하였다. 당시는 농경이 가장 주요한 산업이었는데 홍수가 나서 농사를 망치는 일이 큰 문제였다. 우는 노력 끝에 자주 범람하는 황하의 물길을 바로잡아 홍수를 방지하는 데 성공했고 그 공로를 인정받아 순임금에게서 왕위를 물려받고 하나라를 세웠다.

은 천하를 얻는 일에 간여하지 않으면서 얻으신 것이다."[19]

子曰 巍巍乎! 舜禹之有天下也, 而不與焉.
자 왈 외 외 호 순 우 지 유 천 하 야 이 불 여 언

巍(외): 높고 크다.
與(여): 간여하다.

8-19

공자가 말했다.

"위대하도다! 요(堯)의 임금 됨이여! 높고 크도다! 오직 하늘만이 위대하거늘 오직 요임금만이 하늘을 본받았도다. 덕(德)이 넓고 원대하여 백성이 표현하지 못하는구나. 높고 크도다! 그 이룬 공적이여! 밝구나! 그 훌륭한 예악제도여!

子曰 大哉! 堯之爲君也! 巍巍乎! 唯天爲大, 唯堯則之.
자 왈 대 재 요 지 위 군 야 외 외 호 유 천 위 대 유 요 칙 지

蕩蕩乎! 民無能名焉. 巍巍乎! 其有成功也! 煥乎!
탕 탕 호 민 무 능 명 언 외 외 호 기 유 성 공 야 환 호

其有文章!
기 유 문 장

---

19. 순임금과 우임금 모두 자신들의 높은 덕성으로 천하를 선양받은 것이다. 그들이 천하를 소유하려고 추구한 것이 아니다. 제왕의 지위가 세습된 것이 아니라 훌륭한 자질을 가진 사람에게 양보되었다는 것이 중요한 점이다.

唯(유): 오직.

則(칙): 본받다.

蕩(탕): 넓고 멀다.

煥(환): 밝다.

文章(문장): 예악제도.

8-20

순임금에게는 훌륭한 신하 다섯 사람[20]이 있어서 천하가 잘 다스려졌다. 무왕(武王)이 말했다.

"나는 잘 다스리는 신하가 열 사람[21] 있다."

공자가 말했다.

"인재를 얻기가 어렵다고 하는데 정말 맞는 말이 아닌가? 요임금과 순임금이 다스리던 시대부터 주나라까지 인재가 많기는 하지만 열 명 중에 부인이 끼어 있으니[22] 남자는 아홉 명일 뿐이다. 주나라의 문왕(文王)은 천하의 3분의 2를 차지하고도 은(殷)나라에 복종하여 섬겼으니,[23]

---

20. 순임금의 훌륭한 다섯 신하는 우, 직(稷), 설(契), 백익(伯益), 고요(皐陶)를 말한다.

21. 무왕의 신하 열 명은 주공단(周公旦), 소공석(召公奭), 필공(畢公), 여상(呂尙), 영공(榮公), 태전(太顚), 굉요(閎夭), 산의생(散宜生), 남궁괄(南宮适), 태사(太姒)를 말한다.

22. 무왕의 신하 열 명 중에 문왕의 부인이자 무왕의 어머니인 태사가 포함되었다.

23. 은대(殷代) 말기에 문왕은 이미 세력이 성장하여 주나라의 3분의 2를 차지하였다. 하지만 여전히 은나라에 복종했다.

주나라 문왕의 덕이 지극하다고 말할 만하다."

舜有臣五人而天下治. 武王曰 予有亂臣十人.
순유신오인이천하치　무왕왈 여유란신십인

孔子曰 才難, 不其然乎? 唐虞之際, 於斯爲盛,
공자왈 재난 불기연호　당우지제　어사위성

有婦人焉, 九人而已. 三分天下, 有其二, 以服事殷,
유부인언　구인이이　삼분천하　유기이　이복사은

周之德, 其可謂至德也已矣.
주지덕　기가위지덕야이의

亂(난): 다스리다(治).

唐虞之際(당우지제): '당'은 요임금을, '우'는 순임금을 말한다. 際(제)는 '사이'라
는 뜻으로, 당우지제는 요임금과 순임금의 시대라는 뜻으로 태평성대를
말하는 단어이다.

8-21

공자가 말했다.

"우임금은 내가 흠잡을 것이 없다. 자신이 먹는 음식은 간소하게 드
시고 제사에서는 정성을 다하셨고, 평소 의복은 허름하게 입으면서도
제사 때 입는 예복은 성대함을 갖추셨다. 자기가 사는 집은 낮게 지으시
고 농토의 물길을 바로잡는 일에는 힘을 다하셨으니 우임금은 내가 흠
잡을 것이 없다."

子曰 禹, 吾無間然矣. 菲飮食, 而致孝乎鬼神, 惡衣服,
자왈 우　오무간연의　비음식　이치효호귀신　악의복

而致美乎黻冕. 卑宮室, 而盡力乎溝洫, 禹, 吾無間然矣.
이치미호불면　비궁실　이진력호구혁　우　오무간연의

間(간): 흠잡다.

菲(비): 박하다. 소략하다.

致(치): 정성을 다하다.

惡(악): 거칠다. 좋지 않다.

黻冕(불면): 제사를 비롯한 공식 행사 때 착용하는 예복으로, 黻(불)은 화려하게
수놓은 무릎까지 닿는 가죽옷이고, 冕(면)은 면류관이다.

溝洫(구혁): 인공적으로 만들어진 농토의 수로.

제9편

자한 子罕

9-1

공자는 이익,[1] 천명, 인(仁)처럼 실현하기 어려운 도리에 대해서는 드물게 말했다.

子罕言利與命與仁.
자 한 언 리 여 명 여 인

罕(한): 드물다.

---

1. 이익, 천명(天命), 인 이 세 가지를 병렬로 나열하면서 드물게 말했다는 점에는 해석에 곤란한 점이 있다. 천명과 인은 높은 가치이자 공자에게 늘 경외의 대상이지만, 이익은 공자가 오히려 중시하지 않거나 싫어하는 것이었기 때문이다. 《논어주소(論語註疏)》에서는 이러한 해석상의 난점을 해결하기 위해 이익을 개인의 사익 추구가 아니라 '만물을 이롭게 하는 것'이라고 하여 천명과 인과 병렬적으로 둘 수 있는 가치로 상향시켰다. 청대 학자 사승조(史繩祖)는 '공자는 이익에 대해서는 드물게 말하고, 천명과 인에 대해서는 찬성하셨다'라고 하여 이 다른 성질의 것을 분리해서 위 병렬 구조를 깨는 해석을 냈다.

利(리): 이익.

與(여): ~와.

9-2

달항(達巷)[2] 마을 사람이 말했다.

"위대하도다. 공자여! 널리 배우시고 한 분야에서만 명성을 이루지 않았도다."[3]

이 말을 듣고 공자가 제자들에게 말했다.

"내가 무엇을 전문적으로 해보랴? 수레몰이를 해볼까? 활쏘기를 해볼까? 나는 수레몰이를 전문으로 해봐야겠구나."[4]

達巷黨人曰 大哉, 孔子! 博學而無所成名. 子聞之,
달항당인왈 대재 공자 박학이무소성명 자문지

謂門弟子曰 吾何執? 執御乎? 執射乎? 吾執御矣.
위문제자왈 오하집 집어호 집사호 오집어의

---

2. 지명인데 구체적으로 알려진 바가 없다.

3. 하나의 전문 분야에 국한되지 않고 널리 배운 점을 찬미한 것이다.

4. 한 분야에만 국한되어 전문화된 사람이 아니라는 것을 칭찬으로 보고 공자가 겸허하게 앞으로는 하나의 전문 분야를 능숙하게 해봐야겠다고 응수한 것이다. 수레몰이는 육예 중 가장 비천한 일이었는데 이런 일을 하겠다고 하면서 칭찬에 대해 겸허한 태도를 보인 것이다.
이와 반대로 주자는 달항 마을 사람들이 공자를 조롱한 것으로 보았다. 주자는 공자가 박학하고 널리 기예를 익혔음에도 어느 것 하나 제대로 명성을 이룬 것이 없는 것을 달항 마을 사람들이 비꼰 것으로 해석하였다. 그에 대해 공자가 언제라도 마음먹기만 하면 전문으로 하여 명성을 이룰 수 있다고 응수한 것으로 해석하였다.

9-3

공자가 말했다.

"삼베로 만든 관(冠)을 쓰는 것이 예법에 맞지만, 지금은 실로 관을
만드니 검소하다. 나는 지금의 대중을 따르겠다. 당 아래에서 절하는 것
이 본래 예법에 맞지만, 지금은 당 위에서 절을 하니 교만하다. 비록 지
금의 대중과 위배되지만 나는 당 아래에서 절하는 예법을 따르겠다."[5]

子曰 麻冕, 禮也, 今也純, 儉. 吾從衆. 拜下, 禮也,
자왈 마면 예야 금야순 검 오종중 배하 예야

今拜乎上, 泰也. 雖違衆, 吾從下.
금배호상 태야 수위중 오종하

麻(마): 삼.

冕(면): 면류관.

純(순): 실.

泰(태): 교만하다. 방종하다.

違(위): 어기다.

9-4

공자는 네 가지를 하지 않았다. 억측하지 않았고, 어떤 일이 꼭 그래
야 한다고 기대하지 않았고, 억지 고집을 부리지 않았고, 자신을 내세우

---

5. 공자는 고대의 예법을 충실히 따르기만 한 사람이 아니었다. 시대에 따라 예
   법은 달라진다. 달라진 예법을 공자는 자신의 원칙과 기준에 따라 판단하고
   나서 적절한 예법을 따랐다.

지 않았다.

子絶四. 毋意, 毋必, 毋固, 毋我.
자 절 사 무 의 무 필 무 고 무 아

絶(절): 없다. 없애다.

意(의): 사사로운 뜻이나 의도.

必(필): 반드시 ~하려고 하다.

固(고): 고집.

我(아): 자신을 내세우다.

9-5

공자가 광(匡) 땅에서 곤경에 처했을 때 말했다.[6]

"문왕께서 이미 돌아가셨으나 문왕이 남긴 문(文)[7]이 여기 나에게 있지 않은가? 하늘이 이 '문'을 없애려 하셨다면 나는 이 문에 참여하지

---

6. 《사기(史記)》〈공자세가(孔子世家)〉에서는 공자가 위(衛)나라를 떠나 진(陳)나라로 가는 길에 광 땅을 지났다고 한다. 오늘날 허난성(河南城) 창위안현(長垣縣) 내 지역이다. 그곳 광 땅 사람들은 공자를 노(魯)나라 계씨(季氏) 가문의 가신(家臣) 양호(陽虎)로 오인하여 포위하였다. 양호는 광 땅에서 포악한 짓을 한 적이 있어서 마을 사람들이 병기를 들고 와서 양호를 잡으려고 했던 것이다.

7. 주(周)나라의 정치 제도와 예악(禮樂)을 말한다. 문왕은 주나라의 제도와 예악을 세우는 데에 큰 역할을 했다. 공자는 문왕의 정치와 그가 만든 제도를 매우 높이 평가하고 본받으려고 하였다. 다음 문장의 "이 '문'"은 '사문(斯文)'에 대한 번역인데 사문이라는 단어는 훗날 유교, 유학자, 선비, 학자, 점잖은 사람이라는 뜻으로 쓰이게 되었다.

못했을 것이다. 하지만 하늘은 이 '문'을 없애지 않으셨으니 광 땅의 사람들이 나를 어찌하겠는가?"

子畏於匡曰 文王既沒, 文不在玆乎? 天之將喪斯文也,
자 외 어 광 왈　문 왕 기 몰　　문 부 재 자 호　　천 지 장 상 사 문 야

後死者不得與於斯文也. 天之未喪斯文也,
후 사 자 부 득 여 어 사 문 야　　천 지 미 상 사 문 야

匡人其如予何?
광 인 기 여 여 하

沒(몰): 죽다.

文(문): 예악, 제도.

玆(자): 이것. 여기.

喪(상): 없애다.

斯(사): 이(것). 여기.

後死者(후사자): 뒤에 죽는 사람. 문왕이 죽은 후에 죽는 사람. 여기서는 공자 자신을 가리킨다.

9-6

태재(太宰)[8]가 자공에게 물었다.

"공자는 성인인가? 어찌 그렇게 다재다능한가?"[9]

---

8. 태재는 국정을 총괄하는 관직의 명칭으로 임금을 보좌하는 역할을 했다. 여기에 나오는 태재는 오(吳)나라 사람인지 송(宋)나라 사람인지 명확하지 않다.

9. 공자가 성인이 맞는지 반문하는 것이다. 공자가 여러 기예에 출중하자 정말 성인이 맞느냐고 물은 것이다.

자공이 말했다.

"참으로 하늘이 성인의 덕을 갖도록 제한을 두지 않고, 또 여러 방면에 재능도 갖게 했습니다."

공자가 이 대화를 듣고 말했다.

"태재가 나를 아는구나! 나는 젊었을 때 가난하고 천한 신분이었기 때문에 자잘한 일에 능숙한 것이다. 군자가 다재다능해야 할까? 그렇지 않다."

大宰問於子貢曰 夫子聖者與? 何其多能也?
태 재 문 어 자 공 왈 부 자 성 자 여   하 기 다 능 야

子貢曰 固天縱之將聖, 又多能也. 子聞之曰 大宰知我乎!
자 공 왈 고 천 종 지 장 성   우 다 능 야   자 문 지 왈 태 재 지 아 호

吾少也賤, 故多能鄙事. 君子多乎哉? 不多也.
오 소 야 천   고 다 능 비 사   군 자 다 호 재   부 다 야

縱(종): 방임하다. 제한을 가하지 않다. 풀어주다.

乎哉(호재): 의문, 반문, 감탄을 나타내는 어조사이다. 이 문장에서는 반문을 나타내기 위해 쓰였다.

9-7

자뢰(子牢)[10]가 말했다.

"선생님께서 말씀하시길 '내가 나라에 등용되지 못했기 때문에 여러 재주를 익혔다'고 하셨다."

---

10. 공자의 제자로 성은 금(琴), 이름은 뢰(牢), 자는 자개(子開), 자장(子張)이다.

牢曰 子云, 吾不試, 故藝.
뇌 왈 자 운 오 불 시 고 예

試(시): 쓰다. 등용하다(用).

藝(예): 기예.

9-8

공자가 말했다.

"내가 의식 속에 아는 것을 인색하게 덜 알려주는 것이 있는가? 나는 그런 것 없이 최대한 알려준다.[11] 그렇지만 어떤 비천한 사람이 내게 물어보았을 때 정말 어리석은 질문일지라도 나는 그 문제의 양 끝단을 두드려 진심을 다해 알려줄 것이다."

子曰 吾有知乎哉? 無知也. 有鄙夫問於我, 空空如也,
자 왈 오 유 지 호 재   무 지 야   유 비 부 문 어 아   공 공 여 야

我叩其兩端而竭焉.
아 고 기 량 단 이 갈 언

空空(공공): 어리석은 모양.

叩(고): 두드리다. 살펴보다.

兩端(양단): 양쪽 끝단. 시작과 끝, 근본과 지엽 같은 상반된 두 위치.

---

11. 지(知)는 의식 속에 알고 있는데 아까워서 모조리 타인에게 알려주지 않는 것을 말한다.

9-9

공자가 말했다.

"봉황새가 오지 않고 황하(黃河)에서 도상이 나오지 않으니, 나는 이쯤에서 그만두어야겠다!"[12]

子曰 鳳鳥不至, 河不出圖, 吾已矣夫!
자 왈 봉 조 부 지 　하 불 출 도 　오 이 의 부

已(이): 그만두다.

矣夫(의부): 감탄을 나타내는 어조사이다. "~하구나", "이겠지"로 해석한다.

9-10

공자는 거친 상복을 입은 사람, 관을 쓰고 예복을 차려입은 사람, 맹인을 보면 그들을 만날 때 비록 자신보다 나이가 어리더라도 반드시 일어났고, 그들 앞을 지나칠 때는 반드시 종종걸음으로 조심히 지나갔다.

子見齊衰者, 冕衣裳者與瞽者, 見之, 雖少必作,
자 견 자 최 자 　면 의 상 자 여 고 자 　견 지 　수 소 필 작

---

12. 성인(聖人)이 천명을 받아 제왕이 되면 봉황새가 온다는 말이 있었다. 황하의 도상(圖像), 즉 하도(河圖)는 황하에서 나온 도상을 말한다. 황하에 나타난 용마(龍馬)의 등에 새겨진 패턴을 중국 고대의 제왕 복희씨(伏羲氏)가 보고 주역의 팔괘(八卦)를 만들었다고 전한다. 봉황과 하도의 출현은 상서로운 기운이 세상에 나오는 것, 구체적으로는 성왕(聖王)이 나타나는 징조였다. 성왕이 나올 수 없으면 공자는 성왕에게 임용되어 자신의 뜻을 펼 수 없게 되므로 이렇게 탄식한 것이다.

過之必趨.
과 지 필 추

齊衰(자최): 상복의 한 종류. '자최'로 읽는다.

衣(의): 윗옷.

裳(상): 치마.

瞽(고): 소경.

趨(추): 종종걸음.

9-11

안연이 탄식하며 말했다.

"선생님의 도(道)는 우러러볼수록 더욱 높고, 뚫을수록 더욱 견고해진다. 바라보면 앞에 계신 듯하더니 어느덧 뒤에 와 계시는구나. 선생님께서는 순서에 따라 사람들을 잘 이끄셔서 문으로 나의 식견을 넓혀주시고, 예(禮)로 나의 행동을 단속하게 해주시고, 공부를 그만두려 해도 그만둘 수 없게 하시고, 내 재주를 다해 보아도 선생님의 도는 우뚝 서 있는 듯하였다. 비록 선생님의 경지를 따르고자 해도 따를 수가 없었다."

顏淵喟然歎曰 仰之彌高, 鑽之彌堅. 瞻之在前,
안 연 위 연 탄 왈 앙 지 미 고   찬 지 미 견   첨 지 재 전

忽焉在後. 夫子循循然善誘人, 博我以文, 約我以禮.
홀 언 재 후   부 자 순 순 연 선 유 인   박 아 이 문   약 아 이 예

欲罷不能, 旣竭吾才, 如有所立卓爾. 雖欲從之,
욕 파 불 능   기 갈 오 재   여 유 소 립 탁 이   수 욕 종 지

末由也已.
말 유 야 이

喟然(위연): 탄식하는 소리.

仰(앙): 우러러보다.

彌(미): 더욱.

鑽(찬): 뚫다.

堅(견): 견고하다.

瞻(첨): 바라보다.

忽焉(홀언): 어느덧.

循循(순순): 순서 있는 모습. 규율을 따르는 모습.

誘(유): 인도하다.

罷(파): 그만두다.

竭(갈): 다하다.

卓(탁): 뛰어나다. 우뚝 서 있는 모양.

末(말): 없다. 無(무)와 같다.

9-12

공자가 병이 위중하자 자로가 문인들을 시켜 가신(家臣)이 되게 했다.[13] 병세가 좀 나아지자 공자가 말했다.

"오래되었구나! 유(자로)가 거짓을 행한 지가. 가신이 없는데 거짓으로 가신을 두었으니, 내가 누구를 속이겠는가? 하늘을 속이겠는가? 또 나는 가신의 손에서 죽기보다는 차라리 너희들의 손에서 죽는 것이 낫

---

13. 당시 공자는 관직에서 떠나 있어 가신(대부의 신하)이 없었는데, 공자가 대부를 지낸 적이 있으므로 자로가 문인들로 하여금 가신이 되게 하여 장례 절차를 처리할 수 있도록 조처한 것이다. 하지만 현대 학자들 중에는 공자가 대부(大夫)라는 높은 관직을 지낸 적이 없다고 보는 사람이 많다.

지 않겠느냐? 또 내 비록 성대한 장례를 치르지는 못하더라도 길거리에서 죽기야 하겠느냐?"

子疾病, 子路使門人爲臣. 病間曰 久矣哉! 由之行詐也.
자 질 병　자 로 사 문 인 위 신　병 간 왈　구 의 재　유 지 행 사 야

無臣而爲有臣, 吾誰欺? 欺天乎? 且予與其死於臣之手也,
무 신 이 위 유 신　오 수 기　기 천 호　차 여 여 기 사 어 신 지 수 야

無寧死於二三子之手乎? 且予縱不得大葬,
무 녕 사 어 이 삼 자 지 수 호　차 여 종 부 득 대 장

予死於道路乎?
여 사 어 도 로 호

詐(사): 거짓. 속이다.

與其(여기): 접속사로 '~하느니'로 해석하며, '불여(不如)', '불약(不若)', '녕(寧)', '무녕(無寧)'과 함께 써서 "~하느니 차라리 ~하는 편이 낫다"로 해석한다.

無寧(무녕) ~乎(호)?: 차라리 ~가 낫지 않겠느냐?

縱(종): 양보나 가정을 나타내는 접속사로 쓰인다. '비록', '설령', '설사'로 해석한다.

9-13

자공이 말했다.

"여기에 아름다운 옥(玉)이 있다면 상자 안에 넣어두고 간직하겠습니까? 좋은 가격에 팔겠습니까?"

공자가 말했다.

"팔아야지, 팔아야지! 하지만 나는 제값을 기다리는 사람이다."[14]

---

14. 옥은 군자의 덕성과 재능을 비유한다. 자공은 스승 공자가 훌륭한 덕을 가지

子貢曰 有美玉於斯, 韞匵而藏諸? 求善賈而沽諸? 子曰
자공왈 유미옥어사 온독이장저   구선가이고저   자왈

沽之哉, 沽之哉! 我待賈者也.
고 지 재   고 지 재   아 대 가 자 야

韞(온): 간직하다.

匵(독): 상자. 궤. 작은 독.

藏(장): 감추다. 간직하다.

沽(고): 팔다.

待(대): 기다리다.

賈(가): 값. 가격.

9-14

공자가 동방 오랑캐 땅에서 살고 싶어 하자 어떤 사람이 말했다.

"궁벽하고 비속한 곳인데 어찌 그러한 곳에서 살 생각을 합니까?"

공자가 말했다.

"군자가 가서 산다면 어찌 비속함이 남아 있겠는가?"[15]

子欲居九夷. 或曰 陋, 如之何? 子曰 君子居之,
자 욕 거 구 이   혹 왈 누   여 지 하   자 왈 군 자 거 지

고 있기에 누군가 예를 갖추어 찾아와 공자에게 정치 참여를 요청한다면 어떻게 하겠냐고 물은 것이다. 공자는 언제든지 자신의 덕성과 재능을 써서 임금을 도울 준비가 되어 있다고 피력하면서 다만 자신의 가치가 정확하게 매겨지는 경우에만 협조할 것이라고 대답했다.

15. 풍속이 천박하고 비속한 지방이라고 하더라도 군자가 가서 살면 그곳 사람들이 감화되고 교육을 받아 비속함이 사라진다고 본 것이다.

何陋之有?
_{하 루 지 유}

陋(루): 궁벽하다. 비속하다. 더럽다.

9-15

공자가 말했다.

"내가 위(衛)나라에서 노(魯)나라로 돌아온 뒤에[16] 음악이 바르게 되어 아(雅)와 송(訟)[17]이 각기 제자리를 찾았다."

子曰 吾自衛反魯, 然後樂正, 雅頌各得其所.
_{자 왈 오 자 위 반 노   연 후 악 정   아 송 각 득 기 소}

9-16

공자가 말했다.

"조정에 나가서는 공경(公卿)[18]을 섬기고, 집에 들어와서는 아버지와

---

16. 공자는 여러 나라의 초빙을 받고 각국을 돌면서 자신의 뜻을 펴고자 하였다.

17. 아와 송은 《시경》의 분류 세목이기도 하고, 제사 예식에 사용되던 악곡의 명칭이기도 한데 여기에서는 무엇을 가리키는지 불분명하다. 아와 송을 바로잡았다는 뜻에 대해서 양백준은 해설가들이 목차의 순서를 바로잡았다는 설, 악곡을 바로잡았다는 설, 둘 다를 바로잡았다는 설을 제기하였다고 설명한다. 하지만 현재로서는 참고할 수 있는 자료가 《사기(史記)》〈공자세가(孔子世家)〉와 《한서(漢書)》〈예문지(藝文志)〉밖에 없는데, 이 두 자료에 따르면 목차의 순서를 바로잡았다고 해석할 수밖에 없다.

18. 공경은 고위 관직자의 대명사이다.

형을 섬긴다. 상(喪)을 당했을 때는 감히 힘쓰지 않은 적이 없고, 술 때문에 심성을 어지럽히지 않는다. 이런 행실들이 누구에게 있겠는가? 나에게만 있다."[19]

子曰 出則事公卿, 入則事父兄. 喪事不敢不勉,
자왈 출 즉 사 공 경   입 즉 사 부 형   상 사 불 감 불 면

不爲酒困. 何有? 於我哉.
불 위 주 곤   하 유   어 아 재

不敢不~(불감불~): ~하지 않음이 없다.

困(곤): 어지럽히다.

何(하): 누구. 무엇.

9-17

공자가 냇가에 있으면서 말했다.

"흘러가는 것이 이와 같구나! 밤낮으로 그치지 않는구나!"[20]

子在川上曰 逝者如斯夫, 不舍晝夜!
자 재 천 상 왈   서 자 여 사 부   불 사 주 야

逝(서): 가다.

舍(사): 그치다. 머무르다.

---

19. 공자 스스로의 행실을 자부하는 말이다. 반대로 '이런 행실들이 어찌 나에게 있겠는가?'라고 하여 겸손을 드러내는 말로 해석하는 경우도 있다.
20. 공자는 냇물이 흘러가는 것을 보면서 시간이 빠르게 지나는 것과 한 번 가면 되돌릴 수 없다는 이치를 생각하면서 탄식했다.

9-18

공자가 말했다.

"아름다운 여인을 좋아하는 것처럼 덕(德)을 좋아하는 사람을 나는 아직 보지 못했다."[21]

子曰 吾未見好德如好色者也.
자 왈 오 미 견 호 덕 여 호 색 자 야

9-19

공자가 말했다.

"비유하자면 어떤 사람이 산을 만드는 과정에서 한 삼태기 흙을 붓지 않아 산을 이루지 못하고서 그만두면 나도 참여하기를 그만둔다. 비유하자면 평지에 비록 이제 막 한 삼태기 흙을 덮었더라도 계속 진행하면 나도 함께 참여한다."[22]

子曰 譬如爲山. 未成一簣, 止, 吾止也. 譬如平地,
자 왈 비 여 위 산 미 성 일 궤 지 오 지 야 비 여 평 지

雖覆一簣, 進, 吾往也.
수 복 일 궤 진 오 왕 야

---

21. 당시 사람들이 여자를 매우 좋아하면서도 덕을 좋아하는 마음은 희박했는데, 공자는 이런 세태를 비판했다.

22. 지금까지 이룬 공이 많더라도 중도에 그만두면 훌륭하게 여기지 않고, 작은 노력이라도 현재 열심히 진행하고 있는 경우라면 칭찬하고 돕는다는 뜻이다. 결과적인 공적의 양을 따지지 않고 현재의 삶에서 멈추었는지 나아가고 있는지를 살펴서 평가한다는 말이다.

爲山(위산): 평지에 흙을 쌓아올려 산을 만들다.

蕢(궤): 흙 삼태기.

譬(비): 비유하다.

9-20

공자가 말했다.

"가르침을 주면 게을리하지 않는 사람이 바로 안회이다!"[23]

子曰 語之而不惰者, 其回也與!
자 왈 어 지 이 불 타 자   기 회 야 여

惰(타): 게으르다.

9-21

공자가 안연에 대해 말했다.

"안회가 요절한 것이 애석하구나! 나는 그가 진보하는 것만 보았지 멈추는 것은 본 적이 없다."

子謂顔淵曰 惜乎! 吾見其進也, 未見其止也.
자 위 안 연 왈 석 호   오 견 기 진 야   미 견 기 지 야

---

23. 안회의 부지런한 실천을 칭찬한 것이다. 그 실천이 가능한 이유는 안회가 공자의 말씀을 이해했기 때문이라고 보기도 한다. 다른 제자들은 공자의 말씀을 듣고도 깊이 이해하지 못하여 게으름이 생긴 것이다.

9-22

공자가 말했다.

"싹은 틔웠으나 꽃을 피우지 못하는 경우도 있고, 꽃은 피웠으나 열매를 맺지 못하는 경우도 있다!"[24]

子曰 苗而不秀者, 有矣夫, 秀而不實者, 有矣夫!
자 왈 묘 이 불 수 자　유 의 부　수 이 불 실 자　유 의 부

苗(묘): 싹.

秀(수): 꽃피우다.

9-23

공자가 말했다.

"젊은 후학들은 참으로 두려워할 만하니, 미래에 태어날 사람들의 덕이 오늘의 나만 못할 줄을 어찌 알겠는가?[25] 나이 사십, 오십이 되어서도 이름을 알리지 못한다면 이 또한 두려워할 만한 가치가 없다."

子曰 後生可畏, 焉知來者之不如今也?
자 왈 후 생 가 외　언 지 래 자 지 불 여 금 야

---

24. 세상 만물이 출생하였지만 성숙의 단계로 들어가지 못하는 경우도 있다는 것을 말한다. 꽃은 피웠으나 열매를 맺지 못했다는 말은 앞 장에서 말한 안회의 요절을 비유하는 내용으로 보기도 한다. 안회는 훌륭한 덕성으로 늘 진보했으나 안타깝게도 이른 나이에 생을 마감하여 열매를 맺지 못했다.

25. 주자는 '후학들의 장래가 지금의 우리만 못할 줄 어찌 알겠는가?'라고 해석했다.

四十五十而無聞焉, 斯亦不足畏也已.
사 십 오 십 이 무 문 언   사 역 부 족 외 야 이

後生(후생): 젊은 후학들.

畏(외): 두려워하다.

焉(언): 어찌.

A不如(불여)B: A가 B만 못하다. A보다 B가 낫다.

聞(문): 이름이 알려지다.

9-24

공자가 말했다.

"바른 도리로 깨우쳐주는 말을 따르지 않을 수 있겠는가? 자신의 잘못을 실제로 고치는 것이 중요하다. 공손하게 일러주는 말을 좋아하지 않을 수 있겠는가? 그 말의 두서를 살피는 것이 중요하다. 좋아하기만 하고 그 두서를 살피지 않거나, 따르기만 하고 자신의 잘못을 실제로 고치지 않는다면, 그런 사람은 내가 어떻게 해줄 수가 없다."

子曰 法語之言, 能無從乎? 改之爲貴.
자 왈 법 어 지 언   능 무 종 호   개 지 위 귀

巽與之言, 能無說乎? 繹之爲貴. 說而不繹, 從而不改,
손 여 지 언   능 무 열 호   역 지 위 귀   열 이 불 역   종 이 불 개

吾末如之何也已矣.
오 말 여 지 하 야 이 의

法(법): 법도, 도리.

巽(손): 공손하다.

與(여): 주다.

說(열): 좋아하다.

繹(역): 두서. 단서. 실마리.

9-25

공자가 말했다.

"진정성이 있고 신뢰가 있는 사람을 가까이하고, 나만 못한 사람을 벗하지 말고 단점이 있으면 과감하게 고쳐야 한다."[26]

子曰 主忠信, 毋友不如己者, 過則勿憚改.
자 왈 주 충 신 　 무 우 불 여 기 자 　 과 즉 물 탄 개

9-26

공자가 말했다.

"큰 부대의 장수를 빼앗을 수는 있어도 보통 사람의 의지는 빼앗을 수 없다."[27]

子曰 三軍, 可奪帥也, 匹夫, 不可奪志也.
자 왈 삼 군 　 가 탈 수 야 　 필 부 　 불 가 탈 지 야

---

26. 앞에 나온 글이다. 〈학이〉 8장(1-8) 참조.

27. 원문에서는 삼군(三軍)이라고 했는데 3만 7,500명으로 이루어진 큰 부대이다. 어떤 조직에 사람이 비록 많더라도 마음이 하나로 통일되지 않으면 그 지도자인 장수를 빼앗을 수 있는 법이다. 하지만 연약한 보통 사람이라도 자신의 뜻을 굳건히 지키려는 사람의 뜻은 결코 빼앗을 수가 없다.

帥(수): 장수. '거느리다'는 뜻으로 쓰일 때는 '솔'로 읽는다.

匹夫(필부): 평범한 한 사람.

9-27

공자가 말했다.

"해진 솜옷을 입고서 여우나 담비 가죽옷을 입은 사람과 같이 있으면서도 창피해하지 않는 사람은 아마 자로(子路)일 것이다! 《시경》에 '남을 해치지도 않고 남의 것을 탐내지도 않는다면 어찌 착하지 않겠는가?'라고 하였다."

자로가 이 시를 평생토록 암송하려 하자, 공자가 말했다.

"이 도리가 뭐가 그리 훌륭하단 말이냐?"[28]

子曰 衣敝縕袍, 與衣狐貉者立, 而不恥者, 其由也與!
자 왈 의 폐 온 포   여 의 호 학 자 립   이 불 치 자   기 유 야 여

不忮不求, 何用不臧? 子路終身誦之, 子曰 是道也,
불 기 불 구   하 용 부 장   자 로 종 신 송 지   자 왈 시 도 야

何足以臧?
하 족 이 장

敝(폐): 해지다.

縕(온): 헌솜.

袍(포): 솜옷. 겨울옷.

---

28. 자로가 공자에게서 착하다는 칭찬을 받자, 칭찬에 인용된 시구(詩句)를 평생 외우려고 했다. 공자는 사람의 행실에 그보다 더 훌륭한 것이 많다고 일러주면서 자로의 자부심을 다소 억눌렀다. 자로가 자만할까 걱정해서 그런 것이다.

狐(호): 여우.

貉(학): 담비.

恥(치): 창피하다. 부끄럽다. 수치로 여기다.

忮(기): 해치다.

臧(장): 착하다(善).

9-28

공자가 말했다.

"날씨가 크게 추워진 뒤에야 소나무와 잣나무의 잎이 다른 나무들에 비해 늦게 지는 것을 알 수 있다."[29]

子曰 歲寒, 然後知松栢之後彫也.
자 왈 세 한 연 후 지 송 백 지 후 조 야

松(송): 소나무.

栢(백): 잣나무.

後彫(후조): 늦게 시들다.

9-29

공자가 말했다.

---

29. 평화로운 시대에는 훌륭한 사람과 그렇지 못한 사람이 크게 구별되지 않는다. 세상이 혼탁해지고 어지러워지면 그때 비로소 진정한 군자가 누군지 드러난다는 말이다. 추사(秋史) 김정희(金正喜)가 그린 〈세한도(歲寒圖)〉는 이 구절의 내용을 표현한 것이다.

"지혜로운 사람은 미혹되지 않고, 인한 사람은 근심하지 않으며, 용기 있는 사람은 두려워하지 않는다."

子曰 知者不惑, 仁者不憂, 勇者不懼.
자 왈 지 자 불 혹   인 자 불 우   용 자 불 구

9-30

공자가 말했다.

"함께 배울 수는 있어도 함께 도에 도달할 수는 없고, 함께 도에 도달할 수는 있어도 업적을 함께 세울 수는 없으며,[30] 함께 세울 수는 있어도 함께 권도(權道)[31]를 행할 수는 없다."

'산앵두나무꽃이 펄럭이며 나부끼네. 어찌 그대를 생각하지 않겠는가마는 그대 계신 곳 너무 머네.'

이 시를 들은 공자가 말했다.

"진심으로 생각하지 않은 것이지, 어찌 멀다는 핑계가 있겠는가?"[32]

子曰 可與共學, 未可與適道, 可與適道, 未可與立,
자 왈 가 여 공 학   미 가 여 적 도   가 여 적 도   미 가 여 립

---

30. 세우는 대상이 무엇인지에 대해서는 해석이 다양하다. '업적을 세운다', '덕을 세운다', '세상에 공을 세운다', '귀감이 될 만한 말을 세운다' 등의 해석이 있다.

31. 상황에 가장 적절한 것을 권도라고 한다.

32. 권도(權道)를 실천하는 일은 실제로 어렵기 때문에 사람들이 그것을 멀게 느꼈다. 공자는 시를 인용하면서 '진심으로 생각하지 않을 뿐이지 멀다는 핑계는 있을 수 없다'는 취지로 깨우침을 주었다.

可與立, 未可與權.
가 여 립　 미 가 여 권

唐棣之華, 偏其反而, 豈不爾思, 室是遠而.
당 체 지 화　 편 기 번 이　 기 불 이 사, 실 시 원 이

子曰 未之思也, 夫何遠之有?
자 왈 미 지 사 야　 부 하 원 지 유

適(적): 가다.

權(권): 저울의 추.

唐棣(당체): 산앵두나무.

偏(편): 펄럭이다.

反(번): 뒤집히다.

제10편

향당 鄕黨

10-1

공자가 향당(鄕黨)에서는 온화하고 공손해서 마치 말을 잘 못하는 사람 같았다. 하지만 종묘와 조정에 있을 때에는 말을 잘하고 오직 언행을 삼갔다. 조정에서 지위가 낮은 대부(大夫)와 말할 때는 화평하고 즐거웠고, 지위가 높은 대부와 말할 때는 치우침 없고 정직했다. 임금이 조정에 나와 계실 때는 공경을 지키고, 위엄 있는 태도가 예법에 맞았다.

孔子於鄕黨, 恂恂如也, 似不能言者. 其在宗廟朝廷,
공자어향당　순순여야　　사불능언자　　기재종묘조정

便便言, 唯謹爾. 朝, 與下大夫言, 侃侃如也.
변변언　유근이　조　여하대부언　간간여야

與上大夫言, 誾誾如也. 君在, 踧踖如也, 與與如也.
여상대부언　은은여야　군재　축적여야　여여여야

鄕黨(향당): 고향 마을을 말한다. 주나라 제도에서는 1만 2,500가호를 향(鄕),
　　　　　500가호를 당(黨)으로 단위를 정했다.

恂恂(순순): 온화하고 공손한 모양.

似(사): 마치 ~처럼.

便便(변변): 잘 말하는 모양.

謹(근): 조심스러워하다.

侃侃(간간): 화락한 모양.

如(여): 마치 ~와 같다.

誾誾(은은): 치우치지 않고 정직함.

踧踖(축적): 공경스러운 모습.

與與(여여): 위엄 있는 모습.

10-2

임금이 불러 사신을 접대하도록 시키면 얼굴빛을 고치고 발걸음을
빠르게 옮겼다. 좌우에 서 있는 동료들에게 읍(揖)할 때 손을 왼쪽으로
돌리기도 하고 오른쪽으로 돌리기도 했는데 옷의 앞자락과 뒷자락이
가지런했다.

예법에 맞게 빨리 걸어 나아갈 때 두 소매가 마치 새가 날개를 편 것
같았다. 사신이 일을 마치고 돌아가면 반드시 '사신이 뒤돌아보지 않고
무사히 잘 떠났습니다'라고 임금께 보고했다.

君召使擯, 色勃如也, 足躩如也.
군 소 사 빈 색 발 여 야 족 곽 여 야

揖所與立, 左右手, 衣前後, 襜如也. 趨進, 翼如也.
읍 소 여 립 좌 우 수 의 전 후 첨 여 야 추 진 익 여 야

賓退, 必復命曰, 賓不顧矣.
빈 퇴 필 복 명 왈 빈 불 고 의

擯(빈): 다른 나라의 사신을 대접하는 직책.

勃(발): 얼굴빛을 공손하게 바꾸다.

躍(곽): 빠르게 움직이다.

襜(첨): 가지런한 모양.

復命(복명): 상급자에게 임무 수행 결과를 보고하다.

顧(고): 돌아보다.

10-3

궁궐의 큰문에 들어갈 때 몸을 숙이며 마치 문이 자신을 용납하지 않는 듯한 모습이었다. 서 있을 때는 문 가운데에는 서 있지 않고, 다닐 때는 문지방을 밟지 않았다. 임금이 계시는 자리를 지날 때는 얼굴빛을 고치고 발걸음을 빠르게 옮겼다.

말은 마치 기운이 딸린 사람처럼 했다. 옷자락을 잡고 당(堂)에 올라갈 때는 공경하고 삼가며, 숨소리를 죽여 마치 숨을 쉬지 않는 듯이 했다. 물러나와 한 계단 내려서서 얼굴빛을 환하게 펴고 즐거운 모습을 보였다.

계단을 다 내려와서 빨리 걸어갈 때는 두 소매가 날려 마치 새가 날개를 편 것 같았다. 지나갔던 임금의 자리에 다시 이르러서는 공손하고 조심스러웠다.

入公門, 鞠躬如也, 如不容. 立不中門, 行不履閾.
입공문 국궁여야 여불용 입부중문 행불리역

過位, 色勃如也, 足躍如也, 其言似不足者. 攝齊升堂,
과위 색발여야 족곽여야 기언사부족자 섭자승당

鞠躬如也, 屏氣, 似不息者. 出降一等, 逞顏色, 怡怡如也.
국궁여야 병기 사불식자 출강일등 영안색 이이여야

沒階, 趨進翼如也. 復其位, 踧踖如也.
몰계 추진익여야 부기위 축적여야

鞠躬(국궁): 존경의 의미로 몸을 숙이는 것.

履(리): 밟다.

閾(역): 문지방

躩(곽): 바삐 가다.

攝(섭): 걷어서 잡다.

齊(자): 옷의 아래 자락.

屛(병): 병풍. 가리어 막다.

息(식): 숨쉬다.

逞(영): 펴다.

怡怡(이이): 기뻐하는 모양.

沒(몰): 끝나다. 다하다.

踧(축): 공경하다. 삼가다.

踖(적): 삼가다. 밟다. 공손하다.

10-4

이웃 나라에 사신으로 방문하게 되어 규(圭)[1]를 잡고 그 나라의 군주를 알현할 때는 몸을 숙이고 마치 규의 무게를 이기지 못하는 듯이 했다. 규를 바칠 때는 읍하듯이 하고, 규를 바치고 내려올 때도 규를 바칠 때처럼 행동했다.

얼굴빛을 공경스럽게 하고, 발 앞쪽은 들고, 발꿈치를 끌면서 가는 것 같았다. 예식을 거행할 때에는 얼굴빛을 온화하게 하고, 사적으로 알현할 때는 즐겁고 화기애애했다.

---

1. 제왕이나 제후가 사신으로 이웃 나라를 방문할 때, 제사를 지낼 때, 상례나 장례를 지낼 때 사용하는 옥으로 제작된 예기이다.

執圭, 鞠躬如也, 如不勝. 上如揖, 下如授. 勃如戰色,
집 규　국 궁 여 야　여 불 승　상 여 읍　하 여 수　발 여 전 색

足蹜蹜如有循. 享禮, 有容色, 私覿, 愉愉如也.
족 축 축 여 유 순　향 예　유 용 색　사 적　유 유 여 야

勃(발): 안색을 바꾸다.

戰色(전색): 공경하는 모습.

蹜蹜(축축): 종종걸음.

循(순): 발꿈치를 끌다.

享(향): 바치다(獻).

覿(적): 만나다.

愉(유): 기뻐하다.

10-5

군자(공자)는 짙은 남색과 보라색으로는 옷깃을 달지 않았고, 분홍색과 자주색으로는 평상복을 만들지 않았다. 여름에는 고운 베나 굵은 베로 만든 홑겹의 옷을 입었으나 외출 시에는 반드시 상의를 덧입고 나갔다. 검은 옷에는 검은 염소 가죽옷을 껴입고, 흰옷에는 흰 사슴 가죽옷을 껴입었으며, 누런 옷에는 여우 가죽옷을 껴입었다. 평소 입는 가죽옷은 단을 길게 하고, 오른쪽 소매는 짧게 했다.[2]

반드시 이불이 있었는데, 길이가 몸길이보다 반이 더 길었다. 여우와 담비의 두꺼운 가죽으로 만든 옷을 입고 지냈다. 상복(上服)을 벗은 후

---

2. 평상복의 단을 길게 한 것은 더 따뜻하게 하기 위함이고 오른쪽 소매를 짧게 한 것은 일할 때 편리하게 하기 위함이다.

에는 차야 할 패옥을 차고 다녔다. 유상(帷裳)[3]이 아니면 반드시 폭을 줄여 입었다. 검은 염소 가죽옷을 입거나 검은 관을 쓰고는 조문하지 않았다.[4] 매달 초하루에는 반드시 조복을 입고 조정에 나갔다. 재계(齋戒)할 때는 반드시 목욕을 마치고는 명의(明衣)[5]를 입었는데, 그것은 삼베로 만든 것이었다.

君子不以紺緅飾, 紅紫不以爲褻服. 當暑,
군 자 불 이 감 추 식　 홍 자 불 이 위 설 복　 당 서

袗絺綌, 必表而出之. 緇衣羔裘, 素衣麑裘, 黃衣狐裘.
진 치 격　 필 표 이 출 지　 치 의 고 구　 소 의 예 구　 황 의 호 구

褻裘長, 短右袂. 必有寢衣, 長一身有半. 狐貉之厚以居.
설 구 장　 단 우 메　 필 유 침 의　 장 일 신 유 반　 호 학 지 후 이 거

去喪無所不佩. 非帷裳必殺之, 羔裘玄冠, 不以弔.
거 상 무 소 불 패　 비 유 상 필 쇄 지　 고 구 현 관　 불 이 조

吉月必朝服而朝. 齊必有明衣, 布.
길 월 필 조 복 이 조　 재 필 유 명 의　 포

紺(감): 검은빛을 띤 짙은 남색.

緅(추): 보라색.

褻(설): 평상복.

飾(식): 꾸미다.

---

3. 조정에서 조회할 때 입는 조복(朝服)이나 제사를 지낼 때 입는 제복(祭服) 등의 예복을 말한다. 긴 치마 형태의 복장이다.

4. 상례(喪禮)의 일에서는 흰색을 주로 입고, 경사의 일에서는 검은색을 주로 입었다. 오늘날 한국에서 장례식장에 갈 때 검은색 복장을 입는 문화와는 반대이다. 공자가 상황에 맞지 않는 복장으로는 어떠한 예식에도 참여하지 않았다는 것을 말한다.

5. 삼베로 만든 옷으로 몸을 정갈히 한 뒤에 입는 밝고 깨끗한 옷이다.

紫(자): 자주색.

룜(서): 여름.

袗(진): 홑옷.

絺(치): 고운 갈포.

綌(격): 거친 갈포.

緇衣(치의): 검은 옷.

羔(고): 새끼 양.

素衣(소의): 흰옷.

麑(예): 새끼 사슴.

袂(예): 소매.

狐(호): 여우.

貉(학): 담비.

佩(패): 끈을 달아 차다.

殺(쇄): 옷을 꿰맨 솔기.

吉月(길월): 매월 초하루.

10-6

재계(齋戒)할 때는 반드시 음식을 평소와는 다르게 바꿨고, 거처하는 장소도 반드시 다른 곳으로 옮겼다. 밥은 잘 도정한 흰쌀로 지은 것을 선호하고, 회는 가늘게 썬 것을 선호했다. 밥이 상하여 맛이 변한 것과 생선이 상한 것, 고기가 부패한 것은 들지 않았다. 색깔이 좋지 않은 것은 들지 않았고, 냄새가 나쁜 것은 들지 않았다.

알맞게 익지 않은 것은 들지 않았고, 끼니 때가 아니면 들지 않았다.[6]

---

6. 여기에서 '끼니 때가 아니면'이라는 말은 원문의 '不時(불시)'의 번역인데, 주

음식을 썬 모양이 반듯하지 않은 요리는 들지 않았고, 음식에 맞는 장(醬)이 없으면 들지 않았다.

고기가 아무리 많아도 밥의 양을 넘을 정도로 들지 않았고, 오직 술은 양을 정해두고 마시지는 않았지만 곤란함을 야기하지는 않았다. 시장에서 사온 술과 육포는 들지 않았고,[7] 생강은 빼먹지 않고 먹되 많이 먹지는 않았다.

나라의 제사를 돕고 얻은 고기는 하루를 넘기지 않고 나누어주었다. 제사에 쓴 고기는 사흘을 넘기지 않았는데, 사흘을 넘기면 먹을 수 없기 때문이다. 식사할 때는 대화를 나누지 않았고, 침상에 누워서는 말하지 않았다. 비록 거친 밥, 나물국, 오이를 들더라도 들기 전에 먼저 제(祭)를 지내고,[8] 반드시 경건한 모습을 보였다.

齊必變食, 居必遷坐. 食不厭精, 膾不厭細.
제 필 변 식   거 필 천 좌   사 불 염 정   회 불 염 세

食饐而餲, 魚餒而肉敗不食. 色惡不食, 臭惡不食.
사 의 이 애   어 뇌 이 육 패 불 식   색 악 불 식   취 악 불 식

失飪不食, 不時不食. 割不正不食, 不得其醬不食.
실 임 불 식   불 시 불 식   할 부 정 불 식   부 득 기 장 불 식

肉雖多, 不使勝食氣, 唯酒無量, 不及亂. 沽酒市脯不食,
육 수 다   불 사 승 사 기   유 주 무 량   불 급 란   고 주 시 포 불 식

不撤薑食, 不多食. 祭於公, 不宿肉. 祭肉, 不出三日,
불 철 강 식   부 다 식   제 어 공   불 숙 육   제 육   불 출 삼 일

자는 '음식이 제철이 아니면'이라고 해석했다.

7. 술은 직접 빚은 것이 아니면 정결함이 의심스럽기 때문에 들지 않고, 육포도 직접 만든 것이 아니면 제조 과정에서 어떤 고기를 썼는지 모르기 때문에 먹지 않았다.

8. 선대(先代)에 처음으로 음식을 만든 사람에게 제사 지내는 것이다.

出三日, 不食之矣. 食不語, 寢不言. 雖疏食菜羹, 瓜祭,
출 삼 일　불 식 지 의　식 불 어　침 불 언　수 소 사 채 갱　과 제

必齊如也.
필 제 여 야

齊(제): 재계. 齋(재)와 같다.

精(정): 도정한 쌀.

膾(회): 날고기.

不厭(불염): 싫어하지 않다. 배척하지 않다.

饐(의): 음식이 상하다.

餲(애): 맛이 변하다.

餒(뇌): 생선이 썩은 것.

飪(임): 익히다.

割(할): 자르다.

醬(장): 젓갈. 장.

沽(고): 매매하다.

脯(포): 육포.

撒(철): 거두다.

薑(강): 생강.

宿(숙): 자다. 묵히다.

疏食(소사): 나물밥. 거친 밥.

菜(채): 나물.

羹(갱): 국.

瓜(과): 오이.

齊(제): 경건한 모습.

10-7

앉는 자리가 바르지 않으면 앉지 않았다. 마을 사람들과 술을 마실 때 노인이 나가면 뒤따라 나갔다.

席不正, 不坐. 鄉人飮酒, 杖者出, 斯出矣.
석 부 정　 부 좌　 향 인 음 주　 장 자 출　 사 출 의

杖者(장자): 노인.

10-8

마을 사람들이 역귀를 쫓는 굿을 할 때는 조복(朝服)을 입고 동쪽 계단에서 엄숙히 서 있었다.[9]

鄉人儺, 朝服而立於阼階.
향 인 나　 조 복 이 립 어 조 계

儺(나): 고대 중국에서 역귀를 쫓는 의식으로 1년에 수차례 거행했다.

阼階(조계): 사당의 동쪽 계단.

---

9. 역귀를 쫓는 굿을 '나(儺)'라고 하는데 이 의식이 선조(先祖)의 혼령을 놀라게 할 가능성이 있었다. 공자는 그 점이 걱정되어서 제사 때 입는 조복을 입고서 경건하게 사당의 동쪽 계단에 서서 선조의 혼령이 공자를 보고 놀라지 않도록 처신한 것이다.

10-9

다른 나라에 있는 친구에게 사람을 보내 안부를 물을 때에는 떠나는 사람에게 두 번 절하고 보냈다.[10]

問人於他邦, 再拜而送之.
문 인 어 타 방　재 배 이 송 지

問(문): 안부를 묻다.

拜(배): 절하다.

10-10

계강자(季康子)가 공자에게 약(藥)을 보내오자 절하고 받으면서 말했다. "저는 약리작용을 잘 알지 못하기에 감히 먹어보지 못합니다."[11]

康子饋藥, 拜而受之曰 丘未達, 不敢嘗.
강 자 궤 약　배 이 수 지 왈　구 미 달　불 감 상

饋(궤): 보내다.

達(달): 명백히 알다.

嘗(상): 맛보다.

---

10. 안부를 전하는 사람에게 절을 한 것은 친구를 공경하는 마음을 담은 행동이다.

11. 예법에 따르면, 음식을 받으면 먼저 맛을 보고 나중에 절을 하는 것이 원칙이지만 약은 성분을 알 수가 없으므로 먼저 절을 한 뒤 맛보지 않은 이유를 설명한 것이다.

10-11

마구간이 불탔다. 공자가 조정에서 물러나 돌아와 말했다.

"사람이 다쳤느냐?"

그리고 말〔馬〕의 상황은 묻지 않았다.[12]

廐焚, 子退朝曰 傷人乎? 不問馬.
구 분　자 퇴 조 왈　상 인 호　　불 문 마

廐(구): 마구간.

焚(분): 불에 타다.

10-12

임금이 음식을 하사하시면 반드시 자리를 바르게 하고서 먼저 맛을
보았다. 임금이 날고기를 하사하시면 반드시 익혀서 조상께 올렸다. 임
금이 산 짐승을 하사하시면 반드시 그것을 길렀다. 임금을 모시고 식사
할 때, 임금이 선대에 음식을 만든 사람에게 제를 올리면 먼저 맛을 보
아 음식을 확인하였다.

---

12. 마구간이 불타서 말이 타죽거나 다치면 큰 경제적 손실이다. 하지만 공자는
가축보다는 사람을 중시했기 때문에 사람이 다쳤는지만 묻고 말에 대해서는
묻지 않았다. 조선 후기의 학자 박세당(朴世堂)은 《사변록―논어》에서 이 구
절에 대한 독특한 해석을 제시했다. 그는 원문을 "傷人乎不? 問馬"라고 읽
어야 한다고 보았다. 즉, "공자가 조정에서 물러나 돌아와 '사람이 다쳤느냐?
안 다쳤느냐?' 물으시고 말에 대해서 물으셨다"라고 해석한 것이다.

君賜食, 必正席先嘗之. 君賜腥, 必熟而薦之. 君賜生,
군 사 식　필 정 석 선 상 지　군 사 성　필 숙 이 천 지　군 사 생

必畜之. 侍食於君, 君祭先飯.
필 휵 지　시 식 어 군　군 제 선 반

腥(성): 날고기.

薦(천): 조상의 사당에 바치다.

畜(휵): 기르다.

10-13

병을 앓고 있을 때 임금이 문병을 오시면 머리를 동쪽으로 두어 눕고 조복(朝服)으로 몸을 덮고 띠를 그 위에 걸쳐놓았다.[13]

疾, 君視之, 東首, 加朝服拖紳.
질　군 시 지　동 수　가 조 복 타 신

拖(타): 걸다.

紳(신): 띠.

10-14

임금이 명(命)하여 자신을 부르시면 공자는 수레에 말을 메우는 것을

---

13. 임금이 오시면 비록 몸이 아파서 제대로 된 복장을 갖출 수 없지만, 누운 몸
이라도 조복과 띠를 몸 위에 얹어서 예법을 지키려고 한 것이다. 안간힘을 다
하여 자신의 지위에 맞는 예법을 지키려는 공자의 노력을 볼 수 있다.

기다리지 않고 급히 달려갔다.[14]

君命召, 不俟駕行矣.
군 명 소 불 사 가 행 의

召(소): 부르다.

俟(사): 기다리다(待).

駕(가): 멍에를 매다.

10-15

공자는 태묘(太廟)에 들어가 제사 절차와 제기에 대해 사사건건 물어봤다.[15]

入太廟, 每事問.
입 태 묘 매 사 문

10-16

친구가 죽었는데 염을 하고 상을 치러줄 가족이나 친척이 없으면 공자는 '우리 집에 빈소를 차려주어라'라고 말했다.

---

14. 임금의 부르심에 급히 달려 나가면 하인이 수레에 말을 메워서 뒤따라가서 공자를 태우는 것이다. 공자가 임금의 명령에 얼마나 빠르게 반응했는지 알 수 있다.

15. 〈팔일〉15장(3-15)에 나왔다.

朋友死, 無所歸, 曰 於我殯.
붕 우 사　무 소 귀　왈　어 아 빈

無所歸(무소귀): 상을 치러줄 친척이 없다는 뜻.

殯(빈): 빈소를 차리다.

10-17

친구가 보낸 선물은 비록 수레나 말처럼 값비싼 것이라도 받되 절하
지는 않았고 오직 제사 지낸 고기일 경우에만 절하고 받았다.[16]

朋友之饋, 雖車馬, 非祭肉, 不拜.
붕 우 지 궤　수 거 마　비 제 육　불 배

饋(궤): 선물. 선물을 보내다. 음식을 바치다.

10-18

침상에 누울 때 시체처럼 눕지 않았고, 평소 집에 거처할 때는 행동
거지를 손님처럼 하지 않았다.[17]

---

16. 공자가 재물의 경제적 가치는 경시한 반면, 제사라는 비물질적 · 정신적 가치
는 매우 중시했음을 볼 수 있다.

17. 자신이 마치 손님인 것처럼 행동하면 집안사람들이 공경을 지속하는 일에
피로하기 때문이다. 그렇기 때문에 공자는 평소에 집에서는 온화하고 유쾌
하게 지냈을 것이라고 본다.

寝不尸, 居不容.
침 불 시　거 불 용

尸(시): 시신. 주검.

容(용): 행동거지. 용모.

10-19

상복을 입은 사람을 보면 친하게 지내는 사이일지라도 반드시 얼굴빛을 바꿨다. 예복을 입은 사람과 눈먼 사람을 만나면 자주 만나는 사이라도 용모를 엄숙하게 했다. 수레를 타고 가다가 상복을 입은 사람을 만나면 허리 굽혀 인사하고, 나라의 지도나 호적을 짊어지고 가는 사람을 보면 허리 굽혀 인사했다.[18] 성대하게 차린 음식을 대접받으면 반드시 얼굴빛을 바꾸고 일어나 경의를 표했다. 천둥이 심하게 치고 바람이 세차게 불면 반드시 용모를 바꿨다.[19]

見齊衰者, 雖狎必變. 見冕者與瞽者, 雖褻必以貌.
견 자 최 자　수 압 필 변　견 면 자 여 고 자　수 설 필 이 모

凶服者式之, 式負版者. 有盛饌, 必變色而作. 迅雷風烈,
흉 복 자 식 지　식 부 판 자　유 성 찬　필 변 색 이 작　신 뢰 풍 렬

必變.
필 변

狎(압): 친하다.

---

18. 지도와 호적은 나라의 중요한 자료인데 그 자료를 담당하는 공직자이기 때문에 공자가 경의를 표한 것이다.

19. 고대에는 바람이 빠르게 불고 우레가 치는 것을 하늘이 노한 것으로 보았는데, 공자는 반드시 용모를 바꾸어 하늘의 노기를 경외하는 처신을 보였다.

褻(설): 자주 만나다.

式(식): 몸을 숙여 인사하다.

版(판): 지도나 호적을 새긴 판.

饌(찬): 음식.

迅(신): 빠르다.

烈(열): 맹렬하다.

10-20

수레에 오를 때는 반드시 바르게 서서 손잡이 줄을 잡고 올랐다. 수레에 타고 있을 때는 수레 안쪽을 향해 돌아보지 않았고, 빠르게 말하지 않았고, 직접 손가락질을 하지 않았다.

升車, 必正立執綏. 車中, 不內顧, 不疾言, 不親指.
승 거　필 정 립 집 수　거 중　불 내 고　부 질 언　불 친 지

綏(수): 수레에 달린 손잡이 끈.

顧(고): 돌아보다.

疾(질): 빠르다.

指(지): 가리키다.

10-21

새 한 마리가 기색을 살피다가 날아가서 빙빙 돌다가 내려와 앉았다. 공자가 이 광경을 보고 말했다.

"산속 다리 위에 앉은 까투리가 때를 만났구나! 때를 만났구나!"

이 말을 오해한 자로가 그 까투리를 잡아 요리해서 바치자, 공자가

세 번 냄새 맡고 일어났다.[20]

色斯擧矣, 翔而後集. 曰 山梁雌雉, 時哉! 時哉!
색 사 거 의　상 이 후 집　왈　산 량 자 치　시 재　시 재

子路共之, 三嗅而作.
자 로 공 지　삼 후 이 작

色(색): 기색. 인기척.

擧(거): 날아오르다.

翔(상): 빙빙 돌며 날다.

集(집): 내려앉다.

雌雉(자치): 암꿩. 까투리.

共(공): 잡다. 拱(공)과 같은 의미로 쓰였다.

嗅(후): 냄새 맡다.

---

20. 공자의 말은 산속 까투리는 제때를 만났는데 사람은 제때를 만나지 못한 것을 탄식한 것이다. 그런데 자로는 공자가 '까투리가 제철음식이구나!'라고 한 것으로 오해하여 잡아서 음식으로 만들어 올렸다. 공자는 그 음식이 의도한 뜻이 아니었지만 자로의 정성스러운 마음을 거절할 수도 없어서 세 번 냄새만 맡고 일어났다. 이 장의 의미에 대해서는 논리정연한 해석이 없다. 많은 유학자는 뭔가 빠진 글자가 있다고 본다.

제11편

선진 先進

11-1

공자가 말했다.

"제자 중에 앞서 벼슬에 나간 이들은 예(禮)와 음악에서 고풍을 따르고 순박한 특징이 있었고, 나중에 벼슬에 나간 이들은 예와 음악에서 시대에 맞게 변형을 주어 군자다운 특징이 있다. 만약 둘 중에서 하나를 골라 등용하라고 한다면, 나는 앞서 벼슬에 나간 이들을 따르겠다."

子曰 先進於禮樂, 野人也, 後進於禮樂, 君子也. 如用之,
자 왈 선 진 어 예 악   야 인 야   후 진 어 예 악   군 자 야   여 용 지

則吾從先進.
즉 오 종 선 진

先進(선진): 앞서 벼슬에 나간 사람들.

野人(야인): 꾸밈없고 순박한 사람.

11-2

공자가 말했다.

"진(陳)나라와 채(蔡)나라에서 나를 따르며 고생하던 사람들이 모두 벼슬 문턱에 이르지 못했구나!¹ 덕행이 뛰어난 사람으로 안연, 민자건, 염백우, 중궁이 있었고, 언변이 뛰어난 사람으로 재아, 자공이 있었으며, 정치에 뛰어난 사람으로 염유, 자로가 있었고, 문학에 뛰어난 사람으로 자유, 자하가 있었다.²

子曰 從我於陳蔡者, 皆不及門也. 德行, 顔淵, 閔子騫,
자왈 종아어진채자 개불급문야 덕행 안연 민자건

冉伯牛, 仲弓. 言語, 宰我, 子貢. 政事, 冉有, 季路.
염백우 중궁 언어 재아 자공 정사 염유 계로

文學, 子游, 子夏.
문학 자유 자하

---

1. 진나라와 채나라는 오늘날의 허난(河南), 안후이(安徽) 일대이다. 공자가 제자들과 함께 여러 나라를 다니며 자신의 정치적 포부를 펼치려고 했는데 마침 진나라와 채나라에 있을 때 초(楚)나라로부터 초청을 받았다. 그런데 진나라와 채나라 사람들은 공자가 초나라에서 임용되면 자신들의 국가에 위협이 될 것이라고 보고 공자를 포위했다. 공자와 그의 제자들은 포위된 채로 굶주리는 날을 보내는 등 힘든 시기를 함께했다.

2. 공자의 제자 3000명 중 육예(六藝)에 통달한 제자는 72명이었다고 전한다. 그중 매우 뛰어난 제자 10명을 덕행(德行), 언어(言語), 정사(政事), 문학(文學)이라는 네 분야[四科]로 구분하여 언급한 것이다. 여기에서 말하는 문학은 시나 소설과 같은 창작 분야를 말하는 것이 아니라 고대 문헌, 이를 테면《시경》,《서경》,《역경》 등을 말한다.

11-3

공자가 말했다.

"안회(顏回)는 나를 도와주는 사람이 아니구나. 내 말을 이해하지 못하는 것이 없으니!"[3]

子曰 回也, 非助我者也. 於吾言, 無所不說!
자 왈 회 야　비 조 아 자 야　어 오 언　무 소 불 열

助(조): 돕다.

說(열): 이해하다(解).

11-4

공자가 말했다.

"효성스럽구나, 민자건(閔子騫)이여! 사람들이 그의 부모 형제가 그를 칭찬하는 말에 트집 잡지 못하는구나."

子曰 孝哉, 閔子騫! 人不間於其父母昆弟之言.
자 왈 효 재　민 자 건　인 불 간 어 기 부 모 곤 제 지 언

間(간): 트집을 잡다. 이의를 제기하다.

---

3. 안회는 공자의 말을 듣고 묵묵히 기억하고 이해했다. 하지만 제자와 스승 간에는 서로 이해하지 못한 부분에 대해 묻고 대답하는 토론 과정 속에서 더 고양된 앎의 단계로 나아가기도 한다. 그러한 배움의 과정 속에서 스승 또한 제자에게서 배우는 유익이 있는 것이다. 이러한 사례는 〈팔일〉 8장(3-8)에 잘 나와 있다.

昆弟(곤제): 형과 아우. 형제.

11-5

남용(南容)이 '백규(白圭)'라는 시[4]를 하루에 세 번 암송하자, 공자가 형님의 딸을 그에게 시집보냈다.

南容三復白圭, 孔子以其兄之子, 妻之.
남 용 삼 복 백 규   공 자 이 기 형 지 자   처 지

復(복): 반복하다.
妻(처): 시집보내다.

11-6

계강자(季康子)가 물었다.
"제자 중에 누가 배움을 좋아합니까?"
공자가 대답했다.
"안회라는 제자가 학문을 좋아했는데, 불행히도 명이 짧아 일찍 죽었습니다. 지금은 없습니다."

---

4. 《시경》〈대아(大雅)·억(抑)〉에 나오는 시이다. '백옥의 결점은 갈아 없앨 수 있으나 내뱉은 말의 결점은 어찌할 수 없다(白圭之玷 尙可磨也 斯言之玷 不可 爲也)'고 하여 말을 신중하게 하는 것에 대한 내용이다.

季康子問 弟子孰爲好學? 孔子對曰 有顔回者好學,
계 강 자 문　제 자 숙 위 호 학　　공 자 대 왈　유 안 회 자 호 학

不幸短命死矣. 今也則亡.
불 행 단 명 사 의　　금 야 즉 무

11-7

안연(顔淵)이 죽자 그의 아버지 안로(顔路)[5]가 공자의 수레를 팔아
외관(外棺)[6]을 만들어줄 것을 청하였다. 공자가 말했다.

"(자식이) 재주가 있건 없건 각각 자기 자식이라 말한다. 내 아들 리
(鯉)[7]가 죽었을 때도 관은 있었지만 외관은 없었다. 내가 수레를 팔아
서 아들 리의 외관을 만들어주지 않은 것은, 내가 대부의 항렬의 뒤를
따르는 사람으로서[8] 걸어 다녀서는 안 되기 때문이다."

---

5. 공자의 제자이자 안회의 아버지이다. 성은 안(顔), 이름은 무유(無繇), 자는
   로(路)이다.

6. 공자의 시대에는 시신을 장례 지내고 매장할 때 시신을 관(棺)에 넣고 그 관
   을 다시 외관인 곽(槨)에 넣은 뒤에 흙을 덮어 매장하였다.

7. 공자의 아들. 성은 공(孔), 이름은 리(鯉), 자는 백어(伯魚)이다. 태어났을 때
   노나라 소공(召公)이 잉어를 하사해서 이름을 '리(잉어)'로 지었다고 한다.

8. 공자는 당시 노나라의 사구(司寇)라는 관직에 있었고 그것이 곧 대부(大夫)의
   지위라서 이렇게 보기도 한다. 양백준은 이 시기에 공자는 관직을 떠난 지 이
   미 수년이 되었기 때문에 '대부의 항렬의 뒤를 따른다'고 하여 겸양의 뜻을
   드러낸 거라고 보았다. 반면에 공자는 관직을 맡은 적이 없다고 보는 견해도
   있다. 공자가 사구라는 관직을 했다는 점에 대해서는 《좌전》, 《묵자》, 《맹자》
   에 문헌적 증거가 있음에도 많은 학자가 날조된 기록으로 보고 근거가 미약
   하다고 본다. 사구라는 직책이 귀족의 씨족 집안에서 세습적으로 해오던 직
   책이기도 하고, 그렇게 중대한 관직을 공자가 맡았다면 《논어》에서도 제자들

顏淵死, 顏路請子之車以爲之椁.
안 연 사   안 로 청 자 지 거 이 위 지 곽

子曰 才不才, 亦各言其子也. 鯉也死, 有棺而無椁.
자 왈 재 부 재   역 각 언 기 자 야   리 야 사   유 관 이 무 곽

吾不徒行以爲之椁, 以吾從大夫之後, 不可徒行也.
오 불 도 행 이 위 지 곽   이 오 종 대 부 지 후   불 가 도 행 야

椁(곽): 시신을 매장할 때 관을 쓰고 그 관을 다시 더 큰 관에 넣는데, 그 외관을
　　　곽이라고 한다.

棺(관): 시신를 넣는 속관.

徒(도): 걷다.

從大夫之後(종대부지후): 대부의 항렬의 뒤를 따르다.

11-8

안연이 죽자 공자가 말했다.

"아! 하늘이 나를 죽이시는구나! 하늘이 나를 죽이시는구나!"[9]

顏淵死, 子曰 噫! 天喪予! 天喪予!
안 연 사   자 왈 희   천 상 여   천 상 여

11-9

안연이 죽자 공자가 지나치게 슬프게 곡을 했다. 이에 따르던 사람들

　　이 이에 대해 언급했을 거라는 것이다. 하지만 《논어》에는 그런 언급이 없다.

9. 마음이 너무 아파서 하늘이 나를 죽이는 것과 같다고 표현한 것이다.

이 말했다.

"선생님께서는 지나치게 애통해하십니다."

공자가 말했다.

"내가 지나치게 애통해했는가? 이 사람을 위해서 애통해하지 않는다면 누굴 위해 애통해한단 말인가?"

顏淵死, 子哭之慟. 從者曰 子慟矣. 曰 有慟乎?
안 연 사   자 곡 지 통   종 자 왈   자 통 의   왈   유 통 호

非夫人之爲慟而誰爲?
비 부 인 지 위 통 이 수 위

慟(통): 슬픔이 매우 지나친 것.

11-10

안연이 죽자 문인들이 장례를 후하게 치르려고 하니 공자가 말했다.

"옳지 않다."

공자의 말씀을 어기고 문인들이 장례를 후하게 치르자 공자가 말했다.

"회(回 안연)는 나를 아버지같이 보았는데, 나는 그를 자식처럼 보지 못했구나. 내 잘못이 아니라 저 몇몇 사람이 그런 것이다."

顏淵死, 門人欲厚葬之. 子曰 不可. 門人厚葬之.
안 연 사   문 인 욕 후 장 지   자 왈 불 가   문 인 후 장 지

子曰 回也, 視予猶父也, 予不得視猶子也. 非我也,
자 왈 회 야   시 여 유 부 야   여 부 득 시 유 자 야   비 아 야

夫二三子也.
부 이 삼 자 야

11-11

계로(季路)[10]가 귀신을 섬기는 일에 대해 묻자 공자가 말했다.

"사람도 아직 잘 섬기지 못하는데 어찌 귀신을 섬길 수 있겠는가?"

자로가 물었다

"감히 사후(死後)의 일에 대해 묻습니다."

공자가 말했다.

"삶에 대해서도 아직 모르는데 어찌 사후의 일을 알겠는가?"

季路問事鬼神, 子曰 未能事人, 焉能事鬼? 曰 敢問死,
계 로 문 사 귀 신   자 왈 미 능 사 인   언 능 사 귀   왈 감 문 사

曰 未知生, 焉知死?
왈 미 지 생   언 지 사

11-12

민자건은 공자를 옆에서 모실 때 알맞고 바른 모습이었고 자로는 강건했으며, 염유와 자공은 조화롭고 즐거워했다. 이런 제자들 사이에서 공자는 즐거워했다. 자로에 대해서는 이렇게 말했다.

"유(자로)는 제 명대로 살지는 못할 것 같구나."[11]

閔子侍側, 誾誾如也, 子路, 行行如也,
민 자 시 측   은 은 여 야   자 로   항 항 여 야

---

10. 자로(子路)를 말한다.

11. 자로가 지나치게 강건했기 때문에 공자가 염려하여 이렇게 말한 것이다.

冉有子貢, 侃侃如也. 子樂. 若由也, 不得其死然.
염 유 자 공　간 간 여 야　　자 락　　약 유 야　　부 득 기 사 연

誾誾(은은): 알맞고 바르다(中正).

行行(항항): 강건한 모양.

侃侃(간간): 강직한 모양.

若(약): ~의 경우는.

不得(부득): 얻지 못하다. ~할 수 없다.

11-13

노(魯)나라 사람들이 장부(長府)[12]를 새로 고치자, 민자건이 말했다.

"옛 관습을 따라 그냥 두는 것이 어떠한가? 하필 고쳐 지을 것이 뭐가 있겠는가?"[13]

이에 공자가 말했다.

"저 사람은 평소 말을 하지 않지만 말을 하면 반드시 이치에 들어맞는다."

魯人爲長府, 閔子騫曰 仍舊貫如之何? 何必改作? 子曰
노 인 위 장 부　민 자 건 왈　잉 구 관 여 지 하　　하 필 개 작　　자 왈

夫人不言, 言必有中.
부 인 불 언　언 필 유 중

---

12. 장부는 재화를 보관하는 창고의 이름이다.

13. 노나라에서 창고를 고쳐 지었는데 이는 백성의 노동력을 징발하여 지은 것이었다. 민자건은 굳이 백성을 수고롭게 할 필요가 없는 일을 불필요하게 했다고 비판한 것이다.

仍(잉): 따르다.

夫(부): 지시대명사로 '이', '저'라고 해석한다.

中(중): 합당함. 사리에 맞음.

11-14

공자가 말했다.

"유(由)는 거문고를 어찌 내 집 안에서 타는가?"

이 말을 들은 제자들이 자로를 업신여기자 공자가 말했다.

"유의 경지는 비유하자면 당(堂)에 올랐으나 아직 방 안에 들어오지 못했다."[14]

子曰 由之瑟, 奚爲於丘之門? 門人不敬子路. 子曰 由也,
자 왈 유 지 슬 해 위 어 구 지 문   문 인 불 경 자 로   자 왈 유 야

升堂矣, 未入於室也.
승 당 의   미 입 어 실 야

瑟(슬): 큰 거문고.

奚(해): 어찌.

---

14. 자로의 거문고 소리에는 그의 성품인 강건함이 묻어나 조화를 잃었다. 공자
　　는 그 단점을 억제하기 위해서 이렇게 말한 것이었다. 제자들이 공자의 뜻을
　　이해하지 못하고 업신여기자 공자는 자로의 학식이 결코 업신여김을 받을
　　정도로 낮지 않다는 것을 알려준 것이다.

11-15

자공이 물었다.

"사(師 자장)와 상(商 자하) 중에서 누구의 재능이 더 낫습니까?"

공자가 말했다.

"사는 지나치고 상은 미치지 못한다."

자공이 말했다.

"그렇다면 사가 더 나은 것입니까?"

공자가 말했다.

"지나친 것은 미치지 못한 것과 같다."

子貢問 師與商也, 孰賢? 子曰 師也過, 商也不及. 曰
자공문 사여상야 숙현 자왈 사야과 상야불급 왈

然則師愈與? 子曰 過猶不及.
연즉사유여 자왈 과유불급

及(급): 미치다.

愈(유): ~보다 낫다.

猶(유): 같다.

11-16

계씨(季氏)는 주공(周公)보다 부유했는데,[15] 계씨의 신하 염구(冉求)는 계씨를 위해 세금을 가혹하게 징수하여 이익을 늘려주었다. 이에 공자가 말했다.

"염구는 나의 제자가 아니다. 너희들은 북을 울리며 그를 비판해도 좋다."

季氏富於周公, 而求也爲之聚斂而附益之. 子曰
계 씨 부 어 주 공   이 구 야 위 지 취 렴 이 부 익 지   자 왈

非吾徒也. 小子鳴鼓而攻之可也.
비 오 도 야   소 자 명 고 이 공 지 가 야

聚(취): 모으다.

斂(렴): 거두어들이다.

附(부): 붙이다. 더하다.

徒(도): 무리.

鳴(명): 소리를 내다.

鼓(고): 북.

攻(공): 공격하다.

11-17

시(柴 자고)[16]는 우직하고 삼(參 증삼)은 아둔하며, 사(師 자장)는 언행

물인 계강자를 가리키는데, 직위는 노나라의 경(卿)이었다. 일개 제후국의 신하가 천자의 재상보다 더 부유했다는 것은 있을 수 없는 일이지만, 가혹한 세금 착취로 이러한 일이 벌어졌다.

16. 공자의 제자. 성은 고(高), 이름은 시(柴), 자는 자고(子羔)이다. 공자보다 40세 어렸다.

이 바르지 못하고 유(由 자로)는 사납고 거칠다.

柴也愚, 參也魯, 師也辟, 由也喭.
시 야 우   삼 야 노   사 야 벽   유 야 언

愚(우): 우직하다.

魯(노): 아둔하다.

辟(벽): 품행이 단정치 못하다.

喭(언): 거칠다.

11-18

공자가 말했다.

"회(回 안연)는 도(道)에 거의 다가간 사람이었는데, 가난하여 쌀독이
자주 비어 있었다.[17] 사(賜, 자공)는 가르침[18]을 받아들이지 않고 재산을
늘렸는데, 그가 인간사에 대해 시비를 판단하면 그 판단이 자주 들어맞
았다."

子曰 回也其庶乎, 屢空. 賜不受命而貨殖焉, 億則屢中.
자 왈 회 야 기 서 호   누 공   사 불 수 명 이 화 식 언   억 즉 누 중

---

17. 이에 대한 다른 해설도 있다. 하안이 소개한 해설은 원문의 '空(공)'을 '虛中
(허중)'이라고 풀이하여 인(仁)의 도에 근접할 수 있었던 까닭은 안회가 매번
마음을 비우고 잡념을 없앴기 때문이라고 해석했다. 이 해석은 노장사상에
입각한《논어》해설의 한 사례이다.

18. 여기에서는 '가르침'[教令]으로 해석했지만, 주자는 천명(天命)으로 해석하기
도 한다.

庶(서): 거의.

屢(루): 자주.

貨(화): 재물.

殖(식): 키우다.

億(억): 헤아리다.

11-19

자장이 선한 사람의 도를 묻자, 공자가 말했다.

"옛 자취를 따르지 않지만, 또한 성인(聖人)의 깊은 경지에는 들어가지 못한다."[19]

공자가 말했다.

"하는 말이 모두 좋다면 선한 사람인가? 군자다운 사람인가? 얼굴빛이 장중한 사람인가?"[20]

子張問善人之道. 子曰 不踐迹, 亦不入於室. 子曰
자 장 문 선 인 지 도   자 왈 불 천 적   역 불 입 어 실   자 왈

論篤是與. 君子者乎? 色莊者乎?
논 독 시 여   군 자 자 호   색 장 자 호

踐(천): 밟다. 지키다.

迹(적): 자취. 흔적.

---

19. 선인(善人)은 이미 행한 적이 있는 옛일을 다시 하지 않는다. 하지만 그런 선인의 경지는 성인의 반열에 들어갈 수도 없다. 왜냐하면 선인은 겸양을 좋아하기 때문에 새로운 일, 창조적인 작업을 하는 사람이 적기 때문이다.

20. 이 세 종류의 사람 모두 선한 사람이라고 할 수 있다.

篤(독): 두텁다.

色(색): 얼굴. 겉모습.

莊(장): 꾸미다.

11-20

자로가 물었다.

"마땅한 도리를 들으면 바로 실천해야 합니까?"

공자가 말했다.

"부형이 살아 있는데 어찌 들었다고 바로 실천할 수 있겠는가?"[21]

염유(冉有)가 물었다.

"마땅한 도리를 들으면 바로 실천해야 합니까?"

공자가 말했다.

"마땅한 도리를 들으면 바로 실천해야 한다."

이 두 이야기를 들은 공서화(公西華)가 물었다.

"자로가 '마땅한 도리를 들으면 바로 실천해야 합니까?'라고 여쭈었을 때 선생님께서는 '부형이 살아 있다'고 말씀하셨고, 염유가 '마땅한 도리를 들으면 바로 실천해야 합니까?'라고 여쭈었을 때 선생님께서는 '마땅한 도리를 들으면 바로 실천해야 한다'고 말씀하셨습니다. 저는 같은 질문에 각기 다른 대답을 하시니 이에 대해 감히 여쭙고자 합니다."

공자가 말했다.

---

21. 부모와 형과 함께 여쭈고 상의해야 하는 것이다. 자기 마음대로 판단해서는 안 된다는 말이다.

"염유는 평소 물러서려는 성품이기 때문에 나아가게 한 것이고, 자로는 평소 남들보다 과하게 실천에 옮기려는 성품이기 때문에 물러서게 한 것이다."

子路問 聞斯行諸? 子曰 有父兄在, 如之何其聞斯行之?
자 로 문 문 사 행 저　　자 왈 유 부 형 재　　여 지 하 기 문 사 행 지

冉有問 聞斯行諸? 子曰 聞斯行之. 公西華曰
염 유 문 문 사 행 저　　자 왈 문 사 행 지　　공 서 화 왈

由也問聞斯行諸, 子曰有父兄在, 求也問聞斯行諸,
유 야 문 문 사 행 저　　자 왈 유 부 형 재　　구 야 문 문 사 행 저

子曰聞斯行之. 赤也惑, 敢問. 子曰 求也退, 故進之,
자 왈 문 사 행 지　　적 야 혹　　감 문　　자 왈 구 야 퇴　　고 진 지

由也兼人, 故退之.
유 야 겸 인　　고 퇴 지

斯(사): 곧. 바로. ~으면.

惑(혹): 의문이 생기다.

兼人(겸인): 남을 넘어서다. 남보다 과하다.

11-21

공자가 광(匡) 땅에서 두려운 일을 당했을 때,[22] 안연은 뒤처져 있었다. 안연이 나중에 도착하자 공자가 말했다.

"나는 네가 죽은 줄로 알았다!"

안연이 대답했다.

---

22. 〈자한〉 5장(9-5)를 참조..

"선생님께서 살아 계신데 제가 어찌 감히 죽을 수 있겠습니까?"[23]

子畏於匡, 顔淵後. 子曰 吾以女爲死矣! 曰 子在,
자 외 어 광　안 연 후　자 왈　오 이 녀 위 사 의　　왈　자 재

回何敢死.
회 하 감 사

匡(광): 정(鄭)나라의 한 지방이다.

女(여): 너. 汝(여)와 통용된다.

11-22

계자연(季子然)[24]이 물었다.

"우리 가문의 가신인 중유(仲由)와 염구(冉求)는 훌륭한 신하라고 할 만합니까?"

공자가 말했다.

"나는 자네가 남다른 질문을 할 것으로 여겼는데, 겨우 중유와 염구에 대한 질문이군. 훌륭한 신하란 도로써 임금을 섬기다가 그렇게 할 수 없으면 그만두는 사람이다. 그런데 지금 중유와 염구는 숫자만 채우고 있는 신하일 뿐이네."[25]

---

23. 공자는 안연이 죽을 각오로 광 땅 사람들과 싸우다 죽은 것으로 여겼다. 하지만 안연은 살아 돌아와서 공자가 위험에 처했다면 죽기 살기로 싸웠겠지만 이렇게 무사하게 살아 계시니 죽음을 무릅쓰고 싸울 필요가 없다고 대답했다.

24. 노나라에서 실권을 쥔 세 가문 중 하나인 계씨 가문의 사람.

25. 중유와 염구는 계씨의 신하로 있으면서 계씨가 부도한 짓을 저지르는 데도 바로잡지 못했다. 공자는 이 두 사람이 임금 섬기는 일을 제대로 하지도 못할

계자연이 물었다.

"그러면 임금의 뜻을 따를 사람들입니까?"

공자가 말했다.

"아버지와 군주를 시해하는 일은 결코 하지 않을 것이네."

季子然問 仲由, 冉求, 可謂大臣與? 子曰
계 자 연 문   중 유   염 구   가 위 대 신 여   자 왈

吾以子爲異之問, 曾由與求之問. 所謂大臣者, 以道事君,
오 이 자 위 이 지 문   증 유 여 구 지 문   소 위 대 신 자   이 도 사 군

不可則止. 今由與求也, 可謂具臣矣. 曰 然則從之者與?
불 가 즉 지   금 유 여 구 야   가 위 구 신 의   왈   연 즉 종 지 자 여

子曰 弑父與君, 亦不從也.
자 왈 시 부 여 군   역 부 종 야

曾(증): 결국. 고작.

止(지): 멈추다. 머무르다.

具臣(구신): 숫자만 차지하고 신하.

弑(시): 부모나 임금을 죽이다.

11-23

자로가 자고(子羔)를 비(費) 땅의 읍재(邑宰)로 삼자 공자가 말했다.

"멀쩡한 남의 자식을 망치는구나!"[26]

뿐만 아니라 벼슬을 그만두지도 못하고 있다고 비판한 것이다.

26. 공자는 자고의 학식이 아직 부족함에도 자로가 정치를 맡겼기 때문에 이것
    이 독이 될 수 있다고 보고 비판한 것이다.

자로가 물었다.

"비 땅에는 백성이 있고 사직(社稷)이 있으니, 하필 책을 읽고 난 뒤에야 배웠다고 할 수 있겠습니까?"[27]

공자가 말했다.

"이런 경우 때문에 내가 말 잘하는 사람을 미워하는 것이다."

子路使子羔爲費宰. 子曰 賊夫人之子! 子路曰
자로사자고위비재   자왈 적부인지자   자로왈

有民人焉, 有社稷焉, 何必讀書然後爲學?
유민인언   유사직언   하필독서연후위학

子曰 是故, 惡夫佞者.
자왈 시고   오부녕자

賊(적): 해치다.

佞(녕): 말 잘하다.

11-24

자로, 증석(曾晳),[28] 염유, 공서화가 공자를 모시고 둘러앉아 있었는데 공자가 말했다.

"내가 너희보다 나이가 조금 많다고 해서 어려워하지 마라. 너희는 평소에 '나를 알아주는 사람이 없다'고 하는데, 만약 어떤 사람이 너희

---

27. 자로는 읍재로 정치를 시작하면 백성을 다스리고 토지신을 섬기는 일을 직접 정치 현장에서 배울 수 있다고 보았고, 이 또한 학문의 하나라고 간주한 것이다.

28. 공자의 제자로 성은 증(曾), 이름은 점(點), 자는 자석(子晳)이다. 증삼(曾參)의 아버지이다. 공자보다 11세 어렸다.

의 진가를 알아준다면 너희는 어떻게 정치를 하고 싶은가?"

자로가 성급히 나서며 말했다.

"제후가 다스리는 나라가 강대국들 사이에 끼어서 군대의 침략을 받고 기근을 겪는 경우, 제가 다스린다면 3년 안에 백성을 용감하게 만들고, 또 도리를 알게끔 할 수 있습니다."

공자가 웃었다.

"구(求 염유)야, 너는 어떻게 하겠느냐?"

염유가 대답하였다.

"제가 사방 60~70리나 50~60리 되는 나라를 다스린다면 3년 안에 백성을 풍족하게 할 수 있습니다. 그렇지만 예와 음악을 정비하는 일은 군자를 기다리겠습니다."

"적(赤 공서화)아, 너는 어떻게 하겠느냐?"

공서화가 대답하였다.

"저는 능숙하게 할 수 있다고 말하기보다는 오히려 배우기를 원합니다. 종묘에서 제사 지내는 일이나 제후들 간의 회동에서 예복과 예관을 갖추어 입고, 임금이 예를 거행할 때 보좌하는 사람인 소상(小相)[29]이 되고자 합니다."

"점(點 증석)아, 너는 어떻게 하겠느냐?"

점이 거문고를 띄엄띄엄 타더니 '댕그랑' 소리를 내며 거문고를 밀어 놓고 일어나 대답했다.

"저의 재능은 앞선 세 사람의 재능과 다릅니다."

---

29. 임금이 예를 거행할 때 보좌하는 사람을 말한다. 소(小)를 붙인 것은 겸양의 표시이다.

공자가 말했다.

"나쁠 게 뭐가 있겠는가? 또한 각기 자기 뜻을 말한 것이다."

점이 말했다.

"늦은 봄날에 봄옷이 갖추어지면 어른 5~6명과 아이 6~7명과 함께 기수(沂水)³⁰에 가서 목욕하고 무우단(舞雩壇)³¹에서 바람 쐬고 노래 부르며 돌아오렵니다."

공자가 감탄하며 말했다.

"나는 점의 생각이 훌륭하다고 인정한다."

세 사람이 나가고 증석이 남아 있었다. 증석이 말했다.

"저 세 사람이 한 말은 어떻습니까?"

공자가 말했다.

"각기 자기 뜻을 말했을 뿐이다."

"선생님께서는 어찌 유(由)의 말을 듣고 웃으셨습니까?"

공자가 말했다.

"나라를 다스리는 일은 예(禮)로 하는 것인데, 그의 말에 겸양이 없어서 웃은 것이다."

"구가 말한 것은 나라를 다스리는 일이 아니겠지요?"

"사방이 60~70리나 50~60리 되는 땅인데도 나라가 아닌 경우를 어디서 볼 수 있더냐?"

"적이 말한 것은 나라를 다스리는 일이 아니겠지요?"

"종묘의 제사와 제후들 간의 회동이 제후의 일이 아니고 무엇이겠는

---

30. 기수는 노나라 남쪽에 있는 강 이름이다.

31. 무우(舞雩)는 기수 근처에 있는 기우제를 지내는 제단 이름이다.

가? 적이 소상이 되면 그 누가 대상(大相)이라 할 수 있겠는가?"

子路, 曾晳, 冉有, 公西華, 侍坐. 子曰 以吾一日長乎爾,
자로　증석　염유　공서화　시좌　자왈　이오일일장호이

毋吾以也. 居則曰, 不吾知也, 如或知爾,
무오이야　거즉왈　불오지야　여혹지이

則何以哉? 子路率爾而對曰 千乘之國, 攝乎大國之間,
즉하이재　자로솔이이대왈　천승지국　섭호대국지간

加之以師旅, 因之以饑饉, 由也爲之, 比及三年,
가지이사려　인지이기근　유야위지　비급삼년

可使有勇, 且知方也. 夫子哂之. 求, 爾何如? 對曰
가사유용　차지방야　부자신지　구　이하여　대왈

方六七十, 如五六十, 求也爲之, 比及三年, 可使足民,
방육칠십　여오육십　구야위지　비급삼년　가사족민

如其禮樂, 以俟君子. 赤, 爾何如? 對曰 非曰能之,
여기예악　이사군자　적　이하여　대왈비왈능지

願學焉. 宗廟之事, 如會同, 端章甫, 願爲小相焉. 點,
원학언　종묘지사　여회동　단장보　원위소상언　점

爾何如? 鼓瑟希, 鏗爾舍瑟而作, 對曰 異乎三子者之撰.
이하여　고슬희　갱이사슬이작　대왈　이호삼자자지찬

子曰 何傷乎? 亦各言其志也. 曰 莫春者,
자왈　하상호　역각언기지야　왈　모춘자

春服旣成, 冠者五六人, 童子六七人, 浴乎沂, 風乎舞雩,
춘복기성　관자오육인　동자육칠인　욕호기　풍호무우

詠而歸. 夫子喟然嘆曰 吾與點也. 三子者出, 曾晳後.
영이귀　부자위연탄왈　오여점야　삼자자출　증석후

曾晳曰 夫三子者之言, 何如? 子曰 亦各言其志已矣.
증석왈　부삼자자지언　하여　자왈　역각언기지이의

曰 夫子何哂由也? 曰 爲國以禮, 其言不讓, 是故哂之.
왈　부자하신유야　왈　위국이예　기언불양　시고신지

唯求則非邦也與? 安見方六七十, 如五六十而非邦也者?
유구즉비방야여　안견방육칠십　여오육십이비방야자

唯赤則非邦也與? 宗廟會同, 非諸侯而何? 赤也爲之小,
유적즉비방야여　종묘회동　비제후이하　적야위지소

孰能爲之大?
숙 능 위 지 대

一日長乎爾(일일장호이): 長乎爾一日의 도치. 너희들보다 나이가 많다는 뜻이다.

毋(무): ～하지 말라.

率爾(솔이): 성급한 모습. 경솔한 모습.

攝(섭): 사이에 끼어서 핍박받다.

師旅(사려): 군대. 군사 2,500명을 '師(사)'라고 하고, 500명을 '旅(려)'라고 한다.

因(인): ～때문에. 그로 인해.

饑饉(기근): 굶주림. 기아.

比及(비급): ～에 미치다. 이르다.

哂(신): 웃다.

端(단): 검은색 예복. 현단복(玄端服)이라고 한다.

章甫(장보): 유학자가 쓰는 관. 장보관(章甫冠)이라고 한다.

鼓瑟(고슬): 거문고를 타다.

鏗爾(갱이): 거문고를 내려놓을 때 나는 '댕그랑' 소리.

撰(찬): 갖춤. 재능.

莫(모): '늦은'의 뜻으로 '暮(모)'와 같다.

冠者(관자): 관례(冠禮)를 치른 사람. 성인.

浴(욕): 목욕하다.

詠(영): 읊다. 노래하다.

安(안): 어디.

제12편

안연 顔淵

12-1

안연(顔淵)이 인(仁)에 대해 묻자 공자가 말했다.

"자기 몸을 규율하고 예로 돌아가면〔극기복례(克己復禮)〕[1] 인이 된다. 임금이 하루라도 자기 몸을 규율하고 예로 돌아가면 천하 사람들이 인한 임금에게 귀의한다. 인을 실천하는 것은 자신에게 달린 것이지 다른 사람에게 달린 것이겠는가?"

안연이 말했다.

"그 구체적인 실천 방법을 여쭙습니다."

공자가 말했다.

"예가 아니면 보지 말고, 예가 아니면 듣지 말며, 예가 아니면 말하지 말고, 예가 아니면 행동에 옮기지 말라."

안연이 말하였다.

---

1. 주자는 '극기복례'를 '자신의 사욕을 극복하고 예로 돌아오는 것'이라고 해석했다.

"제가 비록 행동이 재빠르지는 못하지만 이 말씀을 반드시 실천하겠습니다."

顏淵問仁, 子曰 克己復禮爲仁. 一日克己復禮,
안 연 문 인   자 왈   극 기 복 예 위 인   일 일 극 기 복 예

天下歸仁焉. 爲仁由己, 而由人乎哉? 顏淵曰 請問其目.
천 하 귀 인 언   위 인 유 기   이 유 인 호 재   안 연 왈   청 문 기 목

子曰 非禮勿視, 非禮勿聽, 非禮勿言, 非禮勿動. 顏淵曰
자 왈 비 예 물 시   비 예 물 청   비 예 물 언   비 예 물 동   안 연 왈

回雖不敏, 請事斯語矣.
회 수 불 민   청 사 사 어 의

克己(극기): 자기의 몸을 단속하다. 자기 규율을 가지다.

復(복): 돌아오다.

乎哉(호재): 의문, 반문, 감탄을 나타내는 어조사이다. 이 문장에서는 반문을 나타내기 위해 쓰였다.

敏(민): 재빠르다. 민첩하다.

事(사): 종사하다. 일삼다.

12-2

중궁(仲弓)이 인에 대해 물었다. 공자가 말했다.

"집 문을 나가서 사람들을 대할 때는 큰 손님을 뵌 것처럼 행동하고, 백성을 동원해 일을 시킬 때는 큰 제사를 받드는 것처럼 행동하고, 자기가 원하지 않는 것을 남에게도 가하지 말아야 한다. 이렇게 하면 제후(諸侯)가 되어서도 원망하는 사람이 없고 경대부(卿大夫)가 되어서도 원망하는 사람이 없을 것이다."

중궁이 말했다.

"제가 비록 행동이 재빠르지는 못하지만 이 말씀을 반드시 실천하겠습니다."

仲弓問仁. 子曰 出門如見大賓, 使民如承大祭,
중 궁 문 인　 자 왈　 출 문 여 견 대 빈　　사 민 여 승 대 제

己所不欲, 勿施於人. 在邦無怨, 在家無怨. 仲弓曰
기 소 불 욕　 물 시 어 인　 재 방 무 원　 재 가 무 원　 중 궁 왈

雍雖不敏, 請事斯語矣.
옹 수 불 민　 청 사 사 어 의

在邦(재방): 나라에 있다는 말로, 곧 제후의 신분이 된다는 뜻이다.

在家(재가): 가(家)에 있다는 말로, 곧 경대부(卿大夫)의 신분이 된다는 뜻이다. 여기에서 가(家)는 집안이 아니라 경대부가 토지에 대한 세금을 걷을 권리를 가진 영지이다.

怨(원): 원망하다. 한탄하다.

12-3

사마우(司馬牛)[2]가 인에 대해 물었다. 공자가 말했다.

"인한 사람은 말하는 것을 어려워한다."

사마우가 물었다.

"말하는 것을 어려워한다면 인하다고 할 수 있습니까?"

공자가 말했다.

"인을 실천하는 것이 어려운데 인을 말하는 것이 어찌 어렵지 않겠는가?"

---

2. 공자의 제자로 성은 사마(司馬), 이름은 경(耕), 자는 자우(子牛)이다.

司馬牛問仁. 子曰 仁者, 其言也訒. 曰 其言也訒,
사 마 우 문 인　자 왈 인 자　기 언 야 인　왈 기 언 야 인

斯謂之仁已乎? 子曰 爲之難, 言之得無訒乎?
사 위 지 인 이 호　자 왈 위 지 난　언 지 득 무 인 호

訒(인): 참다. 어려워하다(忍, 難).

12-4

사마우가 군자(君子)에 대해 물었다. 공자가 말했다.

"군자는 근심하지 않고 두려워하지도 않는다."

사마우가 물었다.

"근심하지 않고 두려워하지도 않으면 군자라고 할 수 있습니까?"

공자가 말했다.

"마음속으로 성찰하여 죄악을 저지른 것이 없다면 무엇을 근심하고
무엇을 두려워하겠는가?"

司馬牛問君子. 子曰 君子不憂不懼. 曰 不憂不懼,
사 마 우 문 군 자　자 왈 군 자 불 우 불 구　왈 불 우 불 구

斯謂之君子已乎? 子曰 內省不疚, 夫何憂何懼?
사 위 지 군 자 이 호　자 왈 내 성 불 구　부 하 우 하 구

憂(우): 근심하다.

懼(구): 두려워하다.

省(성): 살피다.

疚(구): 허물. 병폐.

12-5

사마우가 근심하며 말하였다.[3]

"남들은 모두 형제가 있는데 나만 홀로 없게 되겠구나!"

자하가 말했다.

"내가 듣기로 죽고 사는 것은 주어진 명(命)이 있고, 부귀는 하늘에 달려 있다고 합니다. 군자가 공경하고 삼가는 마음가짐을 갖고, 과실을 범함이 없고, 남과 사귈 때 공손하고 예의를 지킨다면 온 세상 사람들이 형제가 될 것입니다. 군자가 어찌 형제가 없는 것을 근심하겠습니까?"

司馬牛憂曰 人皆有兄弟, 我獨亡! 子夏曰 商聞之矣,
사 마 우 우 왈 인 개 유 형 제 아 독 무 자 하 왈 상 문 지 의

死生有命, 富貴在天. 君子敬而無失, 與人恭而有禮,
사 생 유 명 부 귀 재 천 군 자 경 이 무 실 여 인 공 이 유 예

四海之內, 皆兄弟也. 君子何患乎無兄弟也?
사 해 지 내 개 형 제 야 군 자 하 환 호 무 형 제 야

恭(공): 공손하다.

四海(사해): 온 세상.

患(환): 근심. 걱정하다.

12-6

자장(子張)이 '밝음'[明]에 대해 물었다. 공자가 말했다.

"물이 스며서 적시는 듯한 참소와 피부에 먼지가 차츰 쌓이는 것과

---

3. 사마우의 형 사마환퇴(司馬桓魋)가 악행을 범하여 곧 죽게 될까 걱정한 것이다.

같은 참소가 받아들여지지 않게 한다면 밝다고 할 수 있다.[4] 물이 스며서 적시는 듯한 참소와 피부에 먼지가 차츰 쌓이는 것과 같은 참소가 받아들여지지 않게 한다면 덕이 높다고 할 수 있다."

子張問明. 子曰 浸潤之譖, 膚受之愬,
자 장 문 명   자 왈   침 윤 지 참   부 수 지 소

不行焉, 可謂明也已矣. 浸潤之譖, 膚受之愬, 不行焉,
불 행 언   가 위 명 야 이 의   침 윤 지 참   부 수 지 소   불 행 언

可謂遠也已矣.
가 위 원 야 이 의

浸(침): 담그다. 스며들다.

潤(윤): 젖다. 적시다.

譖(참): 참소하다. 비방하다.

膚(부): 살갗. 피부.

愬(소): 하소연하다.

12-7

자장이 정치에 대해 물었다. 공자가 말했다.

"식량을 풍족하게 하고, 병력을 충족하게 하면 백성이 정부를 신뢰할 것이다."[5]

---

4. 정치 지도자는 이러한 읍소와 원통한 사연, 비방을 자주 듣게 된다. 그런 참소들이 서서히, 그리고 절박하게 이루어져서 쉽게 속거나 휘둘리기 쉽기에 이런 이야기를 잘 분별해내서 진위를 가릴 수 있는 능력이 밝음〔明〕이라고 할 수 있다.

5. 주자는 '위정자가 식량을 풍족하게 하고, 병력을 충족하게 하고, 백성으로부

자공(子貢)이 물었다.

"반드시 부득이하게 한 가지를 버려야 한다면 무엇을 먼저 버려야 합니까?"

"병력을 버려라."

"부득이하게 남은 두 가지 중에서 반드시 한 가지를 버려야 한다면 이 둘 중에서 무엇을 먼저 버려야 합니까?"

"식량을 버려라. 예부터 사람은 누구든 죽기 마련이지만, 정부에 대한 백성의 신뢰가 없으면 국가는 존립할 수 없다."

子貢問政. 子曰 足食足兵, 民信之矣.
자 공 문 정   자 왈   족 식 족 병   민 신 지 의

子貢曰 必不得已而去, 於斯三者, 何先? 曰 去兵.
자 공 왈   필 부 득 이 이 거   어 사 삼 자   하 선   왈   거 병

子貢曰 必不得已而去, 於斯二者, 何先? 曰 去食.
자 공 왈   필 부 득 이 이 거   어 사 이 자   하 선   왈   거 식

自古皆有死, 民無信不立.
자 고 개 유 사   민 무 신 불 립

足(족): 풍족하게 하다. 충족하게 하다.

去(거): 버리다. 제거하다.

自(자): ～로부터. ～에서.

───────

터 신뢰를 받는 것이다'라고 해석하였다.

12-8

극자성(棘子成)[6]이 말했다.

"군자는 질(質 본바탕)을 추구할 뿐이니, 문(文 문장/꾸밈)을 추구하겠는가?"

자공이 말했다.

"애석하군요! 선생이 군자에 대해 설명하는 것을 들으니, 네 마리 말이 끄는 수레도 선생의 혀 놀림을 쫓아가지 못하겠습니다.[7] 결국 문과 질이 동등하게 중요하다면 호랑이나 표범의 털을 벗긴 가죽은 개나 양의 털을 벗긴 가죽과 같을 것입니다."[8]

棘子成曰 君子質而已矣, 何以文爲? 子貢曰 惜乎!
극 자 성 왈 군 자 질 이 이 의   하 이 문 위   자 공 왈 석 호

夫子之說君子也. 駟不及舌. 文猶質也, 質猶文也.
부 자 지 설 군 자 야   사 불 급 설   문 유 질 야   질 유 문 야

虎豹之鞹, 猶犬羊之鞹.
호 표 지 곽   유 견 양 지 곽

質(질): 본바탕. 질박하다.

---

6. 위(衛)나라의 대부(大夫)이다.

7. 잘못 내뱉은 말을 수습하려고 네 마리 말이 끄는 마차를 타고 달려가도 그 말의 파급을 따라잡을 수 없다는 뜻으로 말의 신중함을 형상화하여 말한 것이다. 결국 자공은 극자성이 실언을 했다고 판단한 것이다.

8. 극자성은 당시에 문을 지나치게 강조하는 풍조를 비판하는 취지에서 군자는 질을 추구할 뿐 문을 버린다고 표현했다. 하지만 자공은 문의 가치를 강조하고 있다. 호랑이나 표범이 개나 양과 구별되는 지점은 바로 털의 무늬(文) 때문이다. 털을 벗기면 호랑이나 표범이 개나 양의 가죽과 비슷해 보여서 두 부류를 구분하기 어렵게 된다. 호랑이나 표범은 군자를 비유하고, 개나 양은 범부를 비유한다.

文(문): 문장. 문자. 예법과 제도. 꾸밈.

駟(사): 수레를 끄는 네 마리 말.

虎豹(호표): 호랑이와 표범.

鞹(곽): 털을 벗긴 날가죽.

犬羊(견양): 개와 양.

12-9

애공(哀公)이 유약(有若)에게 물었다.

"올해 기근이 들어 국가 재정이 부족하다. 어떻게 해야 하는가?"

유약이 대답했다.

"어찌 10분의 1을 거두는 철법(徹法)[9]을 쓰지 않으십니까?"

애공이 물었다.

"10분의 2를 거두어도 나는 오히려 부족한데 어찌 10분의 1을 거두는 철법을 쓸 수 있겠나?"

유약이 대답했다.

"백성이 풍족하다면 임금께서는 누구와 더불어 부족하며, 백성이 부족하다면 임금께서는 누구와 더불어 풍족하겠습니까?"

哀公問於有若曰 年饑, 用不足. 如之何? 有若對曰
애 공 문 어 유 약 왈 연 기 용 부 족 여 지 하 유 약 대 왈

盍徹乎? 曰 二, 吾猶不足, 如之何其徹也? 對曰 百姓足,
합 철 호 왈 이 오 유 부 족 여 지 하 기 철 야 대 왈 백 성 족

君孰與不足, 百姓不足, 君孰與足?
군 숙 여 부 족 백 성 부 족 군 숙 여 족

---

9. 주(周)나라의 세금제도로 한 해 수확량의 10분의 1을 거두는 과세법이다.

饑(기): 기근. 굶주리다.

盍(합): 어찌 아니 ~는가?

孰與(숙여): 누구와 더불어.

12-10

자장이 덕(德)을 갖추고 미혹됨을 분별하는 방법을 물었다.

공자가 말했다.

"진실한 마음과 신뢰를 가진 사람을 가까이하고, 의로움을 따르는 것이 바로 덕을 갖추는 것이다. 어떤 사람을 좋아하면 그가 잘 살기를 바라고 미워하면 죽기를 바란다. 그가 잘 살기를 바라고서 또한 죽기를 바라는 것이 바로 미혹됨이다. 이를 두고 《시경》에서 '진정 부자가 될 수 없고, 단지 이상하게 여겨질 뿐이다'[10]라고 말한 것이다."

子張問崇德辨惑. 子曰 主忠信, 徙義, 崇德也. 愛之,
자 장 문 숭 덕 변 혹   자 왈 주 충 신   사 의   숭 덕 야   애 지

欲其生, 惡之, 欲其死. 既欲其生, 又欲其死, 是惑也.
욕 기 생   오 지   욕 기 사   기 욕 기 생   우 욕 기 사   시 혹 야

誠不以富, 亦祗以異.
성 불 이 부   역 지 이 이

崇(숭): 채우다(充).

辨(변): 분별하다.

主(주): 가까이하다(親).

---

10. 《시경》〈소아(小雅)·아행기야(我行其野)〉에 나온다.

徙(사): 옮기다.

祇(지): 다만.

12-11

제(齊)나라 경공(景公)[11]이 공자에게 정치에 대해 묻자, 공자가 답했다.

"임금이 임금답고, 신하가 신하답고, 아버지가 아버지답고, 아들이 아들다워야 합니다."[12]

경공이 말했다.

"좋은 말입니다! 진실로 만일 임금이 임금답지 못하고, 신하가 신하답지 못하고, 아버지가 아버지답지 못하고, 아들이 아들답지 못하면 비록 곡식이 있을지라도 제가 어찌 먹을 수 있겠습니까?"[13]

齊景公問政於孔子. 孔子對曰 君君, 臣臣, 父父, 子子.
제 경 공 문 정 어 공 자　　공 자 대 왈　군 군,　신 신,　부 부,　자 자

公曰 善哉! 信如君不君, 臣不臣, 父不父, 子不子,
공 왈 선 재!　신 여 군 불 군,　신 불 신,　부 불 부,　자 부 자,

雖有粟, 吾得而食諸?
수 유 속,　오 득 이 식 저

---

11. 제나라의 제후. 성은 강(姜), 이름은 저구(杵臼)이다.

12. 이를 공자의 '정명론(正名論)'이라고 한다.

13. 이렇게 임금, 신하, 아버지, 자식이 제 본분을 다하지 못한다면 나라가 망할 것이기 때문에 곡식을 먹을 수 없다고 말한 것이다.

12-12

공자가 말했다.

"한쪽 편의 말을 듣고도 소송 사건을 판결할 수 있는 사람은 바로 자로(子路)일 것이다! 자로는 수시로 다양한 단서가 나올 것을 염려하여 미리 승낙하는 경우가 없었다."[14]

子曰 片言可以折獄者, 其由也與! 子路無宿諾.
자 왈 편 언 가 이 절 옥 자　기 유 야 여　자 로 무 숙 낙

片(편): 한쪽 편(偏).
折獄(절옥): 죄인이 저지른 사건이나 소송을 판결함.
宿(숙): 미리.
諾(낙): 허락하다.

12-13

공자가 말했다.

"송사를 판결하는 일에서는 나도 남들과 다를 것이 없겠지만, 반드시 송사가 벌어지는 일이 없도록 만들겠다!"[15]

---

14. 주자는 '자로는 승낙한 것이 있으면 실천에 옮기는 데 오래 묵히는 일이 없었다'라고 해석하였다.
15. 소송하는 것을 금지하는 것이 아니라 백성이 자발적으로 쟁송하지 않게 교화한다는 말이다.

子曰 聽訟, 吾猶人也, 必也使無訟乎!
자왈 청송 오유인야 필야사무송호

聽訟(청송): 송사를 듣고 판결함.

12-14

자장이 정치에 대해 물었다. 공자가 말했다.

"어떤 지위에 있으면 그 해당 직무에 게으름이 없도록 하고, 일을 처리할 때는 진실한 마음을 다해야 한다."

子張問政. 子曰 居之無倦, 行之以忠.
자장문정 자왈 거지무권 행지이충

倦(권): 게으르다.

12-15

공자가 말했다.

"군자가 선왕이 남긴 글을 널리 배우고 예(禮)로써 자신을 단속한다면, 또한 도리에 어긋나지 않을 것이다!"[16]

子曰 博學於文, 約之以禮, 亦可以弗畔矣夫!
자왈 박학어문 약지이예 역가이불반의부

---

16. 〈옹야〉편 27장(6-27)에 나왔다.

約(약): 검속하다. 단속하다.

弗(불): 아니다(不).

畔(반): 어긋나다. 위배되다. 배반하다.

12-16

공자가 말했다.

"군자는 남의 훌륭한 점은 이루도록 돕고, 남의 악(惡)은 이루지 못하게 한다. 소인은 이와 반대로 행동한다."[17]

子曰 君子成人之美, 不成人之惡, 小人反是.
자 왈 군 자 성 인 지 미　불 성 인 지 악　소 인 반 시

12-17

계강자(季康子)가 공자에게 정치에 대해 묻자, 공자가 대답했다.

"정치(政)란 바르게 함(正)입니다. 선생께서 바름으로써 솔선한다면 누가 감히 바르지 않을 수 있겠습니까?"

季康子問政於孔子. 孔子對曰 政者, 正也. 子帥以正,
계 강 자 문 정 어 공 자　공 자 대 왈　정 자　정 야　자 솔 이 정

孰敢不正?
숙 감 부 정

---

17. 소인은 다른 사람의 훌륭한 점을 시기하여 화(禍)를 입히고 남의 악을 이루도록 돕는다.

帥(솔): 솔선하다. 모범을 보이다.

12-18

계강자가 도둑이 많은 것을 근심하여 공자에게 대책을 묻자, 공자가
대답했다.

"진실로 선생께서 탐욕을 부리지 않는다면 도둑에게 상을 준다고 하
더라도 백성은 도둑질을 하지 않을 것입니다."

季康子患盜, 問於孔子. 孔子對曰 苟子之不欲, 雖賞之,
계 강 자 환 도   문 어 공 자   공 자 대 왈 구 자 지 불 욕   수 상 지

不竊.
부 절

盜(도): 훔치다.

竊(절): 훔치다. 몰래.

12-19

계강자가 공자에게 정치에 대해 물었다.

"만약 무도(無道)한 자를 본보기로 죽여서 유도(有道)한 세상을 이루
려고 한다면 어떻습니까?"

공자가 대답했다.

"선생께서는 정치를 한다면서 어찌 사람을 죽이는 정치를 하려 합니
까? 선생께서 선하고자 하면 백성도 감화되어 선해질 것입니다. 군자의
덕이 바람이라면 소인의 덕은 풀입니다. 풀 위에 바람이 불면 풀은 반드

시 눕기 마련입니다."

季康子問政於孔子曰 如殺無道, 以就有道, 何如?
계 강 자 문 정 어 공 자 왈　여 살 무 도　　이 취 유 도　　하 여

孔子對曰 子爲政, 焉用殺? 子欲善, 而民善矣.
공 자 대 왈　자 위 정　언 용 살　　자 욕 선　　이 민 선 의

君子之德風, 小人之德草. 草上之風, 必偃.
군 자 지 덕 풍　소 인 지 덕 초　초 상 지 풍　　필 언

就(취): 성취하다. 이루다.

焉(언): 어찌.

偃(언): 눕다. 쓰러지다.

12-20

자장이 물었다.

"선비가 어떠하면 통달했다 말할 수 있습니까?"

공자가 말했다.

"네가 말하는 통달이란 무엇이냐?"

"제후의 신하가 되어서 반드시 명성이 있고, 경대부의 신하가 되어서도 반드시 명성이 있는 것입니다."

"그것은 명성이 있는 것이지 통달한 것이 아니다. 통달이란 질박하고 정직하며 의로움을 좋아하고, 남의 말을 잘 살피고 얼굴빛을 잘 관찰하고, 자기를 남보다 낮출 것을 생각하는 것이다. 이러하면 제후의 신하가 되어서도 반드시 통달하고 경대부의 신하가 되어서도 반드시 통달하는 것이다. 명성이 있다는 것은 얼굴빛으로는 인한 사람의 모습을 취하지만 행실은 어긋나고, 거짓 인함을 태연히 자처하면서 자신에 대해 의심

하지 않는다. 아첨하는 사람은 파당이 많으므로 제후의 신하가 되어서도 반드시 명성이 있고 집에서도 반드시 명성이 있는 것이다.”

子張問 士何如, 斯可謂之達矣? 子曰 何哉, 爾所謂達者?
자 장 문 사 하 여   사 가 위 지 달 의   자 왈 하 재   이 소 위 달 자

子張對曰 在邦必聞, 在家必聞. 子曰 是聞也, 非達也.
자 장 대 왈 재 방 필 문   재 가 필 문   자 왈 시 문 야   비 달 야

夫達也者, 質直而好義, 察言而觀色, 慮以下人.
부 달 야 자   질 직 이 호 의   찰 언 이 관 색   여 이 하 인

在邦必達, 在家必達. 夫聞也者, 色取仁而行違,
재 방 필 달   재 가 필 달   부 문 야 자   색 취 인 이 행 위

居之不疑. 在邦必聞, 在家必聞.
거 지 불 의   재 방 필 문   재 가 필 문

達(달): 통달하다.

聞(문): 이름이 나다. 명성을 얻다.

察(찰): 살피다.

觀(관): 보다.

慮(려): 생각하다. 걱정하다.

違(위): 어기다. 위반하다.

12-21

번지(樊遲)가 무우단[18] 아래에서 공자를 따라 노닐 때 물었다.

“덕을 성대하게 갖추고 악한 마음을 다스리고, 미혹(迷惑)을 분별하는 것에 대해 감히 묻습니다.”

---

18. 무우단은 앞서 〈선진〉 11-24에 나온다.

공자가 말했다.

"좋은 질문이다! 일을 먼저 힘써 하고 보상은 뒤로 미루는 것이 덕을 성대하게 갖추는 것이 아니겠는가? 자기의 악한 마음을 다스리되 남의 악한 마음을 다스리지 않는 것이 악한 마음을 다스리는 것이 아니겠는가? 한순간의 분노로 자신을 잊고서 자신을 치욕스럽게 하고 결국 치욕이 부모에게까지 미치게 하는 것이 미혹이 아니겠는가?"[19]

樊遲從遊於舞雩之下曰 敢問崇德脩慝辨惑. 子曰
번 지 종 유 어 무 우 지 하 왈　감 문 숭 덕 수 특 변 혹　　자 왈

善哉問! 先事後得, 非崇德與? 攻其惡, 無攻人之惡,
선 재 문　선 사 후 득　비 숭 덕 여　공 기 악　무 공 인 지 악

非脩慝與? 一朝之忿, 忘其身, 以及其親, 非惑與?
비 수 특 여　일 조 지 분　망 기 신　이 급 기 친　비 혹 여

崇(숭): 충만하게 하다. 흥성하게 만들다.

脩(수): 다스리다(治).

慝(특): 사악함.

忿(분): 화내다. 분노.

忘(망): 잊다.

12-22

번지가 인에 대해 물었다.

---

19. 남이 자신에게 위해를 가했다고 하여 참지 못하고 분노해서 자신을 잊고 분풀이를 하면 자신이 치욕을 당할 뿐만 아니라 부모에게까지 그 치욕이 미치게 된다. 공자는 이런 것을 미혹이라고 보고 경계하라고 한 것이다.

공자가 말했다.

"사람을 사랑하는 것이다."

다시 앎(知)에 대해 물었다. 공자가 말했다.

"사람을 알아보는 것이다."

번지가 잘 이해하지 못하자 공자가 말했다.

"곧은 사람을 등용하고 굽은 사람을 내치면 굽은 사람을 곧고 바르게 할 수 있다."

번지가 물러나와 자하(子夏)를 보고 말했다.

"지난번 내가 선생님을 뵙고 앎(知)에 대해 여쭙자, 선생님께서는 '곧은 사람을 등용하고 굽은 사람을 내치면 굽은 사람을 곧고 바르게 할 수 있다'고 하셨는데 무슨 뜻인가요?"

자하가 말했다.

"성대하도다! 그 말씀이여! 순(舜)임금이 천하를 소유하여 다스리실 때 사람들 가운데서 고요(皐陶)[20]를 등용하니 어질지 않은 자들이 멀리 달아났다. 탕(湯)임금이 천하를 소유하여 다스리실 때 사람들 가운데서 이윤(伊尹)[21]을 등용하니 어질지 않은 자들이 멀리 달아났다."

樊遲問仁. 子曰 愛人. 問知. 子曰 知人. 樊遲未達,
번지문인 자왈 애인 문지 자왈 지인 번지미달

子曰 擧直錯諸枉, 能使枉者直. 樊遲退, 見子夏曰 鄕也,
자왈 거직조저왕 능사왕자직 번지퇴 견자하왈 향야

---

20. 순임금의 신하로 법과 형벌을 공정하게 집행했던 인물이다.
21. 탕임금의 명재상이다. 탕임금을 보좌하여 하(夏)나라의 폭군 걸왕(桀王)을 몰아내고 은나라의 기초를 세우는 데 크게 기여했다.

吾見於夫子而問知, 子曰擧直錯諸枉, 能使枉者直,
오 견 어 부 자 이 문 지　자 왈 거 직 조 저 왕　능 사 왕 자 직

何謂也? 子夏曰 富哉, 言乎! 舜有天下, 選於衆, 擧皐陶,
하 위 야　자 하 왈 부 재　언 호　순 유 천 하　선 어 중　거 고 요

不仁者遠矣, 湯有天下, 選於衆, 擧伊尹, 不仁者遠矣.
불 인 자 원 의　탕 유 천 하　선 어 중　거 이 윤　불 인 자 원 의

錯(조): 두다.

枉(왕): 굽다.

鄕(향): 지난번. 아까.

擧(거): 등용하다.

富(부): 성대하다. 풍부하다. 많다.

選(선): 가리다. 뽑다.

12-23

자공이 친구를 사귀는 법을 묻자 공자가 말했다.

"진실한 마음으로 옳고 그름을 충고해주고 선한 도리로 인도하되, 듣지 않으면 그만두어 스스로 곤욕을 치르지 말아야 한다."

子貢問友. 子曰 忠告而善道之, 不可則止, 毋自辱焉.
자 공 문 우　자 왈 충 고 이 선 도 지　불 가 즉 지　무 자 욕 언

道(도): 인도하다.

辱(욕): 욕보이다. 곤욕을 치르다.

12-24

증자(曾子)가 말했다.

"군자는 학문으로 친구를 모으고, 친구를 통하여 나의 인을 보완한다."[22]

曾子曰 君子, 以文會友, 以友輔仁.
증 자 왈 군 자 이 문 회 우   이 우 보 인

會(회): 모으다.

輔(보): 돕다. 보완하다.

---

22. 친구 간에 함께 도를 닦아서 부족한 면을 메워주는 것을 말한다.

제13편
자로 子路

13-1

자로(子路)가 정치에 대해 물었다. 공자가 말했다.

"먼저 덕(德)으로 백성을 인도하고 백성의 신임을 얻은 후에 노역을 시켜야 한다."[1]

조금 더 말씀해주길 청하자, 공자가 말했다.

"게으르게 하지 말아야 한다."

子路問政. 子曰 先之勞之. 請益, 曰 無倦.
자 로 문 정　자 왈　선 지 로 지　 청 익 　왈　무 권

13-2

중궁(仲弓)이 계씨(季氏)의 신하가 되어 정치에 대해 물었다. 공자가

---

1. 주자는 '자신이 솔선수범하고 위정자가 몸소 수고해야 한다'라고 해석하였다. 수고(勞)의 주체를 위정자로 본 것이다.

말했다.

"실무자들에게 먼저 일을 맡겨 책임지게 하고, 사소한 잘못은 용서해주고 어질고 재능 있는 인재를 등용해야 한다."

"어질고 재능 있는 인재를 어떻게 알아보고 등용합니까?"

"네가 잘 알고 있는 인재를 등용한다면, 네가 잘 모르는 인재들은 다른 사람들이 천거하지 않고 그들을 내버려두겠는가?"[2]

仲弓爲季氏宰, 問政. 子曰 先有司, 赦小過, 擧賢才. 曰
중 궁 위 계 씨 재　문 정　자 왈 선 유 사　사 소 과　거 현 재　왈

焉知賢才而擧之? 曰 擧爾所知, 爾所不知, 人其舍諸?
언 지 현 재 이 거 지　왈 거 이 소 지　이 소 부 지　인 기 사 저

赦(사): 용서하다. 사면하다.

擧(거): 등용하다. 천거하다.

焉(언): 어찌. 어떻게.

爾(이): 너(2인칭).

舍(사): 버리다.

13-3

자로가 말했다.

"위(衛)나라 임금이[3] 선생님을 기다려 정치를 하려고 합니다. 선생님

---

2. 각자 자신들이 알고 있는 인재들을 천거하면 버려지는 인재가 없을 거라고 본 것이다.

3. 다른 나라에 망명 중이던 출공(出公) 첩(輒)이다. 출공에 대해서는 〈술이〉 15

께서는 장차 무엇을 먼저 하시겠습니까?"

공자가 말했다.

"반드시 온갖 명칭[名]⁴을 바로잡을 것이다!"

자로가 물었다.

"세상물정을 모르시는군요! 어째서 명칭을 바로잡는다고 하십니까?"

공자가 말했다.

"사리를 모르는구나, 유(자로)야! 군자는 자기가 잘 알지 못하는 것에 대해서는 대개 제쳐놓는다. 명칭이 올바르지 않으면 말이 순리에 맞지 않고, 말이 순리에 맞지 않으면 정사(政事)가 이루어지지 않고, 정사가 이루어지지 않으면 예와 음악이 흥하지 않고, 예와 음악이 흥하지 않으면 형벌이 합당하지 않고, 형벌이 합당하지 않으면 백성은 손발을 둘 곳이 없다.⁵ 그렇기 때문에 군자는 명칭을 바로잡으면 그 해당 사안을 분명히 말할 수 있고, 말할 수 있으면 반드시 실행할 수 있다. 군자는 자신의 말에 구차함이 없도록 할 뿐이다."

장(7-15) 참조.

4. 정치를 하려고 하는데 가장 먼저 해야 할 일로 명칭을 바로잡는다고 했는데 이는 무슨 말일까? 온갖 일에는 명칭이 있다. 국정을 수행하는 사안에도 명칭이 붙게 마련이다. 그런 명칭이 실상과 부합해야 하는데 그렇지 않으면 이름과 실상에 괴리가 생기게 된다. 임금은 임금답게, 부모는 부모답게, 자식은 자식답게 행동하는 것이 곧 명칭을 바로잡는 일이다. 그런 면에서 보면 명칭을 바로잡는다는 말은 단지 언어상의 수정이 아니라 명칭이 담는 정의와 당위에 맞게 실상을 고치는 것을 말하는 것이라고 볼 수 있다.

5. 형벌이 지나치고 왜곡되어 있으면 백성이 법망에 자주 걸려든다는 말이다.

子路曰 衛君待子而爲政, 子將奚先?
자 로 왈 위 군 대 자 이 위 정 자 장 해 선

子曰 必也正名乎! 子路曰 有是哉, 子之迂也!
자 왈 필 야 정 명 호 자 로 왈 유 시 재 자 지 우 야

奚其正? 子曰 野哉, 由也! 君子於其所不知, 蓋闕如也.
해 기 정 자 왈 야 재 유 야 군 자 어 기 소 부 지 개 궐 여 야

名不正則言不順, 言不順則事不成, 事不成則禮樂不興,
명 부 정 즉 언 불 순 언 불 순 즉 사 불 성 사 불 성 즉 예 악 불 흥

禮樂不興則刑罰不中, 刑罰不中則民無所措手足.
예 악 불 흥 즉 형 벌 부 중 형 벌 부 중 즉 민 무 소 조 수 족

故君子名之, 必可言也, 言之, 必可行也. 君子於其言,
고 군 자 명 지 필 가 언 야 언 지 필 가 행 야 군 자 어 기 언

無所苟而已矣.
무 소 구 이 이 의

待(대): 기다리다. 의지하다.

奚(해): 무엇. 어디. 어떻게. 어찌.

迂(우): 멀다. 물정에 어둡다.

闕如(궐여): 빼놓다. 빠뜨리다.

13-4

번지(樊遲)가 농사짓는 법을 가르쳐달라고 청했다. 공자가 말했다.

"(농사일에 대해서) 나는 늙은 농부만 못하다."

번지가 채소 기르는 법을 가르쳐달라고 청했다. 공자가 말했다.

"(채소 재배에 대해서) 나는 늙은 채소 농사꾼만 못하다."

번지가 나가자 공자가 말했다.

"소인(小人)이구나, 번지는! 윗사람이 예(禮)를 좋아하면 백성 가운데 윗사람을 감히 공경하지 않는 사람이 없고, 윗사람이 의(義)로움을 좋아

하면 백성 가운데 윗사람에게 감히 복종하지 않는 사람이 없으며, 윗사람이 신의를 좋아하면 백성 가운데 감히 진실되게 행동하지 않는 사람이 없다. 이렇게 하면 온 사방의 백성이 자식을 포대기에 업고 모여들 것인데, 농사짓는 법을 배울 필요가 뭐 있겠는가?"[6]

樊遲請學稼. 子曰 吾不如老農. 請學爲圃.
번지청학가　자왈 오불여로농　청학위포

曰 吾不如老圃. 樊遲出, 子曰 小人哉, 樊須也!
왈 오불여로포　번지출　자왈 소인재　번수야

上好禮則民莫敢不敬, 上好義則民莫敢不服,
상호예즉민막감불경　상호의즉민막감불복

上好信則民莫敢不用情. 夫如是, 則四方之民,
상호신즉민막감불용정　부여시　즉사방지민

襁負其子而至矣, 焉用稼?
강부기자이지의　언용가

稼(가): 심다. 농사짓다.

圃(포): 채소밭.

莫(막): 없다. ~않다.

情(정): 일의 실정. 진실함.

如是(여시): 이와 같다.

襁(강): 포대기.

負(부): 지다.

用(용): 쓰다. 행하다.

---

6. 사회 지도자의 덕목인 예, 의, 신(信)을 좋아하고 자신 스스로 함양하면 농부, 채소 전문가들이 자신의 나라로 몰려들 것이므로 지도자가 직접 농사와 채소 가꾸는 법을 배워서 백성에게 가르칠 필요가 없다는 말이다.

13-5

공자가 말했다.

"《시경》에 실린 시 300편을 외우더라도 정치를 맡겼을 때 통달하지 못하고, 다른 나라에 사신을 보냈을 때 독자적으로 대응하지 못한다면 비록 시를 많이 외웠다 한들 무슨 소용이 있겠는가?"[7]

子曰 誦詩三百, 授之以政, 不達, 使於四方, 不能專對,
자 왈 송 시 삼 백 수 지 이 정 부 달 시 어 사 방 불 능 전 대

雖多, 亦奚以爲?
수 다 역 해 이 위

誦(송): 외우다.

授(수): 주다.

使(시): 사신으로 보내다.

專(전): 독자적으로. 전일하게.

奚(해): 무엇. 어디. 어째서. 어떻게.

13-6

공자가 말했다.

"위정자 자신이 올바르면 백성은 명령을 내리지 않아도 잘 시행하고,

---

7. 《시경》의 시를 외워두는 일은 중국 고대 사회 정치인, 외교관의 중요한 소양이었다. 정치인이나 외교관들은 자신의 견해나 의사를 《시경》의 시를 가지고 간접적으로 표현했다. 여기에서는 이런 소양을 갖추고도 실제 현실 속에서 적용하지 못하면 그런 것이 도리어 무용해진다는 것을 밝힌 것이다.

위정자 자신이 올바르지 않으면 백성은 명령을 내리더라도 잘 따르지
않는다.”

子曰 其身正, 不令而行, 其身不正, 雖令不從.
자 왈 기 신 정　불 령 이 행　기 신 부 정　수 령 부 종

13-7

공자가 말했다.

“노나라와 위나라의 정치는 마치 형제간처럼 비슷하구나.”[8]

子曰 魯衛之政, 兄弟也.
자 왈　노 위 지 정　형 제 야

13-8

공자가 위나라 공자(公子) 형(荊)[9]에 대해 말했다.

“그는 집안을 조리 있게 다스렸다. 처음 자산이 많아지자 ‘그런대로
모였다’고 말했고, 다소 더 생겼을 때 ‘그런대로 완비되었다’고 말했고,
부유해졌을 때 ‘그런대로 훌륭해졌다’고 말했다.”[10]

---

8. 주공(周公)은 노(魯)나라의 시조이고 강숙(康叔)은 위나라의 시조였는데, 이
   두 사람은 형제였기에 두 나라 또한 비슷한 점이 있었다.

9. 위나라 대부로 헌공(獻公)의 아들이다. 군자라는 명성이 있었다.

10. 집안의 재물이 늘어나도 그것에 마음을 얽매지 않고 ‘그런대로’라고 말하는
    점에서 집안 재산을 잘 다스렸다고 본 것이다.

子謂衛公子莉. 善居室. 始有曰苟合矣, 少有曰苟完矣,
자 위 위 공 자 형　선 거 실　시 유 왈 구 합 의　소 유 왈 구 완 의

富有曰苟美矣.
부 유 왈 구 미 의

居(거): 지내다. 다스리다.

室(실): 집안.

苟(구): 대략. 그런대로.

13-9

공자가 위나라에 갈 때 염유(冉有)가 수레를 몰고 있었다. 공자가 말
했다.

"백성이 참 많구나!"

염유가 말했다.

"백성이 이미 많다면 또 무슨 일을 더 해야 합니까?"

"부유하게 해줘야 한다."

"이미 부유해지면 또 무슨 일을 더 해야 합니까?"

"그들에게 의로운 방도와 예절을 가르쳐야 한다."

子適衛, 冉有僕. 子曰 庶矣哉! 冉有曰 既庶矣,
자 적 위　염 유 복　자 왈 서 의 재　염 유 왈 기 서 의

又何加焉?曰 富之. 曰 既富矣, 又何加焉? 曰 教之.
우 하 가 언　왈 부 지　왈 기 부 의　우 하 가 언　왈 교 지

僕(복): 수레를 모는 사람.

庶(서): 많다.

既(기): 이미.

13-10

공자가 말했다.

"진실로 나를 등용해주는 사람이 있다면 기간이 1년뿐이라도 정치와 교화를 제대로 행할 수 있고, 3년이면 큰 성취를 이룰 수 있을 것이다."

子曰 苟有用我者, 朞月而已可也, 三年有成.
자 왈 구 유 용 아 자   기 월 이 이 가 야   삼 년 유 성

苟(구): 진실로.

期月(기월): 한 해. 일 년.

13-11

공자가 말했다.

"선한 사람이 100년 동안 나라를 다스리면, 잔학한 사람을 이겨서 사형 제도도 없앨 수 있다[11]고 하는데 진실이다. 이 말은!"

子曰 善人爲邦百年, 亦可以勝殘去殺矣. 誠哉, 是言也!
자 왈 선 인 위 방 백 년   역 가 이 승 잔 거 살 의   성 재   시 언 야

勝(승): 이기다.

殘(잔): 잔학하다.

---

11. 잔학한 사람을 이긴다는 말은 악한 짓을 못하게 한다는 의미이다.

13-12

공자가 말했다.

"만약 천명(天命)을 받은 성왕(聖王)이 있다고 해도 반드시 30년이 지난 이후에야 인한 정치(仁政)가 이루어진다."

子曰 如有王者, 必世而後仁.
자 왈 여 유 왕 자   필 세 이 후 인

13-13

공자가 말했다.

"진실로 자기 자신을 바르게 할 수 있다면 정치를 하는 데 무슨 어려움이 있겠는가? 자기 자신을 바르게 할 수 없다면 어떻게 다른 사람을 바르게 하겠는가?"

子曰 苟正其身矣, 於從政乎, 何有? 不能正其身,
자 왈 구 정 기 신 의   어 종 정 호   하 유   불 능 정 기 신

如正人何?
여 정 인 하

如(여)A何(하)?: A를 어떻게 하겠는가?

13-14

염자(冉子 염유)가 조정에서 일을 끝내고 물러나오자 공자가 말했다.

"무슨 일로 늦었느냐?"

"국정 사안이 있었습니다."

"아마도 평범한 일이었겠지![12] 만약에 국정 사안이 있었다면 비록 내가 관직에 있지는 않아도 참여해서 그것을 들었을 것이다."[13]

冉子退朝, 子曰 何晏也? 對曰 有政. 子曰 其事也.
염 자 퇴 조   자 왈 하 안 야   대 왈 유 정   자 왈 기 사 야

如有政, 雖不吾以, 吾其與聞之.
여 유 정   수 불 오 이   오 기 여 문 지

晏(안): 늦다.

以(이): 쓰다. 쓰이다.

13-15

노(魯)나라 정공(定公)이 물었다.

"한마디 말이 나라를 흥하게 할 수 있다던데 그런 말이 있습니까?"

공자가 대답했다.

---

12. 주자는 '계씨 가문의 사적인 일이었겠지!'라고 해석했다. 주자의 해석에 따르면 당시에 염유는 계씨의 가신으로 있었는데, 그런 계씨가 노나라를 전횡했기 때문에 공자는 계씨와 그의 가신이자 자신의 제자인 염유에 비판적인 태도로 대했다. 공자는 염유가 국정을 한다고 말했지만, 이 말이 옳지 않고 공적인 일이 아닌 권력 가문의 사적인 일이라고 본 것이다.

13. 공자는 기원전 502년에서 기원전 492년 사이에 어떤 관직을 지낸 것으로 추정되는데 어떤 관직인지는 알 수 없다. 공자 스스로는 중요한 정책 결정에 자문을 제공할 수 있는 자리라고 믿었지만 실제로 정책 결정과 같은 중대한 사안에 대해서 공자에게 자문이 들어오지는 않았다. 그렇기에 공자는 이것을 두고 아마도 공적인 중대 사안이 아니라 계씨의 사적인 사안이라고 보았을 것이다.

"말이라는 것은 그와 같을 수는 없지만, 그와 가까운 말이 있습니다. 사람들이 하는 말에 '임금 노릇하기도 어렵고 신하 노릇하기도 어렵다'고 합니다. 이 한마디 말로 인해 임금 노릇하기가 어렵다는 것을 알게 된다면 한마디 말이 나라를 흥하게 하는 데에 가깝지 않겠습니까?"

정공이 물었다.

"한마디 말이 나라를 망하게 할 수 있다던데 그런 말이 있습니까?"

공자가 대답했다.

"말이라는 것은 그와 같을 수는 없지만, 그와 가까운 말이 있습니다. 사람들이 하는 말에 '나는 임금 노릇에는 즐거움이 없고, 다만 내가 말을 하면 누구도 나를 거역하지 않는 것은 즐겁다'고 합니다. 가령 임금이 하는 말이 선한데 그 말을 거역하지 않는다면 또한 좋은 것이 아니겠습니까? 만약 선하지 않은데 그 말을 거역하지 않는다면 한마디 말이 나라를 망하게 하는 데에 가깝지 않겠습니까?"

定公問, 一言而可以興邦, 有諸? 孔子對曰
정공문 일언이가이흥방 유저 공자대왈

言不可以若是, 其幾也. 人之言曰, 爲君難, 爲臣不易.
언불가이약시 기기야 인지언왈 위군난 위신불이

如知爲君之難也, 不幾乎一言而興邦乎? 曰 一言而喪邦,
여지위군지난야 불기호일언이흥방호 왈 일언이상방

有諸? 孔子對曰 言不可以若是, 其幾也. 人之言曰,
유저 공자대왈 언불가이약시 기기야 인지언왈

予無樂乎爲君, 唯其言而莫予違也. 如其善而莫之違也,
여무락호위군 유기언이막여위야 여기선이막지위야

不亦善乎? 如不善而莫之違也, 不幾乎一言而喪邦乎?
불역선호 여불선이막지위야 불기호일언이상방호

興(흥): 흥성하게 하다.

幾(기): 가깝다.

如(여): 가령. 만일.

喪(상): 망치다. 망하게 하다.

予(여): 나(1인칭).

違(위): 어기다. 거역하다.

13-16

초(楚)나라 섭공(葉公)이 정치에 대해 물었다. 공자가 말했다.

"가까이 있는 사람들이 기쁘게 하면 멀리 있는 사람들이 우러러보며
찾아온다."

葉公問政. 子曰 近者說, 遠者來.
섭 공 문 정   자 왈 근 자 열   원 자 래

13-17

자하(子夏)가 거보(莒父) 땅의 현령이 되어 정치에 대해 물었다. 공자
가 말했다.

"빨리 성과를 내려 하지 말고, 작은 이익을 탐내지 말아야 한다. 빨리
성과를 내려 하면 제대로 달성하지 못하고, 작은 이익을 탐내면 큰일을
이루지 못한다."

子夏爲莒父宰, 問政. 子曰 無欲速, 無見小利.
자 하 위 거 보 재   문 정   자 왈 무 욕 속   무 견 소 리

欲速則不達, 見小利則大事不成.
욕 속 즉 부 달   견 소 리 즉 대 사 불 성

速(속): 빠르다. 속히.

13-18

초나라 섭공이 공자에게 말했다.

"우리 마을에 몸가짐이 정직한 사람이 있습니다. 그 아버지가 양을 훔치자 아들이 그 일을 고발했습니다."

공자가 말했다.

"우리 마을의 정직한 사람은 그와 다릅니다. 아버지는 아들을 위해 숨겨주고, 아들은 아버지를 위해 숨겨줍니다. 정직함은 바로 그 가운데 있습니다."[14]

葉公語孔子曰 吾黨有直躬者. 其父攘羊, 而子證之.
섭 공 어 공 자 왈   오 당 유 직 궁 자   기 부 양 양   이 자 증 지

孔子曰 吾黨之直者, 異於是. 父爲子隱, 子爲父隱.
공 자 왈   오 당 지 직 자   이 어 시   부 위 자 은   자 위 부 은

直在其中矣.
직 재 기 중 의

黨(당): 마을의 단위.

躬(궁): 몸. 자신.

攘(양): 훔치다.

證(증): 고발하다.

隱(은): 숨기다.

---

14. 섭공과 공자는 정직에 대한 개념이 서로 달랐다. 섭공은 국가 규범을 준수하는 것을 정직으로 보았고, 공자는 가정 윤리를 준수하는 것을 정직으로 보았다.

13-19

번지가 인(仁)에 대해 물었다. 공자가 말했다.

"평소 거처할 때 공손하고, 일을 처리할 때는 경건하고, 사람들과 사 귈 때는 진심을 다하는 것이다. 비록 오랑캐 나라에 간다고 할지라도 이 덕목을 버려서는 안 된다."[15]

樊遲問仁. 子曰 居處恭, 執事敬, 與人忠. 雖之夷狄,
번 지 문 인　자 왈　거 처 공　집 사 경　여 인 충　수 지 이 적

不可棄也.
불 가 기 야

棄(기): 버리다.

13-20

자공(子貢)이 물었다.

"어떻게 해야 선비[士]라고 말할 수 있습니까?"

공자가 말했다.

"자기 행동에 잘못된 것이 생기면 부끄러워할 줄 알고, 다른 나라에 사신으로 가서 임금의 명령을 욕되게 하지 않는다면 선비라고 말할 수 있다."

---

15. 오랑캐 나라는 예의가 없는 곳이기 때문에 실제로 공손함, 경건함, 진실된 마 음을 실행하지 않아도 된다고 생각하기가 쉽다. 그것이 당시 사람들의 오랑 캐 나라에 대한 생각이었다. 하지만 공자는 오랑캐 나라에 가더라도 이런 예 의를 실천해야 한다고 보았다. 또 인을 행하는 일은 오랑캐 나라에서도 그만 두어서는 안 된다고 보았다.

"감히 그 다음의 행실에 대해 묻습니다."

"친족이 효성스럽다고 칭찬하고, 마을 사람들이 공손하다고 칭찬하는 사람이다."

"감히 그 다음의 행실에 대해 묻습니다."

"말은 반드시 믿음직스럽게 하고 행동은 반드시 과단성 있게 하는 것이 고집스러운 소인(小人)[16]이긴 해도 역시 그다음의 행실은 될 수 있다."

"요즘 정치에 종사하는 사람들은 어떻습니까?"

"아! 그릇이 작고 자잘한 사람들이야 따질 것이 뭐가 있겠는가?"

子貢問曰 何如斯可謂之士矣? 子曰 行己有恥, 使於四方,
자 공 문 왈   하 여 사 가 위 지 사 의   자 왈   행 기 유 치   시 어 사 방

不辱君命, 可謂士矣. 曰 敢問其次. 曰 宗族稱孝焉,
불 욕 군 명   가 위 사 의   왈 감 문 기 차   왈 종 족 칭 효 언

鄕黨稱弟焉. 曰 敢問其次. 曰 言必信, 行必果,
향 당 칭 제 언   왈 감 문 기 차   왈 언 필 신   행 필 과

硜硜然小人哉, 抑亦可以爲次矣. 曰 今之從政者何如?
갱 갱 연 소 인 재   억 역 가 이 위 차 의   왈 금 지 종 정 자 하 여

子曰 噫! 斗筲之人, 何足算也?
자 왈 희   두 소 지 인   하 족 산 야

恥(치): 부끄러워하다.

使於四方(시어사방): 사방의 여러 나라에 사신으로 가다.

宗族(종족): 집안사람들. 일가친척.

稱(칭): 칭찬하다.

---

16. 여기에서 소인은 도덕적으로 부족한 점이 있는 사람이 아닌, 농사를 짓고 생산 활동에 힘쓰며 살아가는 평범한 사람을 뜻한다.

硜硜(갱갱): 깐깐한 모양.

抑(억): 아니면.

斗(두): 한 말.

筲(소): 두 되.

算(산): 계산하다.

13-21

공자가 말했다.

"언행이 중도(中道)에 맞는 사람을 얻어 함께할 수 없다면, 반드시 광자(狂者)나 견자(狷者)와 함께하리라! 광자는 진취적으로 나아갈 줄만 알고 견자는 절도를 지킬 뿐 하는 바가 없다."[17]

子曰 不得中行而與之, 必也狂狷乎! 狂者進取,
자 왈 부 득 중 행 이 여 지   필 야 광 견 호   광 자 진 취

狷者有所不爲也.
견 자 유 소 불 위 야

狂者(광자): 진취적이고 과감한 사람.

狷者(견자): 지킬 줄 알고 절조를 지키는 사람.

---

17. 광자는 나아갈 줄만 알고 물러남이 없고, 견자는 절조를 지킬 줄만 알고 과감하게 행동하는 것이 없다. 둘 다 중도는 아니고 치우친 것이다. 그럼에도 공자가 이들과 함께하겠다고 한 까닭은 이 두 부류의 사람은 성품이 일관성이 있기 때문이다. 당시에 사람들은 나아가고 물러서는 일에 일관성이 없는 경우가 많았기에 중도는 아니지만 성품에 일관성이 있는 사람과 함께하고자 한 것이다.

13-22

공자가 말했다.

"남방 사람들의 말에 '사람이 한결같음이 없으면 무당이나 의사도 치료할 수 없다'[18]는 말이 있는데 참 좋은 말이다! 《주역》에 '그 덕이 한결같지 않으면 혹 수치스러운 일을 당한다'[19]는 말이 있다."

공자가 말했다.

"한결같은 마음이 없는 사람은 《주역》으로 길흉을 점을 쳐볼 대상도 안 된다."

子曰 南人有言曰, 人而無恒, 不可以作巫醫, 善夫!
자왈 남인유언왈   인이무항   불가이작무의   선부

不恒其德, 或承之羞. 子曰 不占而已矣.
불항기덕   혹승지수   자왈 부점이이의

恒(항): 늘. 항상. 한결같다.

巫(무): 무당.

醫(의): 치료하다. 의사.

或(혹): 간혹. 늘.

羞(수): 부끄러움.

占(점): 길흉을 점치다.

___

18. 주자는 '사람이 한결같음이 없으면 무당이나 의사조차도 될 수 없다'고 해석했다. 공자가 살던 때에는 무당이나 의사가 천한 직업이었다. 그래서 한결같음이 없으면 천한 사람조차 될 수 없다는 뜻으로 해석한 것이다.

19. 《주역》〈항괘(恒卦)〉 구삼(九三)의 효사이다.

13-23

공자가 말했다.

"군자(君子)는 마음이 화합하지만 소견이 다르기 때문에 줏대 없이 남들을 따르지는 않는다. 소인은 줏대 없이 남들을 따르지만 각각 이익을 다투기 때문에 화합하지는 못한다."

子曰 君子和而不同. 小人同而不和.
자 왈 군 자 화 이 부 동   소 인 동 이 불 화

13-24

자공이 물었다.

"마을 사람들 모두가 그를 좋아한다면 그 사람은 어떻습니까?"

공자가 말했다.

"아직 선한 사람이라고 할 수 없다."

"마을 사람들 모두가 그를 미워한다면 그 사람은 어떻습니까?"

"아직 선한 사람이라고 할 수 없다. 마을 사람들 중에 선한 사람이 그를 좋아하고, 마을 사람들 중에 악한 사람이 그를 미워하는 사람만 못하다."[20]

---

20. 모든 사람에게 환영받는 사람이 꼭 선한 사람은 아니다. 또 모든 사람이 미워하는 사람이 꼭 악한 사람도 아니다. 결국은 누가 좋아하고 누가 미워하는지가 더 중요하다. 선한 사람이 좋아하고 악한 사람이 미워하는 사람이 진정으로 선한 사람이라고 할 수 있다는 것이다.

子貢問曰 鄉人皆好之, 何如? 子曰 未可也.
자 공 문 왈 향 인 개 호 지   하 여   자 왈 미 가 야

鄉人皆惡之, 何如? 子曰 未可也. 不如鄉人之善者好之,
향 인 개 오 지   하 여   자 왈 미 가 야   불 여 향 인 지 선 자 호 지

其不善者惡之.
기 불 선 자 오 지

13-25

공자가 말했다.

"군자는 섬기기는 쉬워도 기쁘게 하기는 어렵다.[21] 정당한 방법으로 하지 않으면 기뻐하지 않고, 군자가 사람들에게 일을 시킬 때는 각자의 재능을 헤아려 관직을 준다. 소인은 섬기기는 어려워도 기쁘게 하기는 쉽다. 정당한 방법을 쓰지 않아도 기뻐하고, 소인이 사람들에게 일을 시킬 때는 모든 일을 할 줄 알기를 요구한다."

子曰 君子易事而難說也. 說之不以道, 不說也.
자 왈 군 자 이 사 이 난 열 야   열 지 불 이 도   불 열 야

及其使人也, 器之. 小人難事而易說也. 說之雖不以道,
급 기 사 인 야   기 지   소 인 난 사 이 이 열 야   열 지 수 불 이 노

說也. 及其使人也, 求備焉.
열 야   급 기 사 인 야   구 비 언

> 器(기): 그릇. 그릇으로 여기다. 여기에서 파생되어 그 그릇(재능)에 맞게 일을 시키는 것을 말한다.

---

21. 한 사람에게 모든 일을 할 줄 알기를 요구하지 않기 때문에 섬기기가 쉽다고 한 것이다.

及(급): ~에 이르러. ~할 때에. ~을 때.

求(구): 요구하다.

備(비): 갖추다.

13-26

공자가 말했다.

"군자는 무엇에도 얽매이지 않고 태연하게 행동해서 교만해 보이지만 실제로 교만하지 않다. 소인은 교만하되 느긋하지 못하다."

子曰 君子泰而不驕, 小人驕而不泰.
자 왈 군 자 태 이 불 교 소 인 교 이 불 태

泰(태): 느긋하다. 얽매이지 않다. 태연하다.

驕(교): 교만하다.

13-27

공자가 말했다.

"욕심에 굴복하지 않을 강인함, 과단성, 질박함, 느리고 둔함이 있으면 인에 가깝다."

子曰 剛毅木訥, 近仁.
자 왈 강 의 목 눌 근 인

剛(강): 강하다. 무욕(無欲)하다.

木(목): 질박하다. 꾸밈없다.

訥(눌): 어눌하다.

13-28

자로가 물었다.

"행실이 어떠해야 선비라고 말할 수 있습니까?"

공자가 말했다.

"서로 절실하게 노력할 것을 권하고 잘 화합하여 즐겁게 지낸다면 선비라고 말할 수 있다. 친구 사이에는 절실하게 노력할 것을 권하고, 형제 사이에는 잘 화합하여 즐겁게 지내야 한다."

子路問曰 何如斯可謂之士矣？ 子曰 切切偲偲,
자 로 문 왈　하 여 사 가 위 지 사 의　　자 왈　절 절 시 시

怡怡如也, 可謂士矣. 朋友切切偲偲, 兄弟怡怡.
이 이 여 야　가 위 사 의　　붕 우 절 절 시 시　　형 제 이 이

切切(절절): 절실하게. 간절하게.

偲偲(시시): 자상하게 권면(勸勉)하다.

怡怡(이이): 화합하여 즐거운 모양.

13-29

공자가 말했다.

"군자가 백성을 7년 동안 가르친다면 백성이 예의와 신의를 알게 만

들어서 전쟁에 나가 용감히 싸우도록 할 수 있다."[22]

子曰 善人教民七年, 亦可以卽戎矣.
자 왈 선 인 교 민 칠 년   역 가 이 즉 융 의

善人(선인): 군자. 선한 사람. 일을 잘 처리하는 사람.
卽(즉): 나아가다(就).
戎(융): 전쟁(兵).

13-30

공자가 말했다.

"가르치지 않은 백성을 전쟁터에 나가게 하면 반드시 패배할 것이니,
이것을 두고 '백성을 버린다'고 말한다."

子曰 以不敎民戰, 是謂棄之.
자 왈 이 불 교 민 전   시 위 기 지

以(이): 쓰다. 이용하다(用).
棄(기): 버리다.

---

22. 백성이 전쟁터에 나가게 하는 것. 그들이 나라를 위해 열심히 목숨 바쳐 싸
우게 하는 것은 몹시 쉽지 않은 일이다. '군자'라는 훌륭한 사람이 가르쳐도 7
년이라는 오랜 시간이 걸리는 일이다. 그리고 전쟁터에 나가 제대로 싸우게
만들려면 적어도 백성을 가르쳐야 가능하다는 말이다. 가르쳐야 할 것은 예
의와 신의인데, 이것을 아는 사람만이 전쟁터에 나갈 수 있다는 의미이기도
하다.

제14편

헌문 憲問

14-1

원헌(原憲)[1]이 수치스러운 일[恥]에 대해 물었다. 공자가 말했다.

"나라에 도가 행해질 때에는 마땅히 나라의 녹을 먹어야 하지만, 나라에 도가 행해지지 않을 때에는 조정에 있으면서 나라의 녹을 먹는 것이 수치스러운 일이다."

원헌이 또 물었다.

"남을 이기기를 좋아하고 자신의 공을 자랑하며, 사소한 일에 시기하고 탐욕을 부리는 일, 이 네 가지를 행하지 않으면 인자(仁者)라고 할 수 있습니까?"

공자가 말했다.

"실천하기 어려운 일이라고 할 수는 있지만, 인자인지는 나는 모르겠다."

---

1. 공자의 제자. 성은 원(原), 이름은 헌(憲), 자는 자사(子思)이다.

憲問恥. 子曰 邦有道穀, 邦無道穀, 恥也. 克伐怨欲,
헌 문 치　　자 왈　방 유 도 곡　방 무 도 곡　치 야　극 벌 원 욕

不行焉, 可以爲仁矣? 子曰 可以爲難矣, 仁則吾不知也.
불 행 언　가 이 위 인 의　　자 왈　가 이 위 난 의　　인 즉 오 부 지 야

穀(곡): 봉록. 관직에 있을 때 대가로 받는 곡식.

克(극): 이기다.

伐(벌): 자랑하다.

14-2

공자가 말했다.

"선비[士]임에도 편하게 지내려는 생각을 품고 있다면 선비라고 하기
에 부족하다."[2]

子曰 士而懷居, 不足以爲士矣.
자 왈　사 이 회 거　부 족 이 위 사 의

懷(회): 생각을 마음에 품다.

居(거): 편한 거처.

14-3

공자가 말했다.

2. '선비라고 하기에 부족하다'는 말은 선비라고 부르기에 한참 못 미친다는 뜻
　으로, 진정한 선비가 아니라는 말과 같다.

"나라에 도가 행해질 때는 엄정하게 말하고 엄정하게 행동해야 한다. 나라에 도가 행해지지 않을 때는 엄정하게 행동하되 말은 공손히 해야 한다."[3]

子曰 邦有道, 危言危行, 邦無道, 危行言孫.
자왈 방유도 위언위행 방무도 위행언손

危(위): 엄정(厲).
孫(손): 공손하다.

14-4

공자가 말했다.

"덕이 있는 사람은 반드시 말솜씨가 있지만, 말솜씨가 있는 사람이 반드시 덕이 있는 것은 아니다. 인자는 반드시 용기가 있지만, 용기 있는 사람이 반드시 인(仁)한 것은 아니다."

子曰 有德者必有言, 有言者不必有德. 仁者必有勇,
자왈 유덕자필유언 유언자불필유언 인자필유용

勇者不必有仁.
용자불필유인

---

3. 나라에 도가 행해지지 않는 때는 풍속이 비천하고 저속한 상태이다. 이런 상황이라도 행동은 엄정하게 하여 더러운 풍속을 따라서는 안 된다. 다만 말은 공손하게 해서 불의의 피해를 피할 필요가 있다.

14-5

남궁괄(南宮适)⁴이 공자에게 물었다.

"예(羿)⁵는 활을 잘 쏘았고 오(奡)⁶는 육지에서 배를 끌 정도로 힘이 좋았지만 모두 제 명에 죽지 못했습니다. 하지만 우(禹)임금과 직(稷)⁷은 몸소 농사를 지었는데도 천하를 소유하셨습니다."

공자는 대답하지 않았다. 남궁괄이 밖으로 나가자 공자가 말했다.

"군자(君子)로다, 저 사람은! 덕(德)을 숭상하는구나, 저 사람은!"

南宮适問於孔子曰 羿善射, 奡盪舟, 俱不得其死.
남 궁 괄 문 어 공 자 왈   예 선 사   오 탕 주   구 부 득 기 사

然禹稷躬稼, 而有天下. 夫子不答. 南宮适出, 子曰
연 우 직 궁 가   이 유 천 하   부 자 부 답   남 궁 괄 출   자 왈

君子哉, 若人! 尙德哉, 若人!
군 자 재   약 인   상 덕 재   약 인

射(사): 화살을 쏘다. 궁술.

盪(탕): 움직이다.

俱(구): 모두

---

4. 노(魯)나라 사람으로 공자의 제자이다. 자는 자용(子容)이다. 남용(南容)이라고도 불린다.

5. 하(夏)나라 때 동이족의 수령으로 활쏘기를 잘하기로 명성이 있었다. 하나라 태강(太康)의 왕위를 찬탈한 뒤 나라를 잘 다스리지 않고 사냥만 일삼다 신하 한착(寒浞)에게 죽임을 당하였다.

6. 오(奡)는 한착(寒浞)의 아들이다. 육지에서 배를 끌고 다닐 정도로 힘이 장사였다고 한다. 후에 하나라 왕족인 소강(小康)에게 죽임을 당하였다.

7. 직(稷)은 순임금의 신하로 후직(后稷)이라고도 한다. 당시 백성에게 곡식을 재배하는 법과 농사짓는 법을 알려주었고 후에 농업의 신으로 추앙받았다.

尙(상): 높이다. 숭상하다.

14-6

공자가 말했다.

"군자임에도 완벽하지 않을 수 있기에 인하지 못한 사람은 있겠지만, 소인(小人)이면서 인한 사람은 없다."[8]

子曰 君子而不仁者, 有矣夫, 未有小人而仁者也.
자 왈 군 자 이 불 인 자　유 의 부　미 유 소 인 이 인 자 야

14-7

공자가 말했다.

"그 사람을 아낀다면 위로(慰勞)하여 오게 하지 않을 수 있겠는가? 그 사람이 나에게 진심으로 대한다면 가르치지 않을 수 있겠는가?"[9]

子曰 愛之, 能勿勞乎? 忠焉, 能勿誨乎?
자 왈 애 지　능 물 로 호　충 언　능 물 회 호

---

8. 군자는 기본적으로 인이라고 하는 가치를 실현하려고 늘 노력하기 때문에 인한 사람이라고 할 수 있지만, 인을 완전히 실현한 경지에는 도달하기 어려운 것이다. 따라서 인을 실현하는 과정에서 잠시 방심한다면 인하지 못한 사람이 될 수 있다. 반면 소인은 항시 자신의 이익에만 매달려 있기 때문에 소인이면서 인한 사람은 없다고 한 것이다.

9. 주자는 '아낀다면 수고롭게 하지 않을 수 있겠는가? 충심이라면 가르쳐주지 않을 수 있겠는가?'라고 해석했다.

誨(회): 가르치다.

14-8

공자가 말했다.

"정(鄭)나라에서 외교문서를 작성할 때는 비심(裨諶)[10]이 초야(草野)에 가서 계획하여 만들고, 세숙(世叔)[11]이 연구하여 견해를 내고, 행인(行人)[12]인 자우(子羽)[13]가 문장을 고치고, 동리(東里)의 자산(子産)[14]이 매끄럽게 손을 보았다."[15]

子曰 爲命, 裨諶草創之, 世叔討論之, 行人子羽脩飾之,
자 왈 위 명 비 심 초 창 지 세 숙 토 론 지 행 인 자 우 수 식 지

東里子産潤色之.
동 리 자 산 윤 색 지

爲(위): 만들다.

命(명): 나라의 공문서.

___

10. 정나라의 대부.

11. 정나라의 대부. 이름은 유길(游吉)이다. 《춘추좌씨전》에는 자태숙(子太叔)으로 되어 있다.

12. 외교 업무를 담당하는 관직 이름이다.

13. 정나라 대부 공손휘(公孫揮)이다.

14. 정나라 대부 공손교(公孫僑)이다. 정나라 명재상으로 학식이 뛰어나고 외교에 능하여 공자가 매우 존경한 인물이다. 동리(東里)는 지명이다.

15. 한 나라의 공식 문서가 만들어지는 과정에서 각자 역할을 충실히 수행해낸 인물들을 칭찬한 것이다.

草創(초창): 초야에 가서 만들다.

討論(토론): 한 사람이 연구한 후에 견해를 내는 것.

脩飾(수식): 문장을 더하거나 빼는 것.

潤色(윤색): 문장을 윤이 나게 하다.

14-9

어떤 사람이 정나라 사람 자산(子産)에 대해 물었다. 공자가 말했다.

"남을 아끼는 사람이다."

자서(子西)[16]에 대해 물었다. 공자가 말했다.

"저 따위 사람을! 저 따위 사람을!"[17]

관중(管仲)에 대해 물었다. 공자가 말했다.

"그 사람은 백씨(伯氏)[18]가 잘못을 저지르자 백씨의 병읍(騈邑)[19] 300
가호(家戶)를 빼앗았는데, 백씨는 거친 밥을 먹고 살면서도 평생 원망하

---

16. 춘추시대에 자서(子西)라 불리는 사람이 세 명이 있었다. 첫째는 정나라 공
    손하(公孫夏)로 자산(子産)의 사촌이었고 노(魯)나라 양공(襄公) 때 사람이다.
    둘째는 초(楚)나라 투의신(鬪宜申)으로 노나라 희공(僖公), 문공(文公) 때 사
    람이다. 셋째는 초나라 공자신(公子申)으로 공자와 동시대 사람이다. 여기에
    서는 정나라 공손하로 보는 것이 적절해 보인다.

17. 공자는 그에 대해 매우 비판적인 생각을 했기 때문에 배척하는 뜻으로 그렇
    게 말했다.

18. 제(齊)나라 대부. 백씨가 죄를 짓자 관중이 환공에게 건의하여 그의 땅을 몰
    수했는데, 백씨는 자신의 죄를 시인하고 관중의 처사를 인정했기 때문에 관
    중을 원망하지 않았다.

19. 지명(地名)이다.

는 말을 하지 않았다."[20]

或問子産, 子曰 惠人也. 問子西, 曰 彼哉, 彼哉!
혹 문 자 산   자 왈 혜 인 야   문 자 서   왈 피 재   피 재

問管仲, 曰 人也, 奪伯氏騈邑三百, 飯疏食, 沒齒無怨言.
문 관 중   왈 인 야   탈 백 씨 병 읍 삼 백   반 소 사   몰 치 무 원 언

惠(혜): 아끼다(愛).

奪(탈): 빼앗다.

沒齒(몰치): 평생.

14-10

공자가 말했다.

"가난하면서 원망이 없기는 어렵지만, 부유하면서 교만하지 않기는
쉽다."

子曰 貧而無怨難, 富而無驕易.
자 왈 빈 이 무 원 난   부 이 무 교 이

14-11

공자가 말했다.

"맹공작(孟公綽)[21]은 진(晉)나라의 권세가인 조씨(趙氏)나 위씨(魏氏)

---

20. 원망하는 말이 없었던 까닭은 관중의 행위가 이치에 맞았기 때문이다.

21. 노나라 대부로 청렴하고 욕심이 없는 인물이었다. 공자가 존경한 인물이다.

의 가신(家臣)이 되기에는 충분하지만 등(滕)나라나 설(薛)나라의 대부가 될 수는 없다."[22]

子曰 孟公綽爲趙魏老則優, 不可以爲滕薛大夫.
자 왈 맹 공 작 위 조 위 노 즉 우　불 가 이 위 등 설 대 부

老(노): 가신(家臣)의 우두머리.

優(우): 넉넉하다. 충분하다.

14-12

자로(子路)가 성인(成人)에 대해 묻자, 공자가 말했다.

"만약 장무중(臧武仲)[23]의 지혜, 맹공작의 욕심 없음, 변장자(卞莊子)[24]의 용기, 염구의 재능과 예악(禮樂)으로 다듬고 꾸민다면, 또한 성인이라고 할 수 있다."

또 말했다.

"요즘의 성인이야 어찌 꼭 그래야만 하겠는가? 이익을 보면 의로운 것인지 생각하고, 위태로운 사태를 보면 목숨을 바치고, 오래된 약속이라도 소싯적에 한 약속을 잊지 않는다면 또한 성인이라고 할 수 있다."

---

22. 맹공작은 욕심이 적은 성품이었다. 조씨와 위씨의 가신이라는 직위는 특정 직무가 없었기에 여유가 있는 일이었지만, 등나라나 설나라는 더 작은 나라임에도 그 나라들의 대부 직책은 큰일은 아니지만 일이 번다했다.

23. 노나라의 대부 장손흘(臧孫紇)이다. 매우 총명한 사람이었다.

24. 노나라의 대부이다. 매우 용감한 사람이었다.

子路問成人. 子曰 若臧武仲之知, 公綽之不欲,
자 로 문 성 인   자 왈   약 장 무 중 지 지   공 작 지 불 욕

卞莊子之勇, 冉求之藝, 文之以禮樂, 亦可以爲成人矣.
변 장 자 지 용   염 구 지 예   문 지 이 예 악   역 가 이 위 성 인 의

曰 今之成人者, 何必然? 見利思義, 見危授命,
왈 금 지 성 인 자   하 필 연   견 리 사 의   견 위 수 명

久要不忘平生之言, 亦可以爲成人矣.
구 요 불 망 평 생 지 언   역 가 이 위 성 인 의

文(문): 문식하다. 꾸미다. 다듬다.

久要(구요): 오래된 약속.

平生(평생): 소싯적.

成人(성인): 인품이 완성된 인간.

14-13

공자가 공명가(公明賈)[25]에게 공숙문자(公叔文子)[26]에 대해 물었다.

"참으로 그 분은 말도 하지 않고 웃지도 않고 재물을 욕심껏 취하지 않습니까?"

공명가가 대답했다.

"알려드린 사람이 잘못 전한 것입니다. 그 분께서는 적절한 때가 된 뒤에 말하기에 사람들이 그 말을 싫어하지 않습니다. 즐거워진 뒤에 웃

---

25. 위나라 사람으로 성은 공명(公明), 이름은 가(賈)이다.

26. 위나라의 대부로 성은 공손(公孫), 이름은 발(拔)이다. 위나라 헌공(獻公)의 손자이자 영공(靈公)의 가노(家老)였다. 위나라 사람들에게 존경을 받은 인물이다.

기에 사람들이 그 웃음을 싫어하지 않습니다. 의롭다는 것을 확인한 이후에 재물을 취하기에 사람들이 그 재물을 취함을 싫어하지 않습니다."

공자가 말했다.

"그렇습니까? 그 분이 어떻게 그렇게 대단할 수 있습니까?"[27]

子問公叔文子於公明賈曰 信乎? 夫子不言不笑不取乎?
자 문 공 숙 문 자 어 공 명 가 왈 신 호 부 자 불 언 불 소 불 취 호

公明賈對曰 以告者過也. 夫子時然後言, 人不厭其言.
공 명 가 대 왈 이 고 자 과 야 부 자 시 연 후 언 인 불 염 기 언

樂然後笑, 人不厭其笑. 義然後取, 人不厭其取. 子曰
낙 연 후 소 이 불 염 기 소 의 연 후 취 인 불 염 기 취 자 왈

其然? 豈其然乎?
기 연 기 기 연 호

信乎(신호): 정말입니까?

夫子(부자): 보통 《논어》에서 '부자'는 공자를 가리키는 존칭으로 '선생님'이라는 의미를 가지지만, 여기에서는 공자가 공숙문자를 가리켜 말하는 존칭어로 쓰였다.

過(과): 잘못. 지나치다.

厭(염): 싫어하다.

14-14

공자가 말했다.

"장무중은 방(防) 지역을 점거하고 노나라에 후계자를 세워줄 것을

---

27. 공자가 들었을 때는 공숙문자의 경지가 너무 대단해서 찬미하면서도 약간 의심이 된다는 말투로 말한 것이다.

요구했다. 비록 임금에게 형세를 믿고 강요한 것은 아니라고 하지만 나는 믿지 않는다."[28]

子曰 臧武仲以防求爲後於魯. 雖曰不要君, 吾不信也.
자 왈 장 무 중 이 방 구 위 후 어 노   수 왈 불 요 군   오 불 신 야

求(구): 요구하다.

要(요): 강요하다. 위협하다.

14-15

공자가 말했다.

"진(晉)나라의 문공(文公)[29]은 속이고 바르지 않았다. 제(齊)나라 환공
(桓公)[30]은 바르고 속이지 않았다."

---

28. 장무중은 죄를 얻어 주(邾)나라로 달아났다가 다시 방 땅으로 가서 점거하고, 노나라에 사자를 보내 자신의 선조에게 제사를 드려줄 후계자를 세워달라고 요구하였다. 은연중에 모반할 분위기를 자아내었기에 강요나 협박이라고 볼 여지가 있었다.

29. 진나라의 제후이다. 성은 희(姬), 이름은 중이(重耳)이다, 문(文)은 그의 시호이다. 진문공은 신하로서 임금을 불러 제후들로 하여금 알현하게 했다. 공자는 이 점을 두고서 속이고 바르지 않다고 평가한 것이다.

30. 제나라의 제후이다. 성은 강(姜), 이름은 소백(小白)이다. 환(桓)은 그의 시호이다. 관중을 재상으로 등용하여 제나라를 크게 발전시켰다. 제환공은 재상 관중과 함께 제후들의 군사를 데리고 초나라를 공공의 뜻으로 침공하고, 포모(包茅 술을 여과할 때 쓰는 풀 묶음인데 이것이 없으면 천왕의 제사를 지낼 수 없었다)를 바치지 않은 것을 문책하고, 주나라 소왕(昭王)이 남방을 순수(巡狩)하다가 돌아오지 못한 것을 따져 물었다.(실제로 소공은 남방에 갔다가 한수(漢水)

子曰 晉文公譎而不正. 齊桓公正而不譎.
자 왈 진 문 공 휼 이 부 정　　제 환 공 정 이 불 휼

譎(휼): 속이다.

14-16

자로가 물었다.

"제나라 환공이 공자(公子) 규(糾)[31]를 죽였을 때, 규의 신하였던 소홀(召忽)[32]은 따라서 죽었으나 함께 규를 섬기던 관중(管仲)은 따라 죽지 않았습니다.[33] 관중은 인하지 못하다 말해야 하지 않습니까?"

공자가 말했다.

에서 배가 부서져 익사하였는데 알려지지 않아서 주나라 사람들이 몰랐기 때문에 초나라를 토벌 중인 관중이 이 사안을 문제 삼은 것이다) 공자는 이러한 환공의 행적을 두고 바르고 속이지 않았다고 평가한 것이다.

31. 제나라 희공(僖公)의 둘째아들인 공자 규이다. 희공이 죽고 첫째아들인 제아(諸兒)가 왕위에 올라 양공(襄公)이 되었는데, 사촌 공손무지(公孫無知)가 반란을 일으켜 양공을 죽이고 자신이 제후가 되었다. 관중과 소홀이 공자 규를 모시고 노나라로 달아났고, 셋째아들인 소백(小白 환공)은 거(莒)나라로 달아났다. 그 후 공손무지는 제나라 사람들 손에 죽었다. 다시 노나라 사람들이 공자 규를 제나라로 보내려 했지만 환공이 거나라로부터 먼저 제나라로 돌아와 제후가 되었다. 공자 규는 노나라에 있다가 제나라의 강압으로 노나라에서 죽었고, 그를 모시던 두 신하 중 소홀은 따라 죽었고 관중은 죽지 않았다. 관중은 훗날 원수이기도 한 환공의 신하가 되어 제나라의 부흥을 이끌었다.

32. 제나라의 대부이다. 공자 규의 스승으로, 규가 소백(환공)에게 죽임을 당하자 투항하지 않고 강물에 몸을 던져 죽었다.

33. 관중은 소홀과 함께 공자 규의 스승이었다. 규가 소백에게 죽임을 당한 뒤 제나라의 포로가 되었는데, 어린 시절 친한 친구였던 포숙아(鮑叔牙)의 추천으로 제나라 재상으로 등용되었다.

"환공이 아홉 번 제후들을 회합하면서도 무력을 사용하지 않은 것은 관중 덕분이다. 누가 관중만큼 인하겠는가? 누가 관중만큼 인하겠는가?"

子路曰 桓公殺公子糾, 召忽死之, 管仲不死. 曰未仁乎?
자 로 왈 환 공 살 공 자 규   소 홀 사 지   관 중 불 사   왈 미 인 호

子曰 桓公九合諸侯, 不以兵車, 管仲之力也. 如其仁?
자 왈 환 공 구 합 제 후   불 이 병 거   관 중 지 력 야   여 기 인

如其仁?
여 기 인

九合(구합): 아홉 번 모으다.

兵車(병거): 무력.

14-17

자공(子貢)이 말했다.

"관중은 인자가 아닐 것입니다. 제나라 환공이 공자 규를 죽였을 때 자신이 모시던 공자 규를 따라서 죽지 않고 오히려 원수인 환공을 도왔습니다."

공자가 말했다.

"관중이 환공을 도와 제후들의 패자(霸者)가 되게 하여 한 번 천하를 바로잡았기 때문에 백성이 지금까지 그 혜택을 받고 있다. 관중이 없었다면 우리는 머리를 풀어헤치고 옷깃을 왼쪽으로 여미는 오랑캐가 되었을 것이다.[34] 평범한 사람이 자잘한 신의를 지키기 위해 스스로 도랑

---

34. 관중이 없었다면 임금은 임금답지 않고 신하는 신하답지 않은 상태, 곧 오랑캐의 풍속과 같은 나라가 되었을 거라는 말이다. 관중은 제나라 환공을 도와

에서 목을 매어 죽어도 아무도 알아주지 않는 것과 어찌 같겠느냐?"[35]

子貢曰 管仲非仁者與! 桓公殺公子糾, 不能死, 又相之.
자 공 왈 관 중 비 인 자 여   환 공 살 공 자 규   불 능 사   우 상 지

子曰 管仲相桓公霸諸侯, 一匡天下, 民到于今, 受其賜.
자 왈 관 중 상 환 공 패 제 후   일 광 천 하   민 도 우 금   수 기 사

微管仲, 吾其被髮左衽矣. 豈若匹夫匹婦之爲諒也,
미 관 중   오 기 피 발 좌 임 의   기 약 필 부 필 부 지 위 량 야

自經於溝瀆而莫之知也.
자 경 어 구 독 이 막 지 지 야

相(상): 돕다.

霸(패): 제패하다. 패자.

匡(광): 바로잡다.

賜(사): 혜택.

微(미): 아니다. 없다.

被髮左衽(피발좌임): 被髮(피발)은 머리를 풀어헤치는 것이고, 左衽(좌임)은 옷깃을 왼쪽으로 여미는 것이다. 모두 오랑캐의 풍습이다.

諒(량): 작은 신의.

經(경): 목을 매어 죽다.

溝瀆(구독): 도랑. 개천.

제후들을 규합하여 북방 오랑캐의 침략을 물리치고, 당시에 주나라 왕실의 질서에 협력하지 않던 초(楚)나라를 침공하여 조공을 바치겠다는 약속을 받아냈다.

35. 공자 규를 모시던 두 신하 중 소홀은 따라 죽었고, 관중은 따라 죽지 않았다. 공자 규를 위해 죽은 것이 그렇게 크게 칭찬할 만한 일이 아니고, 관중이 죽지 않은 것을 두고 크게 탓할 것도 없다는 것이다. 결국 공자는 작은 신의를 지키느라 죽는 것보다는 작은 신의를 버리더라도 훗날 큰 업적을 만들어 백성을 이롭게 하는 편이 낫다고 본 것이다.

14-18

공숙문자의 가신인 대부(大夫) 선(僎)이 공숙문자의 추천으로 조정의 신하가 되었다. 공자가 이 일을 들으시고 말했다.

"시호를 문(文)이라 할 만하다."

公叔文子之臣大夫僎, 與文子同升諸公. 子聞之曰
공 숙 문 자 지 신 대 부 선　여 문 자 동 승 저 공　자 문 지 왈

可以爲文矣.
가 이 위 문 의

升(승): 오르다.
公(공): 조정. 국가. 공가(公家)

14-19

공자가 위나라 영공의 무도함에 대해 말하자, 계강자(季康子)가 말했다.

"이처럼 무도한데도 어떻게 나라가 망하지 않은 것입니까?"[36]

공자가 말했다.

"영공의 신하인 중숙어(仲叔圉)[37]가 다른 나라의 사신들을 잘 접대하

---

36. 주자는 '이처럼 무도한데도 어떻게 위 영공은 지위를 잃지 않습니까?'로 해
　석했다.
37. 위(衛)나라의 대부 공문자(孔文子)이다.

고, 축타(祝鮀)[38]가 종묘의 제사를 잘 담당하고, 왕손가(王孫賈)가 군대를 잘 다스립니다. 직책에 맞는 재능을 갖춘 신하들이 있는데 어찌 나라가 망하겠습니까?"[39]

子言衛靈公之無道也, 康子曰 夫如是, 奚而不喪? 孔子曰
자 언 위 령 공 지 무 도 야   강 자 왈   부 여 시   해 이 불 상   공 자 왈

仲叔圉治賓客, 祝鮀治宗廟, 王孫賈治軍旅. 夫如是,
중 숙 어 치 빈 객   축 타 치 종 묘   왕 손 가 치 군 려   부 여 시

奚其喪?
해 기 상

喪(상): 망하다(亡).

軍旅(군려): 군대.

14-20

공자가 말했다.

"안에 실질이 있다면 그것을 말하는 것이 부끄럽지 않으니, 그 실질을 쌓는 것이 어렵다."

子曰 其言之不怍, 則爲之也難.
자 왈 기 언 지 부 작   즉 위 지 야 난

怍(작): 부끄러워하다.

14-21

제나라의 대부 진성자(陳成子)[40]가 자신의 임금인 간공(簡公)[41]을 시해했다.[42] 이에 공자가 목욕재계하고 조정에 나가 애공(哀公)에게 말했다.

"진항(진성자)이 자기 임금을 시해했으니 그를 토벌하십시오."

애공이 말했다.

"저 삼경(三卿)에게 말하시오!"[43]

공자는 조정에서 물러나와 말했다.

"나는 대부의 반열에 있는 사람으로서 감히 말하지 않을 수 없었는데, 임금께서는 삼경에게 말하라고 하는구나!"

삼경을 찾아가 진성자를 토벌하자고 말했지만 모두 안 된다고 했다. 공자가 말했다.

---

40. 제나라의 대부로 이름은 항(恒)이다.

41. 제나라의 제후로 이름은 임(壬)이다.

42. 이 사건은 기원전 481년(애공 14년)의 일이다. 공자의 생애 중 마지막 사건인데 이 일이 있고 2년 뒤인 기원전 479년에 공자는 세상을 떠났다.

43. 삼경이란 세 대신이라는 뜻이다. 당시 노나라의 권세가인 맹손(孟孫), 숙손(叔孫), 계손(季孫) 세 가문의 대부들을 말한다. 당시 노나라 제후였던 애공에게는 아무런 힘이 없었기 때문에 실권을 장악하고 있던 세 가문의 대부에게 이야기하라고 한 것이다.

"나는 대부의 반열에 있는 사람으로서 감히 말하지 않을 수가 없었다."[44]

陳成子弑簡公. 孔子沐浴而朝, 告於哀公曰 陳恒弑其君,
진성자시간공　공자목욕이조　고어애공왈　진항시기군

請討之. 公曰 告夫三子. 孔子曰 以吾從大夫之後,
청토지　공왈　고부삼자　공자왈　이오종대부지후

不敢不告也. 君曰告夫三子者! 之三子告, 不可. 孔子曰
불감불고야　군왈고부자삼자　지삼자고　불가　공자왈

以吾從大夫之後, 不敢不告也.
이오종대부지후　불감불고야

弑(시): 임금이나 부모를 죽이다.

討(토): 정벌하다. 토벌하다.

14-22

자로가 임금을 섬기는 법을 물었다. 공자가 말했다.

"임금을 속이지 말고, 임금이 싫은 내색을 하더라도 직언을 하라."

---

44. 제나라에서 신하가 임금을 시해한 사건이 벌어지자 공자는 임금을 찾아가 제나라의 무도한 신하를 토벌해야 한다고 아뢰었다. 공자가 이렇게 적극적으로 이웃 나라를 공격하자고 한 것은 그가 대부라는 관직을 지냈기 때문에 이런 불의한 일이 생겼을 때 마땅히 임금에게 아뢰는 것이 옳다고 판단했기 때문이다. 하지만 임금은 공자의 말을 적극적으로 수용하지 않았다. 당시에 권력이 애공 자신보다는 삼경 쪽에 더 많아서 애공으로서는 부득이하게 삼경에게 결정을 미루었다고 보기도 한다.

子路問事君. 子曰 勿欺也, 而犯之.
자 로 문 사 군   자 왈 물 기 야   이 범 지

欺(기): 속이다. 기만하다.

犯(범): 범하다. 선을 넘다.

14-23

공자가 말했다.

"군자는 근본인 도덕과 신의에 통달하고, 소인은 말단인 재물과 이익에 통달한다."[45]

子曰 君子上達, 小人下達.
자 왈 군 자 상 달   소 인 하 달

14-24

공자가 말했다.

"옛날 사람들의 배움[學]은 실천을 위한 것, 즉 자기 자신을 위한 것이었는데, 오늘날 사람들의 배움은 단지 말만 잘하는 것, 즉 남을 위한 것이 되었다."

---

45. 주자는 '군자는 높고 밝은 곳으로 정진하고, 소인은 더럽고 낮은 곳으로 타락한다'고 해석했다. 군자는 천명을 따르기 때문이고 소인은 욕심을 따르기 때문이라고 보았다.

子曰 古之學者爲己, 今之學者爲人.
자 왈 고 지 학 자 위 기   금 지 학 자 위 인

爲(위): ~을 위하여.

14-25

거백옥(蘧伯玉)[46]이 공자에게 사람을 보내 안부를 전했다. 공자가 그 사람과 함께 앉아서 물었다.

"선생님께서는 무엇을 하시며 지내시는가?"

사자(使者)가 대답했다.

"선생님께서는 자기의 과오를 적게 하고자 하시지만 아직 완벽하게 능하시지는 않습니다."

사자가 나가자 공자가 말했다.

"훌륭한 사자로다! 훌륭한 사자로다!"

蘧伯玉使人於孔子. 孔子與之坐而問焉曰 夫子何爲?
거 백 옥 사 인 어 공 자   공 자 여 지 좌 이 문 언 왈 부 자 하 위

對曰 夫子欲寡其過, 而未能也. 使者出, 子曰 使乎!
대 왈 부 자 욕 과 기 과   이 미 능 야   사 자 출   자 왈 사 호

使乎!
사 호

與(여): ~와 함께.

---

46. 위나라의 대부로 성은 거(蘧), 이름은 원(瑗), 자는 자옥(子玉)이다. 공자가 위나라에 있을 때 그의 집에 머무른 적이 있다.

欲(욕): ～하고자 하다. ～을 원하다.

寡(과): 적게 하다.

14-26

공자가 말했다.

"그 직위에 있지 않다면, 그 지위에서 관할하는 일에 참견하지 말아야 한다."[47]

증자(曾子)가 말했다.

"군자는 생각이 자신의 지위를 벗어나지 않는다."

子曰 不在其位, 不謀其政. 曾子曰 君子, 思不出其位.
자 왈 부 재 기 위 불 모 기 정 증 자 왈 군 자 사 불 출 기 위

14-27

공자가 말했다.

"군자는 자기 말이 행동보다 앞서는 것을 부끄러워한다."[48]

子曰 君子恥其言而過其行.
자 왈 군 자 치 기 언 이 과 기 행

---

47. 〈태백〉 14장(8-14)에 나왔다.

48. 말과 행동이 서로 부합되어야 함을 권면하는 말이다. 보통 많은 사람이 말이 앞서고 행동은 뒤따르지 않는다.

14-28

공자가 말했다.

"군자의 도가 세 가지 있지만 나는 충분히 잘하는 것이 하나도 없다. 인한 사람[仁者]은 근심하지 않고, 지혜로운 사람[知者]은 미혹되지 않고, 용감한 사람[勇者]은 두려워하지 않는다."

자공이 말했다.

"선생님께서는 당신 스스로 겸양하신 말씀이다."

子曰 君子道者三, 我無能焉. 仁者不憂, 知者不惑,
자 왈 군 자 도 자 삼　아 무 능 언　인 자 불 우　지 자 불 혹

勇者不懼. 子貢曰 夫子自道也.
용 자 불 구　자 공 왈 부 자 자 도 야

自道(자도): 自(자)는 '자기 자신', 道(도)는 '말하다'라는 뜻이다.

14-29

자공이 사람들을 비교하자[49] 공자가 말했다.

"사(賜)는 현자인가 보구나![50] 나는 그렇게 사람을 비교할 겨를이 없다."

子貢方人, 子曰 賜也, 賢乎哉! 夫我則不暇.
자 공 방 인　자 왈 사 야　현 호 재　부 아 즉 불 가

---

49. 사람을 알아보고 비교하는 일은 중국 고대의 성인이라 불리는 요(堯)임금, 순(舜)임금도 어렵게 여겼다. 그런데 그보다 지혜가 부족한 자공이 사람을 비교하는 일을 하니 공자가 화가 나서 자공을 억제하는 말을 해준 것이다.

50. 반어법이다. 정말 훌륭하다는 것이 아니라 훌륭하지 않은데도 그렇게 훌륭한 것처럼 행동한다고 비꼬아 말한 것이다.

方(방): 비교하다.

暇(가): 틈. 겨를.

14-30

공자가 말했다.

"남이 자기를 알아주지 않는 것을 걱정하지 말고, 자신의 무능(無能)만을 걱정하라."

子曰 不患人之不己知, 患其不能也.
자 왈 불 환 인 지 불 기 지   환 기 불 능 야

14-31

공자가 말했다.

"남이 나를 속일 거라고 미리 짐작하지 말고, 남이 나를 믿지 않을까 미리 억측하지 말라. 그리고 또 먼저 남의 감정을 알아채는 것이 어찌 현명하다고 하겠는가?"[51]

子曰 不逆詐, 不億不信, 抑亦先覺者, 是賢乎?
자 왈 불 역 사   불 억 불 신   억 역 선 각 자   시 현 호

---

51. 여기서는 남이 나를 속일 거라는 감정, 남이 나를 믿지 않는 감정을 미리 알아채는 것이 결국 남에게 원한을 갖게 하는 일이 되기 때문에 결코 현명하다고 볼 수 없다고 해석했다. 주자는 '남의 속임수와 불신을 미리 알아채는 것이 현명할 것이다'라고 해석했다.

逆(역): 미리 짐작하다.

詐(사): 속이다.

億(억): 억측하다.

14-32

미생무(微生畝)[52]가 공자에게 말했다.

"구(丘),[53] 당신은 무엇 때문에 이처럼 분주한가? 말재주나 부리는 것이 아닌가?"

공자가 말했다.

"감히 말재주나 부리려는 것이 아닙니다. 세상의 완고함을 미워하여 변화시키려 그런 것입니다."

微生畝謂孔子曰 丘何爲是栖栖者與? 無乃爲佞乎?
미 생 무 위 공 자 왈 구 하 위 시 서 서 자 여   무 내 위 녕 호

孔子曰 非敢爲佞也. 疾固也.
공 자 왈 비 감 위 녕 야   질 고 야

栖栖(서서): 이리저리 돌아다니는 모양.

無乃(무내)~乎(호): 추측 또는 완곡한 판단을 나타내는 반어적 표현이다. '아마도~이 아닌가?', '설마 ~ 아닌가?'라고 해석한다.

疾(질): 미워하다.

固(고): 완고하다.

---

52. 미생(微生)은 성이고, 무(畝)는 이름이다. 은둔자라고 하기도 하고, 공자의 선배라는 설도 있다.

53. 공자의 이름이 구(丘)이다.

14-33

공자가 말했다.

"천리마는 그 힘을 칭찬하는 것이 아니라 그 덕을 칭찬하는 것이다."[54]

子曰 驥, 不稱其力, 稱其德也.
자 왈 기 불 칭 기 력 칭 기 덕 야

驥(기): 천리마. 날쌔고 빠른 말.

稱(칭): 칭찬하다.

14-34

어떤 사람이 말했다.

"은덕으로써 원한을 갚는 것은 어떻습니까?"

공자가 말했다.

"그러면 은덕은 무엇으로 갚을 것인가? 정직한 도리로 원한을 갚고 은덕으로써 은덕에 보답해야 한다."

或曰 以德報怨, 何如? 子曰 何以報德? 以直報怨,
혹 왈 이 덕 보 원 하 여 자 왈 하 이 보 덕 이 직 보 원

以德報德.
이 덕 보 덕

---

54. '천리마의 덕'이란 길이 잘 들어 순한 것을 말한다. 공자가 살았던 때에 사람들이 힘으로 승리를 쟁취하는 것만을 높게 여기고 덕을 중시하지 않았다. 이런 풍조를 싫어하여 공자가 이런 말을 한 것이다.

14-35

공자가 말했다.

"나를 알아주는 사람이 없구나."

자공이 괴의하게 여겨서 말했다.

"어째서 선생님을 알아주는 사람이 없다고 하십니까?"

공자가 말했다.

"세상에 쓰이지 못해도 하늘을 원망하지 않고, 남들이 알아주지 않아도 남을 탓하지 않았다. 아래로는 인간의 일을 배우고 위로는 천명(天命)에 통달하니, 나를 아는 이는 아마도 저 하늘뿐이리라!"

子曰 莫我知也夫! 子貢曰 何爲其莫知子也? 子曰
자 왈 막 아 지 야 부   자 공 왈 하 위 기 막 지 자 야   자 왈

不怨天, 不尤人. 下學而上達, 知我者, 其天乎!
불 원 천   불 우 인   하 학 이 상 달   지 아 자   기 천 호

也夫(야부): 감탄을 나타내는 허사이다. '~(이)구나'로 해석한다.

尤(우): 탓하다.

14-36

공백료(公伯寮)[55]가 계손에게 자로를 모함하여 참소하였다. 자복경백(子服景伯)[56]이 공자에게 그 사실을 알리며 말하였다.

---

55. 노나라 사람으로 공자의 제자이다. 성은 공백(公伯), 이름은 료(寮), 자는 자주(子周)이다.

56. 노나라의 대부로 성은 자복(子服), 이름은 하(何), 자는 백(伯)이다. 경(景)은

"그 분(계손)은 확실히 공백료의 모함을 믿고 자로에게 의혹을 품고 있습니다. 제 힘이면 오히려 공백료를 죽여서 시신을 시장이나 조정에 펼쳐놓을 수 있습니다."

공자가 말했다.

"도(道)가 장차 행해지는 것도 운명이고, 도가 장차 폐해지는 것도 운명이니 공백료가 그 운명을 어찌하겠는가?"[57]

公伯寮愬子路於季孫. 子服景伯以告曰
공 백 료 소 자 로 어 계 손   자 복 경 백 이 고 왈

夫子固有惑志於公伯寮. 吾力猶能肆諸市朝.
부 자 고 유 혹 지 어 공 백 료   오 력 유 능 사 저 시 조

子曰 道之將行也與, 命也, 道之將廢也與, 命也.
자 왈 도 지 장 행 야 여   명 야   도 지 장 폐 야 여   명 야

公伯寮其如命何?
공 백 료 기 여 명 하

愬(소): 모함하여 헐뜯다.

惑志(혹지): 의심. 의혹을 품은 마음.

肆(사): 죽여서 시신을 걸어놓다.

市(시): 물건을 사고파는 시장.

朝(조): 조정.

命(명): 운명. 천명.

그의 시호이다.

57. 공자는 자로가 흥하거나 망하는 것 모두 운명에 달린 일이지 한 사람의 참소로 인한 것이 아니라고 보고 이렇게 말한 것이다.

14-37

공자가 말했다.

"현자(賢者)는 세상을 피하고, 그 아래 경지의 사람은 정치 상황이 어지러워진 나라를 피하고, 그 아래 경지의 사람은 바르지 않은 모습을 보고 좋지 않으면 피하고, 그 아래 경지의 사람은 악한 말이 있으면 피한다."

공자가 말했다.

"세상을 피하기를 실행한 사람이 일곱 사람 있었다."[58]

子曰 賢者辟世, 其次辟地, 其次辟色, 其次辟言. 子曰
자 왈 현 자 피 세   기 차 피 지   기 차 피 색   기 차 피 언   자 왈

作者七人矣.
작 자 칠 인 의

辟(피): 피하다.

作(작): 행하다(爲).

14-38

자로가 석문(石門)[59]에서 하룻밤을 묵었는데 새벽에 문지기가 물었다.

"어디에서 오셨소?"

---

58. 장저(長沮), 걸닉(桀溺), 장인(丈人), 석문(石門), 하궤(荷簣), 의봉인(儀封人), 초광접여(楚狂接輿)이다. 하지만 이 일곱 명의 목록에 대해서는 시비 논쟁이 있다.

59. 노나라의 도시 외문(外門)이라고 보기도 하고, 제나라의 지명이라고 보는 설도 있다.

"공자 문하에서 왔습니다."

"세상에 도를 펼칠 수 없다는 것을 알면서도 기어이 해보겠다는 그 사람 말인가요?"

子路宿於石門, 晨門曰 奚自? 子路曰 自孔氏. 曰
자 로 숙 어 석 문   신 문 왈   해 자   자 로 왈   자 공 씨   왈

是知其不可而爲之者與?
시 지 기 불 가 이 위 지 자 여

晨門(신문): 새벽에 문을 여는 일을 담당하는 사람.

奚自(해자): 어디로부터. 어디에서.

14-39

공자가 위나라에서 편경을 두드리며 연주하고 계실 때, 삼태기를 메고 공자의 문 앞을 지나가던 사람이 말했다.

"근심하고 괴로운 마음이 있구나! 편경 소리에!"

잠시 후에 그가 다시 말했다.

"너절하구나! 땡땡 편경 소리가! 자기를 알아주는 사람이 없는데도 자기 자신을 믿을 뿐이다. 물이 깊으면 옷을 입은 채로 건너고, 물이 얕으면 옷을 걷고 건널 일이다."[60]

---

60. 물이 깊거나 얕음을 헤아려서 그에 알맞게 옷을 입거나 걷어 올린다는 것은 세상의 형편을 헤아려서 그에 맞게 자신의 뜻을 편다는 것을 비유한 것이다. 삼태기를 멘 사람은 공자가 세상의 형편을 헤아리지 못해서 적절하게 그만둘 줄 모른다고 비판한 것이다.

공자가 말했다.

"과감하구나! 그렇게 할 수 있다면야 어려울 게 없겠구나."[61]

子擊磬於衛. 有荷蕢而過孔氏之門者曰 有心哉, 擊磬乎!
자 격 경 어 위　유 하 괴 이 과 공 씨 지 문 자 왈　유 심 재　격 경 호

旣而曰 鄙哉, 硜硜乎! 莫己知也, 斯己而已矣. 深則厲,
기 이 왈　비 재　갱 갱 호　막 기 지 야　사 기 이 이 의　심 즉 려

淺則揭. 子曰 果哉! 末之難矣.
천 즉 게　자 왈　과 재　말 지 난 의

擊(격): 치다. 두드리다.

磬(경): 경쇠. 편경.

荷(하): 짊어지다.

蕢(괴): 삼태기.

旣而(기이): 얼마 안 되어.

鄙(비): 너절하다. 비루하다.

硜硜(갱갱): 땡땡거리는 소리.

己(이): 그만두다. 관두다.

厲(려): 옷을 입은 채로 물을 건너다.

揭(게): 옷을 걷다.

61. 공자가 과감하다고 한 것은 공자의 깊은 뜻도 모르고 무작정 비판하는 삼태
기 멘 사람을 배척하는 말이다. 어려울 게 없다고 한 것은 삼태기를 멘 사람
은 도를 이해하지 못하기 때문에 모든 걸 쉽게 생각하기 쉽다는 뜻으로 말한
것이다.

14-40

자장(子張)이 말했다.

"《서경》에서 '은(殷)나라의 고종(高宗)[62]은 양음(諒陰)[63]하는 3년 동안 말을 하지 않았다[64]고 했는데, 무슨 뜻입니까?"

공자가 말했다.

"어찌 반드시 고종만 그러했겠는가? 옛사람들은 모두 그러했다. 임금이 서거하면 모든 신하는 자신의 직무를 주재하고 3년 동안 재상의 명령을 따랐다."

子張曰 書云, 高宗諒陰三年不言,
자 장 왈 서 운   고 종 량 음 삼 년 불 언

何謂也? 子曰 何必高宗? 古之人皆然. 君薨, 百官總己,
하 위 야   자 왈 하 필 고 종   고 지 인 개 연   군 훙   백 관 총 기

以聽於冢宰三年.
이 청 어 총 재 삼 년

諒陰(양음): 신임하고 침묵.

然(연): 그러하다. 그렇게 하다.

薨(훙): 임금의 죽음을 가리키는 말.

百官(백관): 모든 신하.

總己(총기): 자기 직무를 총괄하다.

聽(청): 따르다.

---

62. 은나라의 왕 무정(武丁)이다.

63. 양음에 대해서는 해석이 분분한데, 천자나 제후가 부모의 상중(喪中)에 거처하는 공간이라고 보기도 한다.

64. 《서경》〈무일(無逸)〉에 나온다.

冢宰(총재): 주(周)나라 관직명으로 왕을 보좌하고 백관을 관장했다.

14-41

공자가 말했다.

"임금이 예(禮)를 좋아하면 백성이 모두 존경하기 때문에 그들을 부리기가 쉬워진다."

子曰 上好禮, 則民易使也.
자 왈 상 호 예   즉 민 이 사 야

14-42

자로가 군자에 대해 물었다. 공자가 말했다.

"수양하여 자신을 공경스러운 상태로 만든다."

"그렇게만 하면 되는 것입니까?"

"수양하여 친구와 친족을 편안하게 해준다."

"그렇게만 하면 되는 것입니까?"

"수양하여 백성을 편안하게 해준다.[65] '수양하여 백성을 편안하게 해주는 일'은 요임금과 순임금도 오히려 어렵게 여기셨다."

---

65. 군자가 되는 방법으로 처음에는 자기 자신을 대상으로 하고, 그다음은 나의 반경에서 가까운 사람들을 대상으로 하고, 마지막으로 '백성'이라고 하는 일 면식이 없는 불특정 다수를 대상으로 하고 있다.

子路問君子. 子曰 脩己以敬. 曰 如斯而已乎?
자 로 문 군 자　　자 왈 수 기 이 경　　왈　여 사 이 이 호

曰 脩己以安人. 曰 如斯而已乎? 曰 脩己以安百姓.
왈 수 기 이 안 인　　왈 여 사 이 이 호　　왈 수 기 이 안 백 성

脩己以安百姓, 堯舜其猶病諸.
수 기 이 안 백 성　　요 순 기 유 병 저

如斯(여사): 이와 같다. 그와 같다.

而已乎(이이호): ~(을) 뿐입니까?

其(기): 추측을 드러내는 부사로 '아마'로 해석한다.

病(병): 어려워하다(難).

14-43

원양(原壤)[66]이 거만하게 걸터앉아 공자를 기다렸다. 공자가 말했다.

"어려서는 어른에게 공손하지도 않고, 커서는 남들이 칭찬할 만한 일
도 없고, 늙어서는 죽지도 않고 남에게 피해만 주는 사람을 '사회의 해
악'[賊]이라고 한다."

그러시고는 지팡이로 그의 정강이를 툭 치셨다.

原壤夷俟. 子曰 幼而不孫弟, 長而無述焉,
원 양 이 사　　자 왈 유 이 불 손 제　　장 이 무 술 언

老而不死, 是爲賊. 以杖叩其脛.
노 이 불 사　　시 위 적　　이 장 고 기 경

夷(이): 거만하게 걸터앉다.

---

66. 노나라 사람으로 공자의 오래된 친구이다.

俟(사): 기다리다.

幼(유): 어리다.

孫弟(손제): 공손하다.

長(장): 장성하다. 자라다.

述(술): 칭찬하다.

賊(적): 세상의 풍속을 해치는 사람.

杖(장): 지팡이.

叩(고): 두드리다.

脛(경): 정강이.

14-44

궐당(闕黨)[67]의 동자(童子)가 명령을 받들며 시중을 들고 있었는데, 어떤 사람이 물었다.

"이 아이는 학문이 진보하기를 추구하는 아이입니까?"

공자가 말했다.

"나는 그 아이가 어른 자리에 앉아 있는 것을 보았고,[68] 어른과 나란히 걷는 것을 보았습니다.[69] 학문이 진보하기를 구하기보다 빨리 성인이 되고자 하는 아이입니다."

---

67. 궐당은 노나라의 고을 이름으로 공자가 거처한 곳이라고 한다.

68. 원래 동자는 모퉁이에 앉되 정해진 자리가 없었고 성인이 되어야 자리가 있었다. 그런데 이 동자는 어른 자리를 차지하고 앉아 있었던 것이다.

69. 예법에 따르면 아버지의 연배를 만나면 뒤따라가고 형의 연배를 만나면 약간 뒤처져가는 것이 옳은데 동자가 어른과 걸을 때는 나란히 걸었다. 이는 겸손과 예를 어긴 것이라고 볼 수 있다.

闕黨童子將命, 或問之曰 益者與? 子曰 吾見其居於位也,
궐 당 동 자 장 명   혹 문 지 왈   익 자 여   자 왈   오 견 기 거 어 위 야

見其與先生並行也. 非求益者也, 欲速成者也.
견 기 여 선 생 병 행 야   비 구 익 자 야   욕 속 성 자 야

童子(동자): 관례를 치르지 않은 자, 즉 미성년의 남자 아이를 말한다.

將命(장명): 명령을 받들어 전하다.

益(익): 진보하다. 늘리다. 나아지다.

先生(선생): 어른.

並行(병행): 나란히 걷다.

제15편

위령공 衛靈公

15-1

위(衛)나라 영공(靈公)이 공자에게 군대의 대오를 진열하는 법에 대해 물었다. 공자가 대답하여 말했다.

"예식의 기물을 진열하는 일은 일찍이 들은 적이 있지만, 군대에 대한 일은 들은 적이 없습니다."[1]

그리고 다음 날 마침내 위나라를 떠났다.

진(陳)나라에 있을 때 식량이 떨어지고, 따르던 사람들이 굶주려 일어설 수도 없게 되었다. 자로가 화가 난 얼굴로 공자를 뵙고 말했다.

"군자도 이렇게 곤궁할 때가 있습니까?"

---

1. 예식의 기물을 진열하는 법은 알아도 군대를 진열하는 법은 모른다는 공자의 말은 위영공의 질문을 풍자한 것이다. 예식의 기물과 군대는 모두 통치에 필요한 수단이다. 하지만 공자는 전자는 나라를 다스리는 일의 근본적인 일인 반면에 후자는 말단의 일이라고 여겼다. 공자는 군대에 관한 일을 묻기 전에 나라의 근본을 좌우하는 일인 예법에 대해서 먼저 물었어야 한다고 돌려서 말한 것이다.

공자가 말했다.

"군자도 원래 곤궁할 때가 있는데 소인(小人)은 곤궁하면 분수를 넘어 행동한다."

衛靈公問陳於孔子. 孔子對曰 俎豆之事, 則嘗聞之矣,
위 령 공 문 진 어 공 자   공 자 대 왈   조 두 지 사   즉 상 문 지 의

軍旅之事, 未之學也. 明日遂行. 在陳絶糧, 從者病,
군 려 지 사   미 지 학 야   명 일 수 행   재 진 절 량   종 자 병

莫能興. 子路慍見曰 君子亦有窮乎? 子曰 君子固窮,
막 능 흥   자 로 온 현 왈 군 자 역 유 궁 호   자 왈 군 자 고 궁

小人窮斯濫矣.
소 인 궁 사 람 의

陳(진): 전쟁에서 군대의 대오를 편성하고 배치하는 방법. 陣(진)과 통용된다.

俎豆之事(조두지사): 俎(조)와 豆(두)는 제사를 지낼 때 음식을 담는 그릇으로 '조두지사'는 제사, 예식, 예법을 상징하는 말이다.

遂(수): 마침내.

興(흥): 일어나다.

慍(온): 성내다.

見(현): 뵙다.

固(고): 본래. 원래.

窮(궁): 곤궁하다.

濫(람): 넘치다. 지나치다.

15-2

공자가 말했다.

"사(賜)야, 너는 내가 많이 배워서 그것들을 기억하는 사람이라 생각

하느냐?"

자공이 대답했다.

"그렇습니다. 아니십니까?"

공자가 말했다.

"아니다. 나는 하나의 이치로 온갖 것을 꿰뚫는다."[2]

子曰 賜也, 女以予爲多學而識之者與? 對曰 然. 非與?
자 왈 사 야   여 이 여 위 다 학 이 지 지 자 여   대 왈 연   비 여

曰 非也. 予一以貫之.
왈 비 야   여 일 이 관 지

識(지): 기억하다.

15-3

공자가 말했다.

"덕(德)에 대한 유(由 자로)의 이해가 부족하구나!"[3]

子曰 由, 知德者鮮矣!
자 왈 유   지 덕 자 선 의

鮮(선): 적음. 부족함. 드물다.

---

2. 일이관지(一以貫之)라는 말은 〈이인〉 15장(4-15)에도 나온다.

3. 자로가 화가 난 얼굴로 공자를 뵈었기 때문에 공자가 이렇게 말한 것이다. 주자는 '유야! 덕을 아는 이가 세상에 드물구나!'라고 해석했다.

15-4

공자가 말했다.

"작위적으로 통치함이 없는데도 천하가 잘 다스려지게 하신 분은 아마 순(舜)임금일 것이다! 무엇을 하셨는가? 몸가짐을 공손하게 하고 단정히 밝은 쪽을 향해 남면(南面)하셨을 뿐이다."[4]

子曰 無爲而治者, 其舜也與! 夫何爲哉?
자 왈 무 위 이 치 자   기 순 야 여   부 하 위 재

恭己正南面而已矣.
공 기 정 남 면 이 이 의

15-5

자장(子張)이 자신의 도(道)를 세상에 행할 수 있는 방법을 물었다. 공자가 말했다.

"말이 진실하고 믿을 만하고[忠信], 행동이 독실하고 경건하다면[篤敬] 비록 오랑캐의 나라에 가더라도 도를 행할 수 있다. 하지만 말이 진실하지 못하고 믿을 만하지 않으며 행동이 독실하지 못하고 경건하지 않다면, 비록 작은 마을에서인들 도를 행할 수 있겠는가? 서 있을 때도 이러한 덕목[忠信篤敬]이 눈앞에 있는 듯이 보고, 수레에 탈 때도 이러한 덕목이 수레 멍에 기대고 있는 듯이 보아야 한다. 그런 마음가짐을 한

---

4. 순임금은 적재적소에 훌륭한 재능을 지닌 신하들을 두어서 통치하였다. 적임자를 얻어서 그들에게 맡겼기 때문에 본인 스스로 작위적으로 통치 행위를 하지 않고도 천하가 잘 다스려진 것이다. 남면에 대해서는 6-1 참조.

이후에야 도를 행할 수 있다."

자장이 이 말씀을 자신의 허리띠에 적었다.

子張問行. 子曰 言忠信, 行篤敬, 雖蠻貊之邦,
자 장 문 행　　자 왈 언 충 신　행 독 경　수 만 맥 지 방

行矣. 言不忠信, 行不篤敬, 雖州里, 行乎哉?
행 의　언 불 충 신　행 부 독 경　수 주 리　행 호 재

立則見其參於前也, 在輿則見其倚於衡也, 夫然後行.
입 즉 견 기 참 어 전 야　재 여 즉 견 기 의 어 형 야　부 연 후 행

子張書諸紳.
자 장 서 저 신

蠻(만): 남쪽의 오랑캐.

貊(맥): 북쪽의 오랑캐.

篤(독): 두텁다. 독실하다.

參(참): 참여하다. 어른거리다.

輿(여): 수레.

倚(의): 기대다.

衡(형): 멍에.

紳(신): 큰 허리띠.

15-6

공자가 말했다.

"곧도다! 사어(史魚)[5]여! 나라에 도가 있을 때도 화살처럼 곧고, 도가

---

5. 위나라의 대부인데 이름은 사추(史鰌)이고 자어(子魚)는 그의 자이다. 위나라
   에서 거백옥은 훌륭한 인재인데도 영공(靈公)이 등용하지 않았고 미자하(彌

없을 때도 화살처럼 곧도다. 군자구나! 거백옥(蘧伯玉)이여! 나라에 도가 있으면 벼슬하고, 도가 없으면 재능을 거두어 정치 참여를 하지 않고 자취를 숨겼다."

子曰 直哉, 史魚! 邦有道如矢, 邦無道如矢. 君子哉,
자왈 직재 사어 방유도여시 방무도여시 군자재

蘧伯玉! 邦有道則仕, 邦無道則可卷而懷之.
거백옥 방유도즉사 방무도즉가권이회지

仕(사): 관직에 나아가다. 정치를 하다.

卷(권): 거두어들이다.

懷(회): 숨기다. 간직하다.

15-7

공자가 말했다.

"더불어 이야기할 만한데 함께 수준 높은 학문을 이야기하지 않으면 사람을 잃는다. 더불어 이야기할 만하지 않은데 함께 이야기하면 말을 낭비하는 것이다. 지혜로운 자는 사람을 잃지도 않고 말을 낭비하지도 않는다."[6]

子瑕)는 재능이 떨어지는데도 오히려 영공이 신임하여 썼다. 사어는 영공에게 자주 직언을 올려 거백옥을 등용하고 미자하를 내치라고 말했으나 듣지 않았다. 훗날 병에 걸려 임종을 앞두고 있던 사어는 자신이 임금을 제대로 보필하지 못했다고 여겨 제대로 된 장례를 치를 자격이 없다면서 자신의 시신을 바라지 밑에 두라고 했고, 조문을 온 영공이 그 이야기를 듣더니 뉘우치며 거백옥을 등용하고 미자하를 내쳤다.

6. 지적 능력이 되는 사람과는 마땅히 수준 높은 학문에 대해 이야기해야 옳다.

子曰 可與言而不與之言，失人. 不可與言而與之言，
자왈 가여언이불여지언　실인　불가여언이여지언

失言. 知者，不失人，亦不失言.
실언　지자　불실인　역불실언

15-8

공자가 말했다.

"뜻을 품은 선비와 인한 사람은 살기를 추구하느라 인(仁)을 해치
지 않고, 자신이 죽더라도 인을 이룰 수 있으면 아끼지 않고 인을 이룬
다."[7]

子曰 志士仁人，無求生而害仁，有殺身以成仁.
자왈 지사인인　무구생이해인　유살신이성인

15-9

자공(子貢)이 인을 실천하는 방법을 물었다. 공자가 말했다.

"물건을 만드는 장인이 자신의 일을 잘하려면 반드시 먼저 자기의 공
구를 예리하게 만든다. 그 나라에 살면서 그 나라의 대부 가운데 현명한

─────────

그렇지 않으면 그 사람을 잃게 된다. 지적 능력이 못 미치는 사람과는 수준
높은 학문에 대해 이야기할 필요가 없다. 그런데도 이야기를 하면 쓸데없이
말을 낭비하는 것이다. 사람도 잃지 말아야 하고 말도 낭비하지 말아야 한다
는 뜻이다.

7. 자신이 죽는 것을 개의치 않고 인을 이루려는 노력을 '살신성인(殺身成仁)'이
라고 하는데, 그것을 보여준 인물이 바로 백이와 숙제이다.

사람을 섬기고 선비 중에 인한 사람을 벗으로 삼아야 한다."[8]

子貢問爲仁. 子曰 工欲善其事, 必先利其器. 居是邦也,
자 공 문 위 인　자 왈　공 욕 선 기 사　　필 선 리 기 기　　거 시 방 야

事其大夫賢者, 友其士之仁者.
사 기 대 부 현 자　　우 기 사 지 인 자

工(공): 기술자. 장인.

其事(기사): 자기 자신의 일.

利(리): 날카롭다. 예리하다.

是(시): 지시대명사로 '이', '이런'이라고 해석한다.

事(사): 섬기다.

15-10

안연(顏淵)이 나라를 다스리는 방법을 물었다. 공자가 말했다.

"하(夏)나라의 역법(曆法)[9]을 시행하고, 은(殷)나라의 수레[10]를 타고,

---

8. 장인이 일을 잘하기 위해 자신의 도구를 예리하게 수리하듯이 인을 실천하려면 현자(賢者)와 인자(仁者)를 사귀어 그들로부터 도움을 받아야 한다는 말이다.

9. 하나라의 역법은 식물이 지상으로 나오는 것에 근거를 두어서 사시(四時)의 시작으로 삼은 것이라 농업에 도움이 되기 때문에 하나라 역법을 쓰라고 한 것이다.

10. 은나라의 수레는 나무로 만들고 화려하게 장식하지 않아 검소하므로 은나라의 수레를 타라고 한 것이다.

주(周)나라의 면류관[11]을 쓰고, 음악은 순(舜)임금의 음악[12]을 써야 한다. 정(鄭)나라의 음악[13]을 몰아내고, 말재주가 좋은 사람을 멀리하라. 정나라 음악은 사람을 방종하게 하고, 말재주가 좋은 사람은 위태로운 상황을 만들기 때문이다."

顏淵問爲邦. 子曰 行夏之時, 乘殷之輅, 服周之冕,
안 연 문 위 방   자 왈   행 하 지 시   승 은 지 로   복 주 지 면

樂則韶舞. 放鄭聲, 遠佞人. 鄭聲淫, 佞人殆.
악 즉 소 무   방 정 성   원 녕 인   정 성 음   영 인 태

爲邦(위방): 나라를 다스리다.

時(시): 여기에서는 역법(曆法)의 의미로 쓰였다.

乘(승): 타다.

輅(로): 수레.

服(복): 옷을 입다. 모자를 쓰다.

冕(면): 면류관.

韶舞(소무): 순임금이 지은 무악(舞樂).

放(방): 내쫓다. 버리다.

遠(원): 멀리하다. 멀다.

---

11. 주나라의 면류관은 앞뒤로 술을 드리워 앞이 잘 보이지 않고, 양쪽에는 솜 방울이 매달려 있어서 잘 들리지 않게 되어 있었다. 함부로 보고 듣지 않도록 만들어진 것인데, 이 점을 훌륭하게 여겨서 주나라의 면류관을 쓰라고 한 것이다.

12. 순임금의 음악인 소악(韶樂)은 음악이 좋고 훌륭하며, 내용 또한 본받을 만하기에 이 음악을 쓰라고 한 것이다.

13. 정나라의 음악은 모두 여자가 남자를 유혹하는 가사로 되어 있어 음란하고 방종한데, 이것이 사람을 방종하게 만든다고 보고 쓰지 말라고 한 것이다.

淫(음): 음란하다. 방종하다. 지나치다.

殆(태): 위태롭다.

15-11

공자가 말했다.

"사람이 길게 내다보고 생각하지 않으면 반드시 가까이에 근심이 생긴다."

子曰 人無遠慮, 必有近憂.
자 왈 인 무 원 려 필 유 근 우

15-12

공자가 말했다.

"그만두어야겠다! 나는 아름다운 여인을 좋아하는 것처럼 덕을 좋아하는 사람을 아직 보지 못했다."[14]

子曰 已矣乎! 吾未見好德, 如好色者也.
자 왈 이 의 호 오 미 견 호 덕 여 호 색 자 야

已(이): 그만두다.

---

14. 〈자한〉 18장(9-18)에 나온 말이다.

15-13

공자가 말했다.

"장문중(臧文仲)은 그 지위를 도둑질한 자이다! 유하혜(柳下惠)¹⁵의 현명함을 알면서도 그를 천거하여 그와 함께 조정에 서지 않았다."¹⁶

子曰 臧文仲, 其竊位者與! 知柳下惠之賢, 而不與立也.
자왈 장문중 기절위자여 지유하혜지현 이불여립야

15-14

공자가 말했다.

"자신에 대해서는 무겁게 책망하고, 다른 사람에 대해서는 가볍게 책망한다면 원망받을 일이 거의 없을 것이다."

子曰 躬自厚, 而薄責於人, 則遠怨矣.
자왈 궁자후 이박책어인 즉원원의

躬(궁): 스스로.

---

15. 노(魯)나라의 대부이다. 성은 전(展), 이름은 획(獲), 자는 금(禽)이다. 유하(柳下)는 그의 식읍 이름에서 유래했고, 혜(惠)는 시호이다. 노나라에서 형옥(刑獄)을 담당하는 직책인 사사(士師)를 지내다가 나중에 은거하여 일민(逸民)이 되었다고 한다. 장문중이 유하혜를 등용하지 않았다고 했는데 아마 그가 잠시 벼슬을 떠나 있을 때, 혹은 은거하여 일민이 된 때를 말한 것으로 보인다. 유하혜의 또 다른 일화는 〈미자〉 2장(18-2)을 참조.

16. 유하혜가 재야에 있지만 능력이 있는 사람이라는 것을 알면서도 적극적으로 천거하여 등용되게 하지 않았다는 점에서 일종의 직무유기를 했다고 본 것이다.

厚(후): 두텁다. 무겁다. 크다.

薄(박): 적다. 미약하다.

責(책): 책망하다.

15-15

공자가 말했다.

"'이 일을 어찌할까?'라고 말하지 말라. '이 일을 어찌할까'라고 하는 경우는 이미 재앙이 이루어져서 나도 어찌할 수가 없다."[17]

子曰 不曰如之何. 如之何者, 吾末如之何也已矣.
자 왈 불 왈 여 지 하   여 지 하 자   오 말 여 지 하 야 이 의

15-16

공자가 말했다.

"여럿이 모여 하루 종일 지내면서 하는 말이 의롭지 못하고 잔꾀나 부리기를 좋아한다면 끝내 성취해내는 일이 없을 것이다!"

子曰 群居終日, 言不及義, 好行小慧, 難矣哉!
자 왈 군 거 종 일   언 불 급 의   호 행 소 혜   난 의 재

---

17. 여기에서는 '이 일을 어찌할까?'라는 말을 하지 말라고 했다. 이미 재앙이 닥친 일이라서 공자조차 어떻게 도울 수 없다는 말이다. 주자는 '어찌할까? 어찌할까?'라고 말하지 않는 사람은 나도 어떻게 할 수 없을 뿐이다'라고 해석하여 '어찌할까?'라고 말하는 것을 권장했다. 이렇게 근심하는 것이 해결책을 모색하는 시작점이라고 본 것이다.

15-17

공자가 말했다.

"군자는 의로움〔義〕을 품행의 근저에 두고 예(禮)로 의로움을 실천에 옮기고, 그 언어를 공손함으로 표현하고 신의를 지켜서 그것〔義〕을 완성한다. 이런 사람이 군자이다!"

子曰 君子義以爲質, 禮以行之, 孫以出之, 信以成之.
자 왈 군 자 의 이 위 질 예 이 행 지 손 이 출 지 신 이 성 지

君子哉!
군 자 재

15-18

공자가 말했다.

"군자는 자신의 무능함을 걱정하지 남이 자기를 알아주지 않는 것을 걱정하지 않는다."[18]

子曰 君子病無能焉, 不病人之不己知也.
자 왈 군 자 병 무 능 언 불 병 인 지 불 기 지 야

病(병): 걱정하다. 근심하다(患).

---

18. 여기에서 무능하다는 것은 성인의 도가 자신에게 없다는 것을 말한다. 의미가 비슷한 구절이 여러 번 나왔다. 1-16, 4-14, 14-30을 참조.

15-19

공자가 말했다.

"군자는 일생을 마칠 때까지 자신의 명성이 세상에서 칭송되지 않는 것을 수치스러워한다."

子曰 君子疾沒世而名不稱焉.
자 왈 군자질몰세이명불칭언

疾(질): 걱정하다. 치욕으로 여기다.

沒世(몰세): 죽다. 죽을 때까지. 종신토록.

稱(칭): 칭송하다.

15-20

공자가 말했다.

"군자는 자기 자신을 탓하고, 소인은 남을 탓한다."[19]

子曰 君子求諸己, 小人求諸人.
자 왈 군자구저기　소인구저인

15-21

공자가 말했다.

---

19. 어떤 일이 잘못되었을 때 군자는 그 문제의 원인을 자기 자신에게서 찾지만 소인은 그 원인을 남에게서 찾으려 한다는 말이다.

"군자는 엄격하지만 다투지는 않고, 비록 여러 사람과 어울리더라도 당파를 짓지 않는다."[20]

子曰 君子, 矜而不爭, 群而不黨.
자 왈 군 자   긍 이 부 쟁   군 이 부 당

矜(긍): 엄격하다. 장중하다.

黨(당): 사사로이 돕다. 당파를 짓다.

15-22

공자가 말했다.

"군자는 어떤 사람이 훌륭한 말을 한다고 해서 그 사람을 등용하지 않고, 어떤 사람이 덕행이 형편없다고 해서 그 사람이 한 훌륭한 말을 버리지 않는다."

子曰 君子, 不以言擧人, 不以人廢言.
자 왈 군 자   불 이 언 거 인   불 이 인 폐 언

15-23

자공이 물었다.

"죽는 그날까지 실천해야 할 한 마디 말이 있습니까?"

---

20. 의미가 비슷한 구절이 여러 번 나왔다. 〈위정〉 14장(2-14), 〈자로〉 23장(13-23)을 참조.

공자가 말했다.

"그것은 서(恕)이다! 자기가 당하기를 원치 않는 것을 남에게도 하지 말라!"[21]

子貢問曰 有一言而可以終身行之者乎? 子曰 其恕乎!
자공문왈 유일언이가이종신행지자호   자왈 기서호

己所不欲, 勿施於人.
기소불욕   물시어인

15-24

공자가 말했다.

"내가 사람들에 대해서 누구를 비난하고 누구를 칭찬하겠는가? 만약 칭찬한 사람이 있다면 그것은 그 사람을 시험해 본 적이 있어서 칭찬하는 것이다. 지금 이 사람들을 하, 은, 주 삼대(三代)의 훌륭한 군주들이 정직한 도(道)로 사심없이 잘 다스렸는데 내가 평할 것이 뭐가 있겠는가?"[22]

子曰 吾之於人也, 誰毀誰譽? 如有所譽者, 其有所試矣.
자왈 오지어인야   수훼수예   여유소예자   기유소시의

斯民也, 三代之所以直道而行也.
사민야   삼대지소이직도이행야

---

21. 서에 대해서는 이미 여러 번 나왔다. 4-15, 12-2를 참조.
22. 주자는 '오늘날 사람들은 하, 은, 주 삼대(三代) 이래로 정직한 도를 사심없이 잘 행해온 사람들인데 내가 평할 것이 뭐가 있겠는가?'라고 해석했다.

毁(훼): 비난하다.

譽(예): 칭찬하다.

試(시): 시험하다.

15-25

공자가 말했다.

"나는 오히려 사관들이 의심스러운 부분은 빼놓는 것과,[23] 말[馬]을 가진 사람이 남에게 빌려주어 타게 하는 것을 본 적이 있다.[24] 지금은 그런 일들이 사라졌구나."

子曰 吾猶及史之闕文也, 有馬者借人乘之, 今亡矣夫.
자 왈 오 유 급 사 지 궐 문 야   유 마 자 차 인 승 지   금 무 의 부

闕(궐): 빠지다. 빼놓다.

借(차): 빌리다. 빌려주다.

亡(무): 없다.

---

23. 옛날의 훌륭한 사관은 글자 중에 의심스러운 것이 있으면 빼놓고 기록하지 않았다. 훗날 아는 자가 나와서 쓰길 기다린 것이다. 이렇게 하면 오히려 왜 곡하거나 잘못 기록되는 것을 막을 수 있다.

24. 말을 자신이 길들일 수 없는 경우에 남에게 빌려주어 타게 하여 훈련되도록 했다는 것이다. 하지만 근래에는 자신이 길들이지도 못하면서 억지로 타고 남에게 빌려주지 않는 나쁜 풍속이 있다고 비판한 것이다.

15-26

공자가 말했다.

"교묘한 말은 덕이 있는지 없는지 분간 못하도록 어지럽히고, 사소한 일은 참지 못하면 큰일을 그르친다."

子曰 巧言亂德, 小不忍則亂大謀.
자 왈 교 언 란 덕 소 불 인 즉 란 대 모

巧(교): 교묘하다.

忍(인): 참다. 견디다.

大謀(대모): 크게 도모하는 일.

15-27

공자가 말했다.

"많은 사람이 그를 미워하더라도 반드시 그 사람을 신중히 살펴보고, 많은 사람이 그를 좋아하더라도 반드시 그 사람을 신중히 살펴보아야 한다."[25]

---

25. 이 말은 사람을 알아보는 일[知人]의 어려움을 논한 것이다. 대중에게 인기가 있는 사람이라도, 그리고 대중의 미움을 받는 사람이라도 무턱대고 대중을 따라 좋아하거나 미워해서는 안 된다. 왜냐하면 그 사람이 행실이 나쁜데도 대중이 그에게 아첨하여 한패처럼 동조하는 경우도 있고, 그 사람이 행실이 지나치게 고결하여 다른 사람들과 원만히 어울리지 못해 미움을 받는 경우도 있기 때문이다.

子曰 衆惡之, 必察焉, 衆好之, 必察焉.
자 왈 중 오 지 필 찰 언 중 호 지 필 찰 언

15-28

공자가 말했다.

"사람이 도를 넓힐 수 있는 것이지 도가 사람을 넓히는 것이 아니다."[26]

子曰 人能弘道, 非道弘人.
자 왈 인 능 홍 도 비 도 홍 인

弘(홍): 넓히다. 크게 하다.

15-29

공자가 말했다.

"허물이 있는데도 고치지 않는 것이 바로 허물이다."[27]

子曰 過而不改, 是謂過矣.
자 왈 과 이 불 개 시 위 과 의

---

26. 사람의 재능과 자질에 따라 그 도가 커지거나 작아진다는 것이다.

27. 누구나 다 허물을 가지고 있다. 하지만 그 허물을 고친다면 크게 훌륭한 일이
된다. 반대로 허물을 알고도 고치지 않는 것이 가장 큰 허물이다.

15-30

공자가 말했다.

"내가 일찍이 종일토록 먹지도 않고 밤새도록 자지도 않으면서 '생각하기'를 해보았는데 유익함이 없었다. 오히려 '배우는 것'만 못했다."

子曰 吾嘗終日不食, 終夜不寢以思, 無益. 不如學也.
자왈 오상종일불식 종야불침이사 무익 불여학야

15-31

공자가 말했다.

"군자는 도를 어떻게 이룰지를 생각하지 생계를 어떻게 할지를 생각하지 않는다. 농사를 짓더라도 배우지 않기 때문에 굶주림이 그 가운데 있고, 배우면 녹봉이 그 가운데 있다. 군자는 도를 걱정하지 가난을 걱정하지 않는다."

子曰 君子謀道, 不謀食. 耕也, 餒在其中矣, 學也,
자왈 군자모도 불모식 경야 뇌재기중의 학야

祿在其中矣. 君子憂道, 不憂貧.
녹재기중의 군자우도 불우빈

謀(모): 모의하다. 꾀하다. 계획하다. 생각하다.

耕(경): 밭 갈다.

餒(뇌): 굶주리다.

祿(록): 녹봉.

15-32

공자가 말했다.

"지혜(知)가 충분히 그 직위를 담당할 수 있는 수준에 미치더라도 인으로 그 직위를 지킬 수 없으면 비록 직위를 얻더라도 반드시 잃게 된다. 지혜가 충분히 그 직위를 담당할 수 있는 수준에 미치고 인으로 그 직위를 지킬 수 있어도, 위엄 있는 모습(莊)으로 백성을 다스리지 않으면 백성이 공경하지 않는다. 지혜가 충분히 그 직위를 담당할 수 있는 수준에 미치고 인으로 그 직위를 지킬 수 있으며 위엄 있는 모습으로 백성을 다스릴 수 있더라도, 백성을 예법(禮)대로 부리지 않는다면 좋다고 할 수 없다."[28]

子曰 知及之, 仁不能守之, 雖得之, 必失之. 知及之,
자왈 지급지 인불능수지 수득지 필실지 지급지

仁能守之, 不莊以涖之, 則民不敬. 知及之, 仁能守之,
인능수지 부장이리지 즉민불경 지급지 인능수지

莊以涖之, 動之不以禮, 未善也.
장이리지 동지불이예 미선야

及(급): 미치다.

莊(장): 엄숙하다.

涖(리): 다스리다.

動(동): 부리다. 동원하다.

---

28. 어떤 공적을 성공적으로 해내기 위해서는 지혜, 인, 위엄 있는 모습, 예법이 모두 갖추어져야 한다는 말이다.

15-33

공자가 말했다.

"군자는 그의 도가 심원하여 작은 일로써 그의 진가를 분명히 알 수 없지만 큰 임무는 받을 수 있다. 소인은 그의 도가 얕아서 큰 임무는 받을 수 없지만 작은 일로써 그의 진가를 잘 알 수 있다."

子曰 君子不可小知, 而可大受也. 小人不可大受,
자왈 군자불가소지 이가대수야   소인불가대수

而可小知也.
이가소지야

15-34

공자가 말했다.

"백성에게 인은 물이나 불보다 훨씬 중요하다. 물과 불을 밟고 죽은 사람은 내가 보았으나 인을 밟다가 죽었다는 사람은 아직 보지 못했다."[29]

子曰 民之於仁也, 甚於水火. 水火, 吾見蹈而死者矣,
자왈 민지어인야 심어수화   수화 오견도이사자의

未見蹈仁而死者也.
미견도인이사자야

---

29. 물, 불, 인은 모두 사람에게 중요한 것이지만, 그중에서도 인이 가장 중요하다고 말한다. 물과 불은 목숨을 유지해주기도 하지만 앗아가기도 하는 위험이 있다. 인에는 어떠한 위험도 없다.

蹈(도): 밟다. 실천하다. 이행하다(履).

15-35

공자가 말했다.

"인을 행하는 상황에 처해서는 스승에게도 양보하지 않는다."[30]

子曰 當仁, 不讓於師.
자 왈 당 인 불 양 어 사

當仁(당인): 인을 실천해야 하는 상황에 처하다.

15-36

공자가 말했다.

"군자는 도를 올바르게 행할 뿐이지 말로 맺은 작은 약속에 얽매이지 않는다."

子曰 君子貞而不諒.
자 왈 군 자 정 이 불 량

貞(정): 바르다. 곧다.

諒(량): 작은 신의.

---

30. 유가의 예법에서는 어떤 일을 행할 때 윗사람이나 스승에게 양보하는 것이 옳은 일이다. 하지만 인을 실천하는 일에서만큼은 스승에게 양보하지 않는다는 말이다. 그만큼 급하게 실천을 해야 한다는 뜻이다.

15-37

공자가 말했다.

"임금을 섬길 때는 일마다 공경히 힘을 다해 직무를 행한 후에 녹봉을 받아야 한다."

子曰 事君, 敬其事而後其食.
자 왈 사 군 　 경 기 사 이 후 기 식

後(후): ~을 나중으로 하다. 이후에.

15-38

공자가 말했다.

"사람이 있는 곳이면 가르쳤고 귀천을 두어 차별하지 않았다."[31]

子曰 有教無類.
자 왈 유 교 무 류

類(류): 종류. 종류를 구별하다.

15-39

공자가 말했다.

---

31. 주자는 '군자가 가르치면 사람들의 선악이 없어져서 다 선해진다'라고 해석했다.

"추구하는 도가 같지 않으면 서로 함께 일을 꾀할 수 없다."[32]

子曰 道不同, 不相爲謀.
자 왈 도 부 동   불 상 위 모

爲(위): ~와 함께.

15-40
공자가 말했다.
"말은 의사를 정확히 전달하면 그만이다."[33]

子曰 辭, 達而已矣.
자 왈 사   달 이 이 의

15-41
　장님인 악사(樂師) 면(冕)[34]이 공자를 뵈러 왔다. 그가 계단에 이르자 공자가 "계단입니다"라고 말하고, 앉을 자리에 이르자 "자리입니다"라고 말했다. 모두가 자리에 앉자 공자는 "누구는 여기에 있고 누구는 여기에

---

32. 추구하는 도가 같지 않은 사람들이 서로 도모하면 일이 성공적으로 수행되지 않는다는 말이다.
33. 말을 화려하게 할 필요가 없다는 뜻으로 이렇게 말한 것이다.
34. 악사는 악관(樂官)이라고도 하는데, 중국 고대 시대에 음악과 관련된 직무를 담당하는 공직자였다. 악관들은 대개 장님이었다. 면은 악사의 이름이다.

있습니다"라고 일일이 일러주었다. 악사 면이 나가자 자장이 물었다.

"그렇게 하는 것이 장님인 악사와 말하는 예법입니까?"

공자가 말했다.

"그렇다. 이것이 본래 악사를 인도하는 예법이다."

師冕見, 及階, 子曰 階也. 及席, 子曰 席也.
사 면 현　급 계　자 왈 계 야　급 석　자 왈 석 야

皆坐, 子告之曰 某在斯, 某在斯. 師冕出, 子張問曰
개 좌　자 고 지 왈 모 재 사　모 재 사　사 면 출　자 장 문 왈

與師言之道與? 子曰 然. 固相師之道也.
여 사 언 지 도 여　자 왈 연　고 상 사 지 도 야

某(모): 아무개.

相(상): 인도하다(導).

제16편

계씨 季氏

16-1

계씨(季氏)가 전유(顓臾)[1]를 정벌하려고 하자 염유와 자로가 공자를 뵙고 말했다.[2]

"계씨가 장차 전유를 정벌하는 일을 하려 합니다."

공자가 말했다.

"구(求 염유)야, 계씨의 신하가 되어 계씨를 위해 세금을 가혹하게 거두도록 한 네 잘못이 아니겠느냐? 전유는 옛날 선왕께서 동몽산(東蒙山)의 제사를 주관하게 한 곳이고, 또 우리 노(魯)나라의 영토 안에 있는 우리 사직의 신하인데 정벌할 필요가 뭐가 있겠는가?"

염유가 말했다.

"계씨가 정벌하고자 하는 것이지 저희 두 신하는 모두 원하지 않습니

---

1. 복희(伏羲)의 후손이 세운 나라이고, 노나라의 속국인 작은 나라이다.
2. 당시 염유와 자로는 계씨 집안의 가신으로 있었기 때문에 공자를 찾아가 상의한 것이다.

다."

공자가 말했다.

"구야, 옛날 훌륭한 사관은 '능력을 펼쳐 지위에 나아가서 맡은 바 직무를 제대로 할 수 없으면 관직을 그만두어야 한다'고 말했다. 위태로운 데도 붙잡아주지 못하고 넘어지는데도 부축해주지 못한다면 장차 그런 도우미를 어디에 쓰겠는가? 또 너의 말은 잘못되었다. 호랑이나 코뿔소가 우리에서 뛰쳐나오고, 점칠 때 쓰이는 거북이 껍질과 옥(玉)이 상자 안에서 깨졌다면 이는 누구의 잘못이겠는가?"

염유가 말했다.

"지금 저 전유는 성곽이 견고하면서도 계씨의 비(費) 땅에서 가까우니 지금 빼앗지 않으면 후세에 반드시 계씨 자손들의 근심거리가 될 것입니다."

공자가 말했다.

"구야! 군자는 '원한다고 말하지 않고 말을 만들어 변명하는 것'을 미워한다. 나는 이렇게 들었다. '나라를 가진 자(제후)와 가(家)를 가진 자(경대부)는 토지와 인구가 적을까 걱정하기보다 정치적 다스림이 균평하지 못할까 걱정하고, 가난할까 걱정하기보다 백성이 편안하지 못할까를 걱정한다.' 대개 정치적 다스림이 균평하면 가난이 없고, 상하가 화합하면 백성의 인구가 적어질 리가 없고, 대인과 소인이 모두 편안하면 나라가 기울지 않는다. 정치는 이와 같아야 한다. 따라서 먼 곳에 있는 사람들이 복종하지 않으면 덕(德)을 닦아서 그들이 제 발로 찾아오게 하고, 이미 찾아왔으면 편안하게 해줘야 한다. 지금 너희(자로와 염유)는 계씨를 보필하지만, 먼 곳에 있는 사람들은 복종하지 않는데도 그들이 찾아오게 하지도 못하고 있다. 나라는 백성이 딴마음을 품고 분열되어

이산되는데도 막지 못하고 오히려 한 나라 안에서 전쟁을 일으킬 생각만 하는구나. 나는 계씨의 걱정거리가 전유에 있는 것이 아니라 오히려 가까운 곳, 즉 군신관계 내부에 있을까 걱정이구나."

季氏將伐顓臾, 冉有季路見於孔子曰
계 씨 장 벌 전 유   염 유 계 로 현 어 공 자 왈

季氏將有事於顓臾. 孔子曰 求, 無乃爾是過與?
계 씨 장 유 사 어 전 유   공 자 왈 구   무 내 이 시 과 여

夫顓臾, 昔者先王以爲東蒙主, 且在邦域之中矣,
부 전 유   석 자 선 왕 이 위 동 몽 주   차 재 방 역 지 중 의

是社稷之臣也, 何以伐爲? 冉有曰 夫子欲之,
시 사 직 지 신 야   하 이 벌 위   염 유 왈 부 자 욕 지

吾二臣者皆不欲也. 孔子曰 求, 周任有言曰, 陳力就列,
오 이 신 자 개 불 욕 야   공 자 왈 구   주 임 유 언 왈   진 력 취 렬

不能者止. 危而不持, 顚而不扶, 則將焉用彼相矣?
불 능 자 지   위 이 부 지   전 이 불 부   즉 장 언 용 피 상 의

且爾言過矣. 虎兕出於柙, 龜玉毀於櫝中, 是誰之過與?
차 이 언 과 의   호 시 출 어 합   귀 옥 훼 어 독 중   시 수 지 과 여

冉有曰 今夫顓臾固而近於費, 今不取, 後世必爲子孫憂.
염 유 왈 금 부 전 유 고 이 근 어 비   금 불 취   후 세 필 위 자 손 우

孔子曰 求, 君子疾夫舍曰欲之, 而必爲之辭.
공 자 왈 구   군 자 질 부 사 왈 욕 지   이 필 위 지 사

丘也聞, 有國有家者, 不患寡而患不均, 不患貧而患不安.
구 야 문   유 국 유 가 자   불 환 과 이 환 불 균   불 환 빈 이 환 불 안

蓋均無貧, 和無寡, 安無傾. 夫如是故, 遠人不服,
개 균 무 빈   화 무 과   안 무 경   부 여 시 고   원 인 불 복

則修文德以來之, 旣來之, 則安之. 今由與求也, 相夫子,
즉 수 문 덕 이 래 지   기 래 지   즉 안 지   금 유 여 구 야   상 부 자

遠人不服, 而不能來也. 邦分崩離析, 而不能守也,
원 인 불 복   이 불 능 래 야   방 분 붕 리 석   이 불 능 수 야

而謀動干戈於邦內. 吾恐季孫之憂不在顓臾,
이 모 동 간 과 어 방 내   오 공 계 손 지 우 부 재 전 유

而在蕭墻之內也.
이 재 소 장 지 내 야

無乃(무내)~與(여)/乎(호)?: 추측이나 완곡한 판단을 나타낼 때 쓴다. '아마도~ 아닌가?', '설마 ~아닌가?'라고 해석한다.

邦域(방역): 나라의 영역.

者(자): 가정, 인과관계, 조건을 나타내는 어조사이다.

周任(주임): 옛날의 훌륭한 사관(史官).

持(지): 지탱하다.

扶(부): 부축하다.

相(상): 남을 돕는 사람.

兕(시): 코뿔소.

柙(합): 짐승의 우리.

櫝(독): 궤짝.

固(고): 견고하다.

憂(우): 걱정. 우환.

夫(부): '이', '저'로 해석하거나 해석을 안 해도 된다.

舍(사): 버리다. 폐지하다.

有國有家者(유국유가자): 國(국)과 家(가)를 다스리는 사람. 위정자를 의미한다. 여기에서 國(국)은 제후가 다스리는 한 나라를, 家(가)는 경대부(卿大夫)가 다스리는 일정한 지역[食邑(식읍)]을 의미한다.

崩(붕): 무너지다.

析(석): 쪼개지다.

動干戈(동간과): 방패와 창을 움직이다. 곧 군대를 동원해 전쟁을 일으킨다는 뜻이다.

蕭墻(소장): 蕭(소)는 엄숙이고, 墻(장)은 가림벽(병풍이나 담장)이다. 임금과 신하가 만나는 예법에서는 가림벽에 이르면 더욱 엄숙하고 공경스럽게 행동한다. 그래서 蕭墻(소장)이라는 말이 군신관계를 뜻하는 말로 쓰였다. 여기에서는 공자가 우환이 소장 안에 있다고 말하여, 실제적인 위험이 군신관계에 있다고 했다. 공자의 걱정은 현실이 되었다. 실제로 훗날 계씨의 신하인 양호(陽虎)가 계환자(季桓子)를 잡아 가둔 사건이 발생했다.

16-2

공자가 말했다.

"천하에 도(道)가 있으면 예악과 침략 전쟁을 천자가 주도하고, 천하에 도가 없으면 예악과 침략 전쟁을 제후가 주도한다. 제후가 주도하면 10세대 안에 정권을 잃지 않는 경우가 드물고, 대부가 주도하면 5세대 안에 정권을 잃지 않는 경우가 드물며, 대부의 신하가 주도하면 3세대 안에 잃지 않는 경우가 드물다.[3] 천하에 도가 있으면 임금이 정권을 좌지우지하니 정권이 대부에게 있지 않고, 천하에 도가 있으면 백성이 정부를 비방하지 않는다."[4]

孔子曰 天下有道, 則禮樂征伐, 自天子出, 天下無道,
공 자 왈   천 하 유 도   즉 예 악 정 벌   자 천 자 출   천 하 무 도

則禮樂征伐, 自諸侯出. 自諸侯出, 蓋十世希不失矣,
즉 예 악 정 벌   자 제 후 출   자 제 후 출   개 십 세 희 불 실 의

自大夫出, 五世希不失矣, 陪臣執國命, 三世希不失矣.
자 대 부 출   오 세 희 불 실 의   배 신 집 국 명   삼 세 희 불 실 의

---

3. 아랫사람이 윗사람을 참람하여 정치 질서를 어지럽힌 것은 역사적 사례가 있다. 주(周)나라 은공(隱公) 때부터 왕실이 미약하고 제후들의 권세가 강해졌다. 은공 이후 10대인 소공(昭公) 주(裯)가 정권을 잃고 제(齊)나라로 도망가서 건후(乾侯)에서 죽었다. 또 노(魯)나라의 정권을 잡았던 계문자(季文子)는 그의 5대 후손인 계환자(季桓子)에 와서 가신(家臣) 양호(陽虎)에게 구금당했다. 양씨(陽氏) 집안은 계씨(季氏)의 가신으로서 권력을 늘려가고 있었는데, 3대 후손인 양호(陽虎)가 삼환(三桓)에 반란을 일으켰다가 반격을 받고 제나라로 도망쳤다. 이 일화들은 하극상은 또 다른 하극상으로 이어져 정치 질서가 크게 무너진다는 교훈을 준다.

4. 나라에 도가 있다면 임금이 백성의 말[民言]을 참작하여 정치와 교화에 반영하기 때문에 시행하는 것이 모두 옳은 방향으로 가서 백성의 비방이 없는 것이다.

天下有道, 則政不在大夫. 天下有道, 則庶人不議.
천 하 유 도　　즉 정 부 재 대 부　　천 하 유 도　　즉 서 인 불 의

自天子出(자천자출): 천자에게서 나오다. 천자에게 권한이 있다는 뜻.

希不失矣(희불실의): 잃지 않는 경우가 드물다.

陪臣(배신): 대부의 신하, 즉 가신을 가리키는 말이다.

庶人(서인): 백성.

議(의): 비방하다.

16-3

공자가 말했다.

"녹봉을 주는 정치권력이 노나라 조정을 떠난 지 5세대가 되었다. 정치권력이 대부들 손에 들어간 것은 4세대가 되었다.[5] 그러므로 저 삼환(三桓)의 자손[6]들이 쇠미해진 것이다."[7]

孔子曰 祿之去公室, 五世矣. 政逮於大夫, 四世矣.
공 자 왈 녹 지 거 공 실　　오 세 의　　정 체 어 대 부　　사 세 의

故三桓之子孫, 微矣.
고 삼 환 지 자 손　　미 의

---

5. 5세대라는 것은 선공(宣公) 때부터 공자가 이 말을 한 정공(定公) 때까지를 말한다. 4세대라는 것은 대부인 계씨 집안들, 즉 계문자(季文子), 계무자(季武子), 계도자(季悼子), 계평자(季平子)를 말한다.

6. '삼환(三桓)의 자손'이란 노나라 제후의 신하이면서 권세가인 맹손(仲孫), 숙손(叔孫), 계손(季孫) 가문을 말한다. 세 가문은 모두 노나라 환공(桓公)의 후손들이기 때문에 '삼환씨(三桓氏)'라고도 한다.

7. 노나라의 제후를 넘어서 권력을 누렸던 삼환의 자손들이 이제는 자기 가신들의 배신과 반란으로 세력이 쇠미해졌다.

去(거): 떠나다.

公室(공실): 임금이 거처하며 나라의 일을 보는 곳. 여기에서는 노나라 조정을 뜻한다.

逮(체): 미치다. 이르다.

16-4

공자가 말했다.

"유익한 친구가 세 종류이고, 해로운 친구가 세 종류이다. 올곧은 사람과 친구하고, 진실한 사람과 친구하고, 견문이 넓은 사람과 친구하면 유익하다. 남이 꺼리는 것을 교묘히 피하여 용모를 꾸미는 사람과 친구하고, 얼굴빛을 부드럽게 하여 남을 꾀어내려는 사람과 친구하고, 아첨하기를 잘하는 사람과 친구하면 해롭다."

孔子曰 益者三友, 損者三友. 友直, 友諒, 友多聞, 益矣.
공 자 왈　익 자 삼 우　　손 자 삼 우　　우 직　우 량　우 다 문　익 의

友便辟, 友善柔, 友便佞, 損矣.
우 편 벽　우 선 유　우 편 녕　손 의

諒(량): 진실하다. 성실하다.

便(편): 교묘하다. 잘하다. 말을 잘하다.

辟(벽): 피하다. 편벽되다.

柔(유): 부드럽게 하다. 온화하다.

佞(녕): 아첨하다.

16-5

공자가 말했다.

"좋아해서 유익한 것이 세 가지가 있고 좋아해서 해로운 것이 세 가지가 있다. 예(禮)와 음악으로 절제하기를 좋아하고,[8] 남의 장점을 말하기를 좋아하고, 현명한 친구를 많이 사귀는 것을 좋아하면 유익하다. 교만함과 즐거움을 좋아하고, 절도 없이 다니는 것을 좋아하고, 술과 여자에 빠져 해야 할 업무를 팽개치고 안락을 좋아하면 해롭다."

孔子曰 益者三樂, 損者三樂. 樂節禮樂, 樂道人之善,
공 자 왈 익 자 삼 요　손 자 삼 요　요 절 예 악　요 도 인 지 선

樂多賢友, 益矣. 樂驕樂, 樂佚遊, 樂宴樂, 損矣.
요 다 현 우　익 의　요 교 락　요 일 유　요 연 락　손 의

樂(요): 좋아하다. '즐겁다'는 뜻일 때는 '락'으로 읽고, '음악'을 뜻할 때는 '악'으로 읽는다.

道(도): 말하다.

佚(일): 편안하다. 방탕하다.

宴(연): 연회. 술자리.

16-6

공자가 말했다.

"군자를 모실 때 범하는 세 가지 잘못이 있다. 말할 차례가 오지 않았는데 먼저 말하는 것을 '조급함'이라 말한다. 말할 차례가 왔는데도 아

---

8. 예법과 음악을 통해서 자기 자신을 절제하는 법을 배운다는 말이다.

무런 말도 안 하는 것을 '숨김'이라 말한다. 군자의 안색을 살피지 않고
자기 말만 하는 것을 '장님'이라 말한다."

孔子曰 侍於君子, 有三愆. 言未及之而言, 謂之躁.
공 자 왈 시 어 군 자　유 삼 건　언 미 급 지 이 언　위 지 조

言及之而不言, 謂之隱. 未見顔色而言, 謂之瞽.
언 급 지 이 불 언　위 지 은　미 견 안 색 이 언　위 지 고

愆(건): 허물.

未及(미급): 아직 미치지 않다.

躁(조): 조급하다.

瞽(고): 장님.

16-7

공자가 말했다.

"군자에게는 세 가지 경계해야 할 것이 있다. 젊었을 때는 혈기가 아
직 약하고 근육과 뼈가 성장 중이므로 여색을 경계해야 하고, 장성했을
때는 혈기가 왕성하므로 싸우는 일을 경계해야 하고, 늙어서는(50세 이
상) 혈기가 이미 쇠했으므로 탐욕을 경계해야 한다."

孔子曰 君子有三戒. 少之時, 血氣未定, 戒之在色,
공 자 왈 군 자 유 삼 계　소 지 시　혈 기 미 정　계 지 재 색

及其壯也, 血氣方剛, 戒之在鬪, 及其老也, 血氣旣衰,
급 기 장 야　혈 기 방 강　계 지 재 투　급 기 노 야　혈 기 기 쇠

戒之在得.
계 지 재 득

戒(계): 경계하다. 조심하다.

少之時(소지시): 젊었을 때. 29세 이하를 말한다.

未定(미정): 아직 안정되지 않다. 아직 완성되지 않다.

色(색): 여색, 여자.

方剛(방강): 왕성하고 강하다.

鬪(투): 싸움.

16-8

공자가 말했다.

"군자는 경외하는 것이 세 가지가 있다. 천명을 경외하고, 대인(大人
=聖人)[9]을 경외하고, 성인의 말씀을 경외한다. 소인(小人)은 천명을 알
지 못해 경외하지 않고, 대인을 가볍게 여기고,[10] 성인의 말씀을 알 수
없는 까닭에 업신여긴다."

孔子曰 君子有三畏, 畏天命, 畏大人, 畏聖人之言.
공 자 왈 군 자 유 삼 외 외 천 명 외 대 인 외 성 인 지 언

小人不知天命而不畏也, 狎大人, 侮聖人之言.
소 인 부 지 천 명 이 불 외 야 압 대 인 모 성 인 지 언

畏(외): 경외하다. 두려워하다.

狎(압): 함부로 대하다.

---

9. 대인은 성인(聖人)을 말한다. 다산 정약용은 대인을 임금이라고 보았다.

10. 소인이 성인을 가볍게 여기는 원인은 성인이 '올곧지만 교만하게 굴지 않
    는'[直而不肆] 절제와 겸양이 있어 소인으로서는 성인이라는 점을 알아채지
    못하기 때문이다.

侮(모): 업신여기다.

16-9

공자가 말했다.

"태어나면서부터 도를 아는 사람은 최상이고[聖人(성인)], 배워서 아는 사람은 그다음이고[현인(賢人)], 인생에서 막힘을 경험하고 나서 배우는 사람은 또 그다음이다. 인생의 막힘을 경험하고서 배우지 않는 사람은 최하로 어리석은 사람이다."

孔子曰 生而知之者, 上也, 學而知之者, 次也, 困而學之,
공 자 왈 생 이 지 지 자   상 야   학 이 지 지 자   차 야   곤 이 학 지

又其次也. 困而不學, 民斯爲下矣.
우 기 차 야   곤 이 불 학   민 사 위 하 의

困(곤): 막힘. 곤란. 곤궁.

16-10

공자가 말했다.

"군자(君子)는 아홉 가지를 늘 염두에 둔다. 볼 때는 밝게 볼 것을 염두에 둔다. 들을 때는 명확히 들을 것을 염두에 둔다. 얼굴빛은 온화하게 할 것을 염두에 둔다. 몸가짐은 공손하게 할 것을 염두에 둔다. 말은 진실하게 할 것을 염두에 둔다. 일은 공경스럽게 할 것을 염두에 둔다. 의심이 생길 때는 물어볼 것을 염두에 둔다. 화가 날 때는 나중에 생길지 모를 환난을 염두에 둔다. 이득이 날 경우를 보면 의로운 것인지를

염두에 둔다."

孔子曰 君子有九思. 視思明. 聽思聰. 色思溫. 貌思恭.
공 자 왈 군 자 유 구 사   시 사 명   청 사 총   색 사 온   모 사 공

言思忠. 事思敬. 疑思問. 忿思難. 見得思義.
언 사 충   사 사 경   의 사 문   분 사 난   견 득 사 의

16-11

공자가 말했다.

"선(善)한 일을 보면 마치 거기에 미치지 못할 듯이 힘써 행하고, 불선(不善)함을 보면 마치 끓는 물에 손이 닿을 듯이 급하게 피해야 하거늘, 나는 그렇게 행동하는 사람을 보았고 그러한 말도 들었다. 숨어 살면서 자신의 뜻을 추구하고, 의로움을 실천하면서 자기의 도를 행한다고 하는데, 나는 그러한 말은 들었지만 그렇게 행동하는 사람은 아직 보지 못했다."

孔子曰 見善如不及, 見不善如探湯. 吾見其人矣,
공 자 왈 견 선 여 불 급   견 불 선 여 탐 탕   오 견 기 인 의

吾聞其語矣. 隱居以求其志, 行義以達其道. 吾聞其語矣,
오 문 기 어 의   은 거 이 구 기 지   행 의 이 달 기 도   오 문 기 어 의

未見其人也.
미 견 기 인 야

探(탐): 잡다. 손으로 더듬다. 손이 닿다.

湯(탕): 뜨거운 물.

16-12

제나라 경공(景公)은 말을 4,000필 소유했지만, 죽는 날에 백성 중에서 그의 덕을 칭송하는 사람이 없었다. 백이(伯夷)와 숙제(叔齊)는 수양산 아래에서 굶어 죽었지만, 백성은 지금까지도 그들을 칭송한다. 아마도 덕을 칭송한다는 말은 이것을 두고 한 것으로 보인다.

齊景公有馬千駟, 死之日, 民無德而稱焉. 伯夷叔齊,
제 경 공 유 마 천 사   사 지 일   민 무 덕 이 칭 언   백 이 숙 제

餓于首陽之下, 民到于今稱之. 其斯之謂與!
아 우 수 양 지 하   민 도 우 금 칭 지   기 사 지 위 여

駟(사): 말 네 필.

餓(아): 굶어 죽다. 굶주리다.

16-13

진항(陳亢)[11]이 공자의 아들인 백어(伯魚)에게 물었다.

"그대는 아버님께 남다른 가르침을 들은 적이 있는가?"

백어가 대답했다.

"아직 없습니다. 하루는 아버님께서 홀로 서 계실 때 제가 종종걸음으로 안뜰을 지나가는데 '시를 배웠느냐?'라고 말씀하셨습니다. '아직 배우지 않았습니다'고 대답했더니, '시를 배우지 않으면 말을 제대로 할 수 없다'고 말씀하셨습니다. 그래서 저는 물러나 시를 배웠습니다. 다

---

11. 자공의 제자 자금(子禽)이다.

른 날 아버님께서 홀로 서 계실 때 제가 종종걸음으로 안뜰을 지나가는데 '예를 배웠느냐?'고 말씀하셨습니다. '아직 배우지 않았습니다'라고 대답했더니, '예를 배우지 않으면 남들 앞에서 예법에 맞게 설 수가 없다'[12]고 말씀하셨습니다. 이에 저는 물러나 예를 배웠습니다. 바로 이 두 가지를 아버님께 들었습니다."

진항이 물러나와 기뻐하며 말했다.

"한 가지를 물어서 세 가지를 알았다. 시(詩)에 대해 알았고, 예에 대해 알았고, 또 군자는 자기 자식이라고 해서 특별하게 대하지 않는다는 것을 알았다."

陳亢問於伯魚曰 子亦有異聞乎?
진 항 문 어 백 어 왈   자 역 유 이 문 호

對曰 未也. 嘗獨立, 鯉趨而過庭, 曰 學詩乎? 對曰
대 왈 미 야   상 독 립   리 추 이 과 정   왈 학 시 호   대 왈

未也, 不學詩, 無以言. 鯉退而學詩. 他日, 又獨立,
미 야   불 학 시   무 이 언   리 퇴 이 학 시   타 일   우 독 립

鯉趨而過庭, 曰 學禮乎? 對曰 未也, 不學禮, 無以立.
리 추 이 과 정   왈 학 례 호   대 왈 미 야   불 학 례   무 이 립

鯉退而學禮. 聞斯二者. 陳亢退而喜曰 問一得三. 聞詩,
리 퇴 이 학 례   문 사 이 자   진 항 퇴 이 희 왈   문 일 득 삼   문 시

聞禮, 又聞君子之遠其子也.
문 례   우 문 군 자 지 원 기 자 야

---

12. 원문은 '무이립(無以立)'으로 '설 수 없다'로 해석할 수 있다. 예(禮)란 공손, 검소, 장엄, 경건을 몸에 익히는 것이다. 그렇기 때문에 예를 익힌 사람은 다른 사람과 마주서서 편안하고 예를 익히지 못한 사람은 위태로움을 당하게된다. 예를 배우지 못한 경우는 사람들과 마주하여 편하고 적절한 방식으로 설 수 없다는 뜻이다.

異(이): 다르다. 특별하다. 새롭다. 기이하다.

趨而過庭(추이과정): 종종걸음으로 안뜰을 지나다.

遠其子(원기자): 자기 자식을 멀리하다. 자식을 소원하게 대한다는 말이다.

16-14

나라(제후국) 임금의 아내를 임금이 부를 때는 '부인(夫人)'이라고 하고, 부인이 자기 자신을 말할 때는 '소동(小童)'이라고 한다. 그 나라의 사람들이 부를 때는 '군부인(君夫人)'이라고 하고, 다른 나라 사람 앞에서 부를 때는 '과소군(寡小君)'이라고 한다. 또한 다른 나라 사람들이 부를 때는 '군부인(君夫人)'이라고 한다.[13]

邦君之妻, 君稱之曰夫人, 夫人自稱曰小童.
방 군 지 처　군 칭 지 왈 부 인　부 인 자 칭 왈 소 동

邦人稱之曰君夫人, 稱諸異邦曰寡小君. 異邦人稱之,
방 인 칭 지 왈 군 부 인　칭 저 이 방 왈 과 소 군　이 방 인 칭 지

亦曰君夫人.
역 왈 군 부 인

13. 이 당시에 제후(諸侯)의 정실(正室)과 첩실(妾室)의 위계가 바르지 않아서 칭호가 분명하지 않았는데 공자가 올바른 예가 무엇인지 설명한 대목이다.

제17편

양화 陽貨

17-1

양화(陽貨)[1]가 공자를 만나보고 싶어 했지만 공자는 그가 가신으로 정권을 전횡하는 것을 싫어하여 만나주지 않았는데, 양화가 공자에게 삶은 돼지를 선물로 보냈다.[2] 공자는 양화가 집에 없을 때를 맞춰 사례하러 갔다가 돌아오는 길에 그와 마주쳤다. 양화가 공자에게 말했다.

"오시오. 내 그대와 더불어 이야기하겠소."

양화가 공자에게 말했다.

"보물을 품고 있으면서도 나라를 구제할 보물을 쓰지 않고 나라의 혼란을 방치하고 내버려둔다면 인(仁)하다고 할 수 있습니까?[3]

---

1. 노(魯)나라 권력의 실세인 대부 계씨(季氏) 가문의 가신이다. 당시 자신이 모시던 주군 계환자(季桓子)를 잡아 가두고 반란을 일으켰다. 양호(陽虎)라고도 불린다.

2. 선물을 보내면 받은 사람은 사례를 하러 오는 것이 예법이었기 때문에 공자를 만나려는 목적으로 선물을 보낸 것이다.

3. 보물은 공자가 가진 도덕을 말하고, 보물을 품었다는 말은 정치를 하지 않는

"그렇다고 할 수 없지요."

"일에 종사하기를 좋아하면서도 자주 때를 놓친다면 지혜롭다고 말할 수 있습니까?"

"그렇다고 할 수 없지요."

"시간은 흘러가버립니다. 세월은 우리를 기다려주지 않소."[4]

"그렇습니다. 저는 장차 벼슬길에 나아갈 것입니다."[5]

陽貨欲見孔子, 孔子不見, 歸孔子豚. 孔子時其亡也,
양 화 욕 견 공 자   공 자 불 견   귀 공 자 돈   공 자 시 기 무 야

而往拜之, 遇諸塗. 謂孔子曰 來, 予與爾言. 曰
이 왕 배 지   우 저 도   위 공 자 왈 내   여 여 이 언   왈

懷其寶而迷其邦, 可謂仁乎? 曰 不可. 好從事而亟失時,
회 기 보 이 미 기 방   가 위 인 호   왈 불 가   호 종 사 이 기 실 시

可謂知乎? 曰 不可. 日月逝矣, 歲不我與. 孔子曰 諾,
가 위 지 호   왈 불 가   일 월 서 의   세 불 아 여   공 자 왈 낙

吾將仕矣.
오 장 사 의

歸(귀): 선물을 보내다.

豚(돈): 돼지.

다는 말이다. 나라가 혼란한데도 정치에 나서지 않는다면 인하다고 볼 수 없다는 말을 비유적으로 한 것이다.

4. 공자의 나이가 이미 연로했고 세월이 많이 흘렀으니 하루빨리 벼슬길에 올라야 한다는 말을 한 것이다. 양호는 공자가 자신의 신하로 일해주길 바랐던 것이다.

5. 우회적으로 거절의 의사를 건넨 것이다. 누구 밑에서 벼슬할 것인지에 대한 정보를 일부러 빠뜨려서 완곡한 어조로 거절하고 동시에 상대방의 해코지를 사전에 피하려고 한 것이다.

時其亡(시기무): 없는 틈을 기다리다.

遇諸塗(우저도): 길에서 마주치다.

爾(이): 너. 당신(2인칭).

懷(회): 품다. 간직하다.

迷(미): 혼란스럽게 하다.

亟(기): 자주. 빠르다는 뜻으로 쓰일 때는 '극'으로 읽는다.

17-2

공자가 말했다.

"타고난 성품은 서로 비슷하지만 습관에 따라 서로 멀어지게 된다."

공자가 말했다.

"최상의 지혜로운 사람[上知]과 최하의 어리석은 사람[下愚]은 쉽게 바뀌지 않는다."[6]

子曰 性相近也, 習相遠也. 子曰 唯上知與下愚, 不移.
자 왈 　성 상 근 야 　습 상 원 야 　　자 왈 　유 상 지 여 하 우 　　불 이

17-3

공자가 제자인 자유(子游)가 다스리고 있던 무성(武城)[7]에 갔을 때 마

---

6. 최상의 지혜로운 사람은 성인(聖人)을 말하는데 성인을 악하게 만들 수 없고, 최하의 어리석은 사람을 변화시켜 억지로 지혜롭게 만들 수는 없다는 말이다. 이 두 부류는 태어날 때는 성품이 비슷했지만 세상과 접촉하면서 굳은 습관으로 서로 격차가 벌어진 것이다.

7. 노나라에 속한 작은 고을.

을 곳곳에서 현악기를 연주하며 노래 부르는 소리를 듣고는 빙그레 웃으며 말했다.

"닭을 잡는데 어찌 소 잡는 칼을 쓰느냐?"[8]

자유가 대답했다.

"예전에 제가 듣기로는 선생님께서 '군자(君子)가 도(道)를 배우면 사람을 사랑하고, 소인(小人)이 도를 배우면 부리기가 쉽다'고 말씀하셨습니다."

공자가 말했다.

"제자들아! 언(偃 자유)의 말이 옳다. 방금 한 말은 농담이었을 뿐이다."

子之武城, 聞弦歌之聲, 夫子莞爾而笑曰 割鷄,
자 지 무 성　　문 현 가 지 성　　부 자 완 이 이 소 왈　할 계

焉用牛刀? 子游對曰 昔者, 偃也聞諸夫子曰,
언 용 우 도　　자 유 대 왈 석 자　　언 야 문 저 부 자 왈

君子學道則愛人, 小人學道則易使也. 子曰 二三者,
군 자 학 도 즉 애 인　　소 인 학 도 즉 이 사 야　　자 왈 이 삼 자

偃之言, 是也. 前言, 戲之耳.
언 지 언　 시 야　　전 언　 희 지 이

弦歌之聲(현가지성): 현악기를 연주하며 노래 부르는 소리.

莞爾(완이): 빙긋이 웃는 모양.

昔者(석자): 예전에. 과거에.

戲(희): 희롱하다.

耳(이): ～일 뿐이다.

---

8. 닭은 작은 짐승이라서 작은 칼을 사용하는 것이 마땅하다. 여기에서 닭은 무성을 비유하는 말이고, 소 잡는 칼은 예악(禮樂)을 비유하는 말이다.

17-4

계씨의 가신 공산불요(公山弗擾)[9]가 계씨를 배반하고 비(費) 땅을 근거지로 삼아 반란을 일으키고 나서 공자를 초빙하였다. 공자가 가려고 하자 자로가 언짢아하며 말했다.

"갈 곳이 없으면 그만이지, 하필이면 공산불요에게 가려 하십니까?"

공자가 말했다.

"나를 부르려는 사람이라면 어찌 공연히 부르겠느냐? 만약 나를 등용하는 사람이 있다면 나는 그곳을 동쪽의 주(周)나라로 만들 것이다!"[10]

公山弗擾以費畔, 召. 子欲往, 子路不說曰
공 산 불 요 이 비 반   소   자 욕 왕   자 로 불 열 왈

末之也已, 何必公山氏之之也. 子曰 夫召我者,
말 지 야 이   하 필 공 산 씨 지 지 야   자 왈   부 소 아 자

---

9. 노나라에서 실권을 쥐고 있던 계씨 가문의 가신이다. 성은 공산(公山), 이름은 불요(弗擾)이다. 양화와 함께 당시 주군이었던 계환자(계강자의 아버지)를 잡아 가두었다. 반란군이 반격을 당해 양화가 제나라로 달아났을 때 공산불요는 비 지역에서 반란을 일으켜 스스로 읍재(邑宰)가 되었다. 공산불요의 반역이 단순히 반역이 아니라는 해석도 있다. 양화의 반란이 실패한 후 그는 비 지역에서 계씨에게 반기를 들었는데 이는 계씨에게 권력을 침탈당한 노나라 임금을 보호하고 궁극적으로 권력을 되돌려 주려고 했을 수도 있다는 것이다. 이러한 상황에서 공산불요는 공자에게 반(反)-계씨 정권에 가담해달라고 요청한 것이다. 이런 연유 때문인지는 몰라도 공자는 양화를 만나기는 꺼렸어도 공산불요에게는 가려고 했다. 반란을 일으킨 공산불요에게 공자가 가서 도우려 했다는 것은 있을 수 없는 일이라고 판단하여 이 일화가 날조된 것이라고 보는 학자도 있다.

10. 공자는 자신을 초빙하려는 사람은 이미 비범한 뜻을 가지고 위대한 정치를 기획하고 있을 거라고 보았다. 그렇기에 공산불요가 비록 반란을 일으킨 가신이지만 가려고 한 것이다. 공자는 자신이 가면 이상적인 정치 질서를 가졌던 주나라와 같은 나라로 만들 수 있다는 포부를 드러냈다.

而豈徒哉? 如有用我者, 吾其爲東周乎!
이 기 도 재　여 유 용 아 자　오 기 위 동 주 호

畔(반): 반란. 배반.

末之也(말지야): 갈 곳이 없다.

已(이): 그만두다. 멈추다.

17-5

자장(子張)이 공자에게 인에 대해 물었다. 공자가 말했다.

"다섯 가지를 세상에서 실천할 수 있다면 인이 된다."

자장이 그 내용을 묻자 공자가 말했다.

"공손함, 관대함, 믿음직스러움, 민첩함, 은혜로움이다. 공손하면 남도 나에게 공손하므로 업신여김을 당하지 않고, 관대하면 대중들이 귀의하므로 사람들을 얻게 되고, 믿음직스러우면 사람들이 신임하고, 민첩하면 공로가 있고, 은혜로우면 사람들을 부릴 수 있게 된다."

子張問仁於孔子. 孔子曰 能行五者於天下,
자 장 문 인 어 공 자　공 자 왈 능 행 오 자 어 천 하

爲仁矣. 請問之, 曰 恭寬信敏惠. 恭則不侮, 寬則得衆,
위 인 의　청 문 지　왈 공 관 신 민 혜　공 즉 불 모　관 즉 득 중

信則人任焉, 敏則有功, 惠則足以使人.
신 즉 인 임 언　민 즉 유 공　혜 즉 족 이 사 인

17-6

진(晉)나라 조간자(趙簡子)의 가신 필힐(佛肹)[11]이 공자를 초빙하자 공자가 가려고 했다. 자로(子路)가 말했다.

"제가 예전에 선생님께 듣기로 '직접 스스로 불선(不善)한 일을 한 사람의 나라에 군자는 들어가지 않는다'고 하셨습니다. 필힐은 중모(中牟) 땅을 근거지로 삼아 반란을 일으켰습니다. 선생님께서 그에게 가신다면 전에 하신 말씀을 어떻게 설명하시겠습니까?"

공자가 말했다.

"그렇다. 내 그런 말을 한 적이 있다. 그렇지만 사람들이 이렇게 말하지 않더냐? '견고하도다! 갈아도 얇아지지 않네!' 또 이렇게 말하지 않더냐? '희도다! 물들여도 검어지지 않네!' 내가 어찌 조롱박이겠느냐? 내가 어찌 한곳에 매달려 있고 사람들이 먹지 않고 내버려두는 식물이겠는가?"[12]

佛肹召, 子欲往. 子路曰 昔者, 由也聞諸夫子曰,
필 힐 소   자 욕 왕   자 로 왈 석 자   유 야 문 저 부 자 왈

親於其身, 爲不善者, 君子不入也. 佛肹, 以中牟畔.
친 어 기 신   위 불 선 자   군 자 불 입 야   필 힐   이 중 모 반

---

11. 진나라 대부 조간자의 가신이다. 원래 중모의 읍재였는데 이 지역을 점거하여 조간자에 대항해 반란을 일으켰다.

12. 조롱박이 한곳에 매달려 있을 수 있는 것은 사람들이 먹지 않는 식물이기 때문이다. 결국 쓰임을 받지 못해 한곳에 어쩔 수 없이 고정되어 있는 것이다. 공자는 자신이 세상에 쓰이길 바랐다. 자신은 조롱박 같은 운명이 되길 거부했기에 비록 옳지 못한 행위인 모반을 일으킨 필힐의 초빙에 응하려 한 것이다. 그렇지만 주군을 배반한 사람을 공자가 도우려 했다는 것은 있을 수 없는 일이라고 보는 학자들은 이 일화가 날조된 것이라고 여긴다.

子之往也, 如之何? 子曰 然. 有是言也. 不曰堅乎,
자 지 왕 야   여 지 하   자 왈 연   유 시 언 야   불 왈 견 호

磨而不磷! 不曰白乎, 涅而不緇! 吾豈匏瓜也哉,
마 이 불 린   불 왈 백 호   날 이 불 치   오 기 포 과 야 재

焉能繫而不食?
언 능 계 이 불 식

堅(견): 단단하다.

磷(린): 얇다.

涅(날): 검은 흙. 검은 물을 들이다.

緇(치): 검은 비단. 검다.

匏瓜(포과): 박.

繫(계): 매달리다.

17-7

공자가 말했다.

"유(由)야, 너는 여섯 가지 덕목과 그에 따르는 폐단에 대해 들어보았느냐?"

자로가 대답했다.

"아직 듣지 못했습니다."

"앉아라. 내 너에게 말해주겠다. 인(仁)을 좋아하면서 배우기를 좋아하지 않으면 그 폐단은 어리석게 되는 것이다. 지혜(知)를 좋아하면서 배우기를 좋아하지 않으면 그 폐단은 방탕해지는 것이다. 신의(信)를 좋아하면서 배우기를 좋아하지 않으면 그 폐단은 남을 해치게 되는 것이다. 올곧음(直)을 좋아하면서 배우기를 좋아하지 않으면 그 폐단은 사람이 각박해지는 것이다. 용감함(勇)을 좋아하면서 배우기를 좋아하지 않

으면 그 폐단은 반란을 일으키게 되는 것이다. 굳셈[剛]을 좋아하면서
배움을 좋아하지 않으면 그 폐단은 남을 함부로 대하게 되는 것이다."

子曰 由也, 女聞六言六蔽矣乎? 對曰 未也. 居.
자왈 유야 여문육언육폐의호   대왈 미야 거

吾語女. 好仁不好學, 其蔽也愚. 好知不好學, 其蔽也蕩.
오어녀 호인불호학 기폐야우   호지불호학 기폐야탕

好信不好學, 其蔽也賊. 好直不好學, 其蔽也絞.
호신불호학 기폐야적   호직불호학 기폐야교

好勇不好學, 其蔽也亂. 好剛不好學, 其蔽也狂.
호용불호학 기폐야란   호강불호학 기폐야광

女(여): 너(2인칭). 汝(여).

居(거): 앉다.

蕩(탕): 방탕하다.

賊(적): 해치다.

蔽(폐): 폐단.

絞(교): 박절하다.

狂(광): 미치다. 망령되다.

17-8

공자가 말했다.

"제자들아, 어째서 시(詩)를 배우지 않는 것이냐? 시로 사물에 빗대
어 표현할 수 있고, 풍속의 성쇠를 살펴볼 수 있다. 시를 통해 많은 사람
과 잘 어울릴 수 있고, 원망할 수도 있다. 가깝게는 부모를 섬길 수 있
고, 멀게는 임금을 섬길 수 있다. 새와 짐승, 풀과 나무의 명칭도 많이
알게 된다."

공자가 아들 백어(伯魚)에게 말했다.

"너는 《시경》의 〈주남(周南)〉, 〈소남(召南)〉[13]을 공부했느냐? 사람이 〈주남〉, 〈소남〉을 공부하지 않는다면 마치 담벼락을 마주하고 서 있는 것과 같은 것이다!"

子曰 小子何莫學夫詩? 詩可以興, 可以觀. 可以群,
자 왈 소 자 하 막 학 부 시   시 가 이 흥   가 이 관   가 이 군

可以怨. 邇之事父, 遠之事君. 多識於鳥獸草木之名.
가 이 원   이 지 사 부   원 지 사 군   다 식 어 조 수 초 목 지 명

子謂伯魚曰 女爲周南召南矣乎? 人而不爲周南召南,
자 위 백 어 왈 여 위 주 남 소 남 의 호   인 이 불 위 주 남 소 남

其猶正牆面而立也與!
기 유 정 장 면 이 립 야 여

小子(소자): 젊은이. 제자.

邇(이): 가깝다.

牆面(장면): 담장을 마주하다.

17-9

공자가 말했다.

"예가 어떻다, 예가 어떻다 말하지만, 그것이 예식에 사용되는 옥과

---

13. 〈주남〉과 〈소남〉은 《시경》에 처음 나오는 목차의 분류이다. 〈주남〉은 주나라가 관할하던 남쪽의 나라들에서 나온 민간가요 가사 11수를 수록하고 있다. 〈소남〉은 소목공(召穆公) 호(虎)가 다스리던 남쪽 나라에서 나온 민간가요 가사 14수를 수록하고 있다.

비단¹⁴을 말하는 것이겠는가? 음악을 말하고 음악을 말하지만, 그것이 음악에 사용되는 종과 북¹⁵을 말하는 것이겠는가?"¹⁶

子曰 禮云禮云, 玉帛云乎哉? 樂云樂云, 鍾鼓云乎哉?
자 왈 예 운 예 운   옥 백 운 호 재   악 운 악 운   종 고 운 호 재

17-10

공자가 말했다.

"외면은 장중하고 엄숙하지만 내면은 유약하여 아첨하는 것을 소인들의 행태에 비유하면 마치 벽을 뚫고 담을 넘는 도둑과 같은 것이다!"¹⁷

子曰 色厲而內荏, 譬諸小人, 其猶穿窬之盜也與!
자 왈 색 려 이 내 임   비 저 소 인   기 유 천 유 지 도 야 여

色(색): 겉모습.

---

14. 예식에는 옥과 비단을 사용하는 경우가 많았기 때문에 여기에서 옥과 비단은 예식에 사용하는 예기를 말한다.
15. 중국 고대 제례악에서 사용되는 악기이다.
16. 예를 말하는 것은 예에 사용되는 물건이 아니라 예가 가진 효용과 가치를 말하는 것이다. 예는 상하 질서를 안정시키고 백성을 다스리는 중요한 수단 중하나였다. 음악에 대해 말하는 것 또한 악기에 대해 말하는 것이 중요한 것이 아니다. 음악의 사회적 효용과 가치가 중요한 것이다. 음악에는 풍속을 변화시키는 힘이 있다고 보았기 때문에 이를 백성을 교화하는 목적으로 사용하였다.
17. 소인이 겉으로는 올바름을 지키지만 내면에는 항상 도둑질하려는 마음을 가졌다는 뜻이다.

厲(려): 위엄이 있다.

荏(임): 유약하다.

穿(천): 담에 구멍을 뚫다.

窬(유): 담을 넘다.

盜(도): 도둑.

17-11

공자가 말했다.

"마을에서 그곳 사람들의 의중을 파악해 아첨하여 대중에 영합하려는 '향원(鄕原)'[18]은 덕(德)을 해치고 어지럽히는 작자[賊]이다."

子曰 鄕原, 德之賊也.
자 왈 향 원   덕 지 적 야

17-12

공자가 말했다.

"길거리에서 주워듣고서 길거리에서 남에게 전해 말하면 덕을 갖춘 사람에게 버림을 받는다."[19]

子曰 道聽而塗說, 德之棄也.
자 왈 도 청 이 도 설   덕 지 기 야

---

18. 마을사람들에게 인기가 있지만 실은 아첨하여 주류에 영합하고 말과 행동이 다른 사람을 말한다. 공자가 신랄하게 비판하는 부류이다.

19. 주자는 '덕을 버리는 일이다'라고 해석했다.

17-13

공자가 말했다.

"평범하고 비천한 사람과 더불어 임금을 섬길 수가 있겠는가? 그러한 사람은 녹봉과 작위를 아직 얻지 못했을 때 얻지 못할까 걱정하고, 얻고 나서는 잃을까 걱정한다. 진실로 잃게 될까 걱정한다면 못하는 짓이 없게 된다."

子曰 鄙夫可與事君也與哉? 其未得之也, 患得之,
자 왈 비 부 가 여 사 군 야 여 재　　기 미 득 지 야　　환 득 지

旣得之, 患失之. 苟患失之, 無所不至矣.
기 득 지　　환 실 지　　구 환 실 지　　무 소 부 지 의

無所不至(무소부지): 이르지 않는 곳이 없다. 못하는 짓이 없다는 뜻.

17-14

공자가 말했다.

"옛날에는 사람들에게 세 가지 병폐가 있었는데, 지금은 이마저도 없어졌다. 옛날에 뜻이 높은 사람은 과감하게 말했는데, 지금의 뜻이 높은 사람은 방탕하기만 하다. 옛날에 몸가짐이 엄격하고 강한 사람은 행동에 모가 났지만, 지금의 몸가짐이 엄격한 사람은 함부로 분노하여 이치를 거스른다. 옛날에 어리석은 사람은 정직했지만, 지금의 어리석은 사람은 간사하기만 할 뿐이다."

子曰 古者民有三疾, 今也或是之亡也. 古之狂也肆,
자 왈 고 자 민 유 삼 질　　금 야 혹 시 지 무 야　　고 지 망 야 사

今之狂也蕩. 古之矜也廉, 今之矜也忿戾. 古之愚也直.
금 지 광 야 탕   고 지 긍 야 렴   금 지 긍 야 분 려   고 지 우 야 직

今之愚也詐而已矣.
금 지 우 야 사 이 이 의

古者(고자): 옛날. 과거 시대.

疾(질): 병폐. 결점.

肆(사): 드러내다. 펴다. 구애받지 않다.

蕩(탕): 방탕하다.

矜(긍): 단정하고 장엄하다. 신중하다. 자랑하다.

廉(렴): 모가 나다. 엄격하다.

忿(분): 화내다. 분노하다.

戾(려): 거스르다.

詐(사): 속이다.

17-15

공자가 말했다.

"듣기 좋은 말을 하고 얼굴빛을 꾸며 남이 자기를 좋아하게 하려는 사람 중에는 인한 사람이 없다."[20]

子曰 巧言令色, 鮮矣仁.
자 왈   교 언 령 색   선 의 인

---

20. 〈학이〉 3장(1-3)에 나왔다.

17-16

공자가 말했다.

"나는 간색(間色)인 자주색이 정색(正色)인 붉은색의 지위를 빼앗는 것을 싫어한다.[21] 음탕하고 애절한 정(鄭)나라의 음악이 궁중 음악인 아악(雅樂)[22]을 어지럽히는 것을 싫어한다. 말주변이 좋은 이들이 임금에게 아첨하여 나라를 뒤엎는 것을 싫어한다."

子曰 惡紫之奪朱也. 惡鄭聲之亂雅樂也.
자 왈 오 자 지 탈 주 야   오 정 성 지 란 아 악 야

惡利口之覆邦家者.
오 리 구 지 복 방 가 자

奪(탈): 빼앗다.

覆(복): 뒤엎다. 전복시키다.

17-17

공자가 말했다.

"나는 아무런 말을 하지 않겠다."

자공이 말했다.

"선생님께서 말씀하지 않으신다면 저희 제자들이 어떻게 기술하여

---

21. 간색인 자주색이 비록 정(正)이 아니지만 아름다운 특성이 있어서 정색인 붉은색의 지위를 빼앗는데 그것을 싫어한다는 것이다. 정색은 청(靑), 적(赤), 황(黃), 백(白), 흑(黑) 등이고 간색은 녹(綠), 홍(紅), 벽(碧), 자(紫), 유황(騮黃)이다.

22. 아악은 나라의 공식적인 행사에서 사용하던 음악이다.

후세에 전하겠습니까?"

공자가 말했다.

"하늘이 무슨 말을 하더냐? 말하지 않아도 사계절이 바뀌고 만물이 자라난다. 하늘이 무슨 말을 하더냐?"

子曰 予欲無言. 子貢曰 子如不言, 則小子何述焉? 子曰
자왈 여욕무언   자공왈 자여불언   즉소자하술언   자왈

天何言哉? 四時行焉, 百物生焉, 天何言哉?
천하언재   사시행언 백물생언   천하언재

予(여): 나(1인칭).

欲(욕): ~을 하고자 하다. 원하다.

如(여): 만약. 만일.

小子(소자): 젊은이. 제자들.

何(하): 무엇.

述(술): 기술하여 전하다.

17-18

유비(孺悲)[23]가 공자를 뵙고자 했으나 공자는 병에 걸렸다는 이유로 거절했다. 말을 전달하는 사람이 문밖으로 나서자 거문고를 타면서 노래를 불러 말을 전달하는 사람이 그 소리를 듣게 했다.[24]

---

23. 노나라 사람으로 공자에게서 예를 배웠는데 그 당시에 공자에게 잘못한 일이 있었다고 한다.

24. 병을 핑계로 만나기를 거절했지만, 거문고를 타는 행위를 보임으로써 실제

孺悲欲見孔子, 孔子辭以疾. 將命者出戶, 取瑟而歌,
유비욕현공자　공자사이질　장명자출호　취슬이가

使之聞之.
사지문지

辭(사): 사양하다. 거절하다.

疾(병): 질병.

將命(장명): 명을 전달하다.

取(취): 취하다. 가지다.

瑟(슬): 거문고.

使(사): ~가 ~하도록 하다.

17-19

재아(宰我)가 물었다.

"삼년상은 기간이 너무 깁니다. 군자가 3년 동안 예를 익히지 않으면 익혀왔던 예가 퇴보하고, 3년 동안 음악을 익히지 않으면 익혀왔던 음악도 반드시 수포로 돌아갑니다. 묵은 곡식이 떨어지고 햇곡식이 익으며, 불씨를 만드는 나무를 계절에 따라 바꾸나²⁵ 1년이면 상을 그칠 만

로는 병이 아니라 다른 이유가 있음을 넌지시 알린 것이다. 먼저 말을 전하는 사람이 이런 정황을 알도록 하고 그 사람이 유비에게 자초지종을 알리기를 기대한 것이다. 주자는 '거문고를 타면서 노래를 부르시어 유비가 그 소리를 듣게 하셨다'라고 해석하였다. 곧바로 거문고 소리를 유비가 듣게 하여 그 스스로 거절당한 이유를 알아 고치게 하려고 한 것이라고 본 것이다.

25. 원시 시대에 불을 얻는 한 가지 방법은 나무 작대기를 뾰족하게 하여 다른 나무에 뚫은 구멍에 대고 마찰을 해 불을 일으키는 것이었다. 계절에 따라 나무를 바꿔서 불을 얻었다. 봄에는 버드나무, 여름에는 대추나무와 살구나무, 늦

합니다."

공자가 말했다.

"삼년상 기간에 흰쌀밥을 먹고 비단옷을 입는 것이 네 마음이 편안하냐?"

"편안합니다."

"네가 편안하다면 그렇게 하거라. 군자는 삼년상 중에는 맛있는 것을 먹어도 맛이 없고, 음악을 들어도 즐겁지 않고, 방 안에 거처하는 것도 편안하지 않다. 그러므로 그렇게 하지 않는 것이다. 지금 네가 편안하다면 그렇게 하거라."

재아가 밖으로 나가자 공자가 말했다.

"여(予 재아)는 참으로 인하지 못하구나! 자식이 태어나면 3년이 지난 후에야 부모 품에서 벗어나게 된다. 삼년상은 세상 사람들이 모두 따르는 상례(喪禮)이다. 여(재아)도 갓 태어나 부모에게 3년 동안의 보살핌을 받지 않았겠는가?"

宰我問. 三年之喪, 期已久矣. 君子三年不爲禮, 禮必壞.
재 아 문   삼 년 지 상   기 이 구 의   군 자 삼 년 불 위 예   예 필 괴

三年不爲樂, 樂必崩. 舊穀旣沒, 新穀旣升, 鑽燧改火,
삼 년 불 위 악   악 필 붕   구 곡 기 몰   신 곡 기 승   찬 수 개 화

期可已矣. 子曰 食夫稻, 衣夫錦, 於女安乎? 曰
기 가 이 의   자 왈 식 부 도   의 부 금   어 녀 안 호   왈

安. 女安則爲之. 夫君子之居喪, 食旨不甘, 聞樂不樂,
안   여 안 즉 위 지   부 군 자 지 거 상   식 지 불 감   문 악 불 락

여름에는 뽕나무, 가을에는 떡갈나무, 겨울에는 느티나무와 박달나무를 써서 불씨를 만들었다. 1년은 불을 얻는 나무를 전체적으로 돌아가며 다 바꾼 시간이다.

居處不安, 故不爲也. 今女安則爲之. 宰我出, 子曰
거 처 불 안　고 불 위 야　금 녀 안 즉 위 지　재 아 출　자 왈

予之不仁也! 子生三年然後, 免於父母之懷. 夫三年之喪,
여 지 불 인 야　자 생 삼 년 연 후　면 어 부 모 지 회　부 삼 년 지 상

天下之通喪也. 予也有三年之愛於其父母乎?
천 하 지 통 상 야　여 야 유 삼 년 지 애 어 기 부 모 호

壞(괴): 무너지다. 쇠퇴하다. 나빠지다.

崩(붕): 붕괴되다. 쇠퇴하다.

舊(구): 오래되다. 옛.

穀(곡): 곡식.

沒(몰): 없어지다. 다하다.

升(승): 성숙하다. 익다.

鑽燧(찬수): 불씨 만드는 나무[燧]를 뚫고[鑽] 비벼 불을 붙이다.

改火(개화): 불씨를 바꾸다.

稻(도): 도정한 쌀.

旨(지): 맛있는 음식.

甘(감): 맛있다.

17-20

공자가 말했다.

"배부르게 먹고 온종일 마음을 쓰는 곳이 없으면 선(善)을 즐길 곳이 없어서 음탕한 욕심이 생겨 처세에 어려움이 있을 것이다! 장기나 바둑이 있지 않은가? 그것이라도 하는 게 아무것도 하지 않는 것보다는 현명하다."

子曰 飽食終日, 無所用心, 難矣哉! 不有博奕者乎?
자왈 포식종일 무소용심 난의재 불유박혁자호

爲之猶賢乎已.
위지유현호이

博(박): 장기.

奕(혁): 바둑.

賢(현): 낫다(勝).

17-21

자로가 말했다.

"군자도 용맹을 숭상합니까?"

공자가 말했다.

"군자는 의로움을 숭상한다. 군자가 용맹만 있으면서 의로움이 없다면 반란을 일으키게 된다. 소인이 용맹만 있으면서 의로움이 없다면 도둑이 된다."

子路曰 君子尙勇乎? 子曰 君子義以爲上.
자로왈 군자상용호 자왈 군자의이위상

君子有勇而無義, 爲亂. 小人有勇而無義, 爲盜.
군자유용이무의 위란 소인유용이무의 위도

上(상): 숭상하다.

17-22

자공(子貢)이 말했다.

"군자도 미워하는 것이 있습니까?"

공자가 말했다.

"미워하는 것이 있다. 남의 결점을 들추어 말하는 사람을 미워하고, 아랫자리에 있으면서 윗사람을 비방하는 사람을 미워하고, 용감하지만 예의가 없는 사람을 미워하고, 과감하지만 남의 선한 도리를 막는 사람을 미워한다."

자공이 말했다.

"저도 미워하는 것이 있습니다.[26] 남의 것을 가로채어 자신의 지식인 양하는 사람을 미워하고, 공손하지 않은 것을 용감한 것으로 여기는 사람을 미워하고, 남의 비밀을 들추어내는 것을 정직함으로 여기는 사람을 미워합니다."

子貢曰 君子亦有惡乎? 子曰 有惡. 惡稱人之惡者,
자공왈 군자역유오호   자왈 유오   오칭인지악자

惡居下流而訕上者, 惡勇而無禮者, 惡果敢而窒者.
오거하류이산상자   오용이무예자   오과감이질자

曰 賜也亦有惡乎. 惡徼以爲知者, 惡不孫以爲勇者,
왈 사야역유오호   오요이위지자   오불손이위용자

惡訐以爲直者.
오알이위직자

訕(산): 비방하다.

窒(질): 막다.

徼(요): 가로채다. 훔치다.

---

26. 주자는 '사야, 너도 미워하는 것이 있느냐?'라고 해석하여 이 말을 공자가 한 말로 보았다.

訐(알): 들추어내다.

17-23

공자가 말했다.

"오직 여자와 소인은 올바른 성품이 없기에 기르기가 어렵다. 가까이 하면 공손하지 못하고 멀리하면 원망하기 때문이다."[27]

子曰 唯女子與小人, 爲難養也. 近之則不孫, 遠之則怨.
자 왈 유 여 자 여 소 인   위 난 양 야   근 지 즉 불 손   원 지 즉 원

唯(유): 오직.

17-24

공자가 말했다.

"나이가 마흔이 되고서도 악행을 하여 남들에게 미움을 받는다면, 그의 인생은 결국 선행(善行) 없이 끝날 것이다."

子曰 年四十而見惡焉, 其終也已.
자 왈 연 사 십 이 견 오 언   기 종 야 이

見惡(견오): 미움을 받다. 여기에서 '見(견)'은 피동의 의미로 쓰였다.

---

27. 이 구절에 대해서는 공자가 여성에 대해서 지극히 편협하고 불평등한 시각을 가졌다는 비판이 있다. 혹자는 여기에서 말하는 여성이 여성 전체를 언급한 것이 아니라 여자 하인이나 첩이라고 해석하면서 공자를 변호하기도 한다.

18-1

은(殷)나라 주왕(紂王)의 이복형 미자(微子)는 주왕(紂王)의 무도(無道)함을 보고 떠났고, 주왕의 숙부 기자(箕子)는 미친 체하여 종이 되었고, 주왕의 숙부 비간(比干)은 간언하다 살해당했다.[1]

공자가 말했다.

"은나라에 인(仁)한 사람이 세 명 있었다."

---

1. 미자는 은나라의 마지막 왕이자 폭군이었던 주왕의 서형(庶兄)이다. 주왕은 술, 음악을 방탕하게 즐기고 애첩 달기(妲己)에게 빠져서 호화로운 궁궐을 짓고 방탕하게 살았다. 주왕이 폭정을 일삼자 미자는 그에게 간언했는데 받아들여지지 않자 은나라를 떠났다. 기자는 은나라 주왕의 숙부이자 비간의 동생이다. 비간과 함께 주왕에게 간언했지만 받아들여지지 않자 '간언을 듣지 않는다고 떠난다면 임금의 죄악을 드러내고 자신의 훌륭함을 과시하는 것'이라 하여 미친 것처럼 행세하며 노비가 되었다. 비간은 은나라 주왕의 숙부이자 기자의 형이다. 비간은 폭정을 일삼던 주왕에게 끊임없이 간언했는데 화가 난 주왕은 비간의 충심을 확인한다면서 비간을 죽여 심장을 꺼내 보았다고 한다.

微子去之, 箕子爲之奴, 比干諫而死. 孔子曰
미 자 거 지　기 자 위 지 노　비 간 간 이 사　공 자 왈

殷有三仁焉.
은 유 삼 인 언

18-2

유하혜가 세 번 사사(士師)[2]가 되었는데, 도(道)를 올곧게 행하며 임금
을 섬기다가 소인배들의 미움을 받아 세 번 모두 쫓겨나자 어떤 사람이
말했다.

"당신은 노나라를 떠날 수 없습니까?"

유하혜가 말했다.

"도를 올바르게 지켜 임금을 섬긴다면 어디 간들 세 번 내쫓기지 않
겠는가? 도를 굽혀 임금을 섬기려 한다면 굳이 조국을 떠날 필요가 뭐
있겠는가?"

柳下惠爲士師, 三黜. 人曰 子未可以去乎?
유 하 혜 위 사 사　삼 출　인 왈　자 미 가 이 거 호

曰 直道而事人, 焉往而不三黜? 枉道而事人,
왈 직 도 이 사 인　언 왕 이 불 삼 출　왕 도 이 사 인

何必去父母之邦?
하 필 거 부 모 지 방

黜(출): 내쫓다.

---

2. 사사(士師)는 형옥(刑獄)을 담당하는 장관이다. 유하혜에 대해서는 〈위령공〉
   13장(15-13)을 보라.

枉(왕): 굽다. 굽히다.

去(거): 떠나다.

父母之邦(부모지방): 조국.

18-3

제(齊)나라 경공(景公)이 공자의 대우에 관하여 말했다.

"상경(上卿)인 노(魯)나라 대부 계씨(季氏)만큼은 내가 대우해줄 수 없으나 계씨와 맹씨(孟氏)의 중간 정도 수준의 봉록과 직위로 대우하겠소."

얼마 뒤에 다시 말했다.

"내가 늙어서 제대로 기용할 수 없겠소."[3]

이 말을 들은 공자는 제나라를 떠났다.

齊景公待孔子曰 若季氏則吾不能, 以季孟之間待之. 曰
제 경 공 대 공 자 왈　 약 계 씨 즉 오 불 능　　 이 계 맹 지 간 대 지　　 왈

吾老矣, 不能用也. 孔子行.
오 노 의　 불 능 용 야　 공 자 행

行(행): 떠나가다.

18-4

제나라 사람들이 노나라를 어지럽히기 위한 계략으로 미녀 무용단〔女

---

3. 경공이 늙었다고 한 것은 핑계일 뿐이고 사실은 공자가 제시하는 성인(聖人)
    의 도를 이루기가 어렵기 때문에 공자를 기용하는 것을 포기한 것이다.

樂]을 노나라로 보냈다.[4] 노나라의 실권자 계환자(季桓子)[5]는 이를 거절하지 않고 받고서 3일 동안 국정 조회를 열지 않았다. 그러자 공자는 노나라를 떠났다.

齊人歸女樂. 季桓子受之, 三日不朝. 孔子行.
제 인 귀 녀 악 계 환 자 수 지 삼 일 부 조 공 자 행

歸(귀): 보내다.

18-5

초(楚)나라에서 미친 체하며 살던 사람 접여(接興)[6]가 노래를 부르면서 공자가 탄 수레 앞을 지나가며 말했다.

"봉황이여. 봉황이여! 봉황의 덕(德)이 어떻게 그리 볼품없어졌는

---

4. 정공(定公) 14년, 공자 56세 때의 일이다. 《사기(史記)》의 기록에 따르면, 공자는 당시에 대사구(大司寇)로 있으면서 승상의 일을 대행하고 있었다. 제나라는 공자가 정치를 하면 노나라가 패자(霸者)가 될 것으로 보고 그 위협을 미연에 방지하기 위해 계략을 꾸몄다. 제나라는 노나라를 어지럽히기 위해 미녀 무용단[女樂] 80명을 선발하여 화려한 옷을 입히고 무용을 연습시켜 노나라 임금에게 보냈다.

5. 성은 계손(季孫), 이름은 사(斯), 시호는 환(桓)이다. 노나라의 실질적인 권력을 쥐고 있던 삼가(三家) 중 하나인 계씨의 우두머리였다. 계강자(季康子)의 아버지이다. 양화가 반란을 일으켰을 때 양화에게 구금당했다.

6. 초나라의 은자(隱者)로 거짓으로 미친 척하며 세상을 피해 숨어 살았다. 직접 밭을 경작하여 먹고살았다.

가?[7] 지나간 일은 간쟁하여 저지할 수 없으나 앞으로의 일은 오히려 나를 쫓아 은거할 수 있다. 세상의 어지러움이 너무 심하고 또 심하다.[8] 오늘날 정치하는 자들은 위태로울 뿐이다."

공자가 수레에서 내려 그와 더불어 이야기하고자 했지만 그가 빠른 걸음으로 피해 가버려 끝내 함께 이야기하지 못했다.

楚狂接輿歌而過孔子曰 鳳兮, 鳳兮! 何德之衰?
초 광 접 여 가 이 과 공 자 왈 봉 혜 봉 혜 하 덕 지 쇠

往者不可諫, 來者猶可追. 已而, 已而! 今之從政者殆而.
왕 자 불 가 간 내 자 유 가 추 이 이 이 이 금 지 종 정 자 태 이

孔子下, 欲與之言, 趨而辟之, 不得與之言.
공 자 하 욕 여 지 언 추 이 피 지 부 득 여 지 언

已(이): 심하다.

而(이): 감탄을 나타내는 어조사.

趨(추): 빨리 가다.

辟(피): 피하다.

18-6

장저(長沮)와 걸닉(桀溺)[9]이 함께 밭을 갈고 있었다. 공자가 그 앞을

---

7. 봉황은 공자를 비유한 말이다. 봉황은 성군(聖君)이 세상에 나오면 자신을 드러내지만 성군이 없으면 자신을 드러내지 않고 숨긴다. 당시에 공자는 천하를 떠돌면서 성군을 찾아 헤매었다. 그런 공자를 보고 봉황의 덕이 볼품없어졌다고 비판한 것이다.

8. 주자는 '그만둘지어다! 그만둘지어다!'라고 해석했다.

9. 장저와 걸닉은 세상을 피해 숨어 산 자들이다. 이런 자들을 은자(隱者)라고

지나다가 자로(子路)에게 나루터가 어디에 있는지 물어보게 했다. 장저가 말했다.

"저기 수레에서 고삐를 쥔 사람은 누구인가?"

자로가 말했다.

"공구(공자)이십니다."

"바로 그 노나라의 공구인가?"

"그렇습니다."

"천하를 두루 돌아다니는 사람이니 나루터가 어디 있는지 잘 알 것이오."

자로가 어쩔 수 없이 옆에 있던 걸닉에게 다시 묻자, 걸닉이 말했다.

"당신은 누구시오?"

"중유(자로)라고 합니다."

"당신이 바로 그 노나라 공자의 제자인가?"

"그렇습니다."

"물길이 두루 흘러가는 것처럼 천하가 가는 곳마다 혼란하기는 마찬가지인데 누가 세상을 바꿀 수 있단 말인가? 또 자네는 사람을 피하는 선비〔공자〕를 따르기보다는 세상을 피하는 선비〔장저, 걸닉〕를 따르는 것이 어떠한가?"[10]

그러고는 흙으로 씨앗을 덮기를 멈추지 않았다. 자로가 돌아와서 공자에게 알리자 공자가 잠시 실의에 빠진 듯이 있다가 말했다.

한다.

10. 《논어》의 여러 구절에서 볼 수 있듯이 공자는 임금이 무도하거나 예를 갖추지 않으면 그를 위해 벼슬을 하지 않고 즉각 떠났는데, 걸닉은 이런 처세를 두고 '사람을 피한다'고 표현했다.

"짐승들과는 함께 무리 지어 살 수 없는 법이다.[11] 내가 세상 사람의 무리와 함께하지 않는다면 누구와 함께하겠는가? 천하에 도가 있는 그런 세상이 오더라도 세상을 피하는 도는 작고 세상을 다스리는 도는 크기 때문에 나는 저들의 도와 나의 도를 바꾸지 않을 것이다."

長沮桀溺耦而耕. 孔子過之,
장 저 걸 닉 우 이 경　공 자 과 지

使子路問津焉. 長沮曰 夫執輿者爲誰? 子路曰 爲孔丘.
사 자 로 문 진 언　장 저 왈 부 집 여 자 위 수　자 로 왈 위 공 구

曰 是魯孔丘與? 曰 是也. 曰 是知津矣. 問於桀溺,
왈 시 노 공 구 여　왈 시 야　왈 시 지 진 의　문 어 걸 닉

桀溺曰 子爲誰? 曰 爲仲由. 曰 是魯孔丘之徒與?
걸 닉 왈 자 위 수　왈 위 중 유　왈 시 노 공 구 지 도 여

對曰 然. 曰 滔滔者天下皆是也, 而誰以易之?
대 왈 연　왈 도 도 자 천 하 개 시 야　이 수 이 역 지

且而與其從辟人之士也, 豈若從辟世之士哉?
차 이 여 기 종 피 인 지 사 야　기 약 종 피 세 지 사 재

耰而不輟. 子路行以告, 夫子憮然曰 鳥獸不可與同群.
우 이 불 철　자 로 행 이 고　부 자 무 연 왈 조 수 불 가 여 동 군

吾非斯人之徒與而誰與? 天下有道, 丘不與易也.
오 비 사 인 지 도 여 이 수 여　천 하 유 도　구 불 여 역 야

耦(우): 짝을 이루다.

耕(경): 밭을 갈다.

津(진): 나루터.

徒(도): 무리.

---

11. 사람과 접촉하지 않고 세상을 피해 숨어 사는 은자를 두고 이렇게 표현한 것이다.

滔滔(도도): 물길이 두루 흘러가다.

且(차): 또.

而(이): 너.

與其(여기) A 豈若(기약) B: A하느니 차라리 B하는 편이 낫다. 豈若(기약) 대신
　　寧(녕), 豈如(기여), 孰若(숙약), 孰如(숙여), 不若(불약), 不如(불여)를 써도
　　뜻은 같다.

耰(우): 씨를 뿌려 흙으로 덮다.

輟(철): 그치다. 멈추다.

憮然(무연): 실망하는 모양.

18-7

자로가 공자를 수행하다가 뒤처졌는데, 지팡이로 대바구니를 메고
가는 노인을 만났다. 자로가 노인에게 물었다.

"어르신께서는 저희 선생님이 지나가는 것을 보셨습니까?"

노인이 말했다.

"팔다리를 부지런히 움직여 노동하지 않고, 오곡을 가꾸는 일도 분간
하지 못하는데 누구를 선생이라 부르며 찾고 있는가?"

그러고는 지팡이를 꽂아놓고 김을 맸다. 자로가 공손히 두 손을 모으
고 서 있자, 자로를 하루 묵게 해주었다. 닭을 잡고 기장밥을 지어 접대
하고 그의 두 아들을 자로에게 인사시켰다. 다음 날 자로가 공자에게 와
서 그 일을 알리자 공자가 말했다.

"은자(隱者)로구나."

그리고 자로를 시켜 되돌아가 다시 만나보게 하였다. 자로가 그의 집
에 도착하자 노인은 외출하고 집에 없었다. 자로가 노인의 두 아들에게

전할 말을 남겼다.

"벼슬하지 않는 것은 도의(道義)가 없는 것입니다. 어른과 아이 사이의 예절도 버릴 수 없는 것인데, 임금과 신하 사이의 도의를 어찌 버릴 수 있겠습니까?[12] 자기 한 몸을 깨끗이 하고자 하여 벼슬을 하지 않는다면 더 큰 윤리인 군신(君臣)의 도리를 어지럽히는 것입니다. 군자(공자를 지칭)가 벼슬에 나가는 것은 군신의 도의를 행하는 것입니다. 도가 제대로 행해지지 않을 줄은 이미 알고 계십니다."

子路從而後, 遇丈人以杖荷蓧. 子路問曰 子見夫子乎?
자로종이후 우장인이장하조   자로문왈 자견부자호

丈人曰 四體不勤, 五穀不分, 孰爲夫子? 植其杖而芸.
장인왈 사체불근 오곡불분 숙위부자   치기장이운

子路拱而立, 止子路宿. 殺鷄爲黍而食之, 見其二子焉.
자로공이립 지자로숙   살계위서이사지   현기이자언

明日, 子路行以告, 子曰 隱者也. 使子路反見之.
명일 자로행이고 자왈 은자야   사자로반현지

至則行矣. 子路曰 不仕無義. 長幼之節, 不可廢也,
지즉행의 자로왈 불사무의   장유지절 불가폐야

君臣之義, 如之何其廢之? 欲潔其身, 而亂大倫.
군신지의 여지하기폐지   욕결기신   이란대륜

君子之仕也, 行其義也. 道之不行, 已知之矣.
군자지사야   행기의야   도지불행   이지지의

荷(하): 메다.

蓧(조): 삼태기.

---

12. 노인이 두 아들을 키우고 있는 점은 어른과 아이 사이의 예절을 폐기하지 않았다는 반증인데 유독 은거하여 벼슬을 하지 않아서 임금과 신하의 관계를 차단했으므로 옳지 않다는 말이다.

四體(사체): 두 팔과 두 다리.

植(치): 꽂아 세우다(置).

黍(서): 오곡의 하나인 기장.

芸(운): 김을 매다.

食(사): 먹이다.

18-8

절조와 행실이 뛰어난 사람[13]으로는 백이(伯夷), 숙제(叔齊), 우중(虞仲), 이일(夷逸), 주장(朱張), 유하혜, 소련(少連)이 있다.[14] 공자가 말했다.

"자신의 뜻을 굽히지 않고 자신의 몸을 욕되게 하지 않은 사람은 백이와 숙제일 것이다."[15]

유하혜와 소련에 대해 평가했다.

"자신의 뜻을 낮추기도 하고 몸가짐을 욕되게도 하였지만, 그 말이 도리에 맞고 행동이 품은 뜻에 상응했다. 이들은 이 정도였을 뿐이다."

우중과 이일에 대해 평가했다.

"숨어 지내면서 세상일을 말하지 않고, 몸가짐이 깨끗했고, 난세를 만나 자신을 버리고 화를 피한 것이 권도(權道)[16]에 맞았다. 나는 이런

---

13. 원문은 일민(逸民)인데, 다른 해설가는 이를 '은둔하는 사람'으로 해석했다.

14. 우중은 형 태백(太伯)과 함께 동생 계력(季歷)에게 왕위를 양보하고 형만(荊蠻)으로 달아나 은둔하였다. 소련은 동이족(東夷族) 사람이다. 이일, 주장에 대한 기록은 전하지 않는다.

15. 백이와 숙제는 자신의 마음을 곧게 하고 자신의 가치와 위배되는 행동을 한 군주 밑에서 살 수 없다고 하여 수양산으로 들어가 굶어 죽었다.

16. 《논어》 제9편 〈자한〉의 각주 31) 참조.

사람들과는 달라서 벼슬길에 꼭 나가야 한다고 기약하지 않고, 꼭 물러나야 한다고 기약하지도 않는다."

逸民, 伯夷, 叔齊, 虞仲, 夷逸, 朱張, 柳下惠, 少連.
일민 백이 숙제 우중 이일 주장 유하혜 소련

子曰 不降其志, 不辱其身, 伯夷叔齊與. 謂柳下惠少連,
자왈 불강기지 불욕기신 백이숙제여 위유하혜소련

降志辱身矣, 言中倫, 行中慮, 其斯而已矣. 謂虞仲夷逸,
강지욕신의 언중륜 행중려 기사이이의 위우중이일

隱居放言, 身中淸, 廢中權. 我則異於是, 無可無不可.
은거방언 신중청 폐중권 아즉이어시 무가무불가

降(강): 낮추다. 뜻을 굽히다.

辱(욕): 욕되게 하다.

中(중): ～에 맞다. ～에 부합하다.

放言(방언): 방(放)은 '버리다'의 뜻이다. 방언은 '말하지 않다'란 뜻인데, 구체적으로 세상일을 말하지 않는다는 뜻으로 쓰였다.

可(가): 응당 해야 한다.

18-9

태사(大師) 지(摯)[17]는 제나라로 가고, 아반(亞飯) 간(干)은 초나라로 가고, 삼반(三飯) 료(繚)는 채(蔡)나라로 가고, 사반(四飯) 결(缺)은 진(秦)나라로 가고,[18] 북을 치던 방숙(方叔)은 하내(河內)로 들어가 살고, 소고

---

17. 태사는 나라의 음악을 총관장하는 관직이다. 지는 태사의 이름이다.
18. 천자와 제후는 식사할 때마다 식사를 돕는 음악을 연주하게 하였다. 아반은 차반(次飯)으로 두 번째 식사에 연주되는 음악을 말하기도 하고 담당 악사를

를 흔들던 무(武)는 한중(漢中)으로 들어가고, 소사(少師) 양(陽)[19]과 경쇠를 치던 양(襄)은 바다로 갔다.[20]

大師摯適齊, 亞飯干適楚, 三飯繚適蔡, 四飯缺適秦,
태 사 지 적 제　아 반 간 적 초　삼 반 료 적 채　사 반 결 적 진

鼓方叔入於河, 播鼗武入於漢, 少師陽擊磬襄入於海.
고 방 숙 입 어 하　파 도 무 입 어 한　소 사 양 격 경 양 입 어 해

適(적): 가다.

鼓(고): 큰북.

播(파): 흔들다.

鼗(도): 작은북. 소고.

擊(격): 치다.

磬(경): 경쇠. 편경.

18-10

주공(周公)이 아들 노공(魯公)[21]에게 말했다.

"군자는 남의 친족이라고 하더라도 내 친애하는 마음을 바꾸지 않고 똑같이 친애한다.[22] 대신들이 자신들의 견해가 쓰이지 않는 것을 원망하

말하기도 한다. 매번 악장과 악사가 다르게 배정되어 있었다. 차반 다음 식사의 악장/악사는 삼반, 그다음은 사반이다. 간, 료, 결은 각각 악사의 이름이다.

19. 소사는 태사를 보좌하여 음악을 관장하는 관직이다. 양은 소사의 이름이다.

20. 노나라 애공 때에 나라의 예악이 무너져서 악사들이 모두 떠났다는 말이다.

21. 주공(周公)의 아들 백금(伯禽)이다. 노나라의 제후로 봉해졌다.

22. 주자는 '자신의 친족을 버리지 않는다'라고 해석했다.

지 않게 한다. 오래된 친구가 큰 잘못을 저지르지 않는 한 버리지 않고,
한 사람에게 모든 것을 갖추기를 요구하지 않는다."[23]

周公謂魯公曰 君子不施其親, 不使大臣怨乎不以.
주 공 위 노 공 왈　군 자 불 시 기 친　　불 사 대 신 원 호 불 이

故舊無大故, 則不棄也, 無求備於一人.
고 구 무 대 고　　즉 불 기 야　　무 구 비 어 일 인

施(시): 바꾸다. 弛(이)와 바꿔 쓸 수 있고 그때에는 '버리다'라는 뜻으로 쓰인다.

以(이): 쓰다. 사용하다(用).

故舊(고구): 오래된 친구.

大故(대고): 큰 이유. 여기에서는 반역이나 패륜과 같은 큰 잘못을 말한다.

求(구): 요구하다.

備(비): 갖추다.

18-11

주(周)나라에는 여덟 선비가 있었으니 백달, 백괄, 중돌, 중홀, 숙야,
숙하, 계수, 계와가 바로 그들이다.[24]

周有八士, 伯達, 伯适, 仲突, 仲忽, 叔夜, 叔夏, 季隨, 季騧.
주 유 팔 사　백 달　백 괄　중 돌　중 홀　숙 야　숙 하　계 수　계 와

---

23. 이 구절은 주공의 아들 백금이 자신을 대신해 노나라 제후로 부임할 때 주공
　　이 백금에게 훈계한 말이다. 공자 당시까지 노나라에 전해 내려오던 말로 알
　　려져 있다.

24. 주나라 때 한 어머니가 두 아들씩 쌍둥이로 네 번 낳았다고 하는 설이 있다.
　　여덟 아들이 모두 명성을 날린 선비가 되었기 때문에 기록했다고 한다.

제19편

자장 子張

19-1

자장(子張)이 말했다.

"선비는 나라가 위험에 빠진 것을 보면 목숨을 바쳐서 임금을 구하고, 이득이 되는 상황을 보면 그것이 도의상 마땅한지를 생각한다. 제사를 지낼 때는 공경을 다할 것을 생각하고, 상(喪)을 당해서는 슬픔을 다할 것을 생각한다. 그렇다면 선비라고 할 만하다."

子張曰 士見危致命, 見得思義. 祭思敬, 喪思哀.
자 장 왈　사 견 위 치 명　견 득 사 의　제 사 경　상 사 애

其可已矣.
기 가 이 의

致(치): 바치다. 헌납하다.

命(명): 목숨.

19-2

자장이 말했다.

"자신의 덕을 지키는 것이 폭넓지 않고, 도(道)에 대한 믿음이 두텁지 못하다면 이런 사람이 세상에 있다고 한들 무슨 존재감이 있겠으며 죽어서 없다고 해도 세상에 상실감이 있겠는가?"

子張曰 執德不弘, 信道不篤, 焉能爲有? 焉能爲亡?
자 장 왈 집 덕 불 홍   신 도 부 독   언 능 위 유   언 능 위 무

19-3

자하(子夏)의 제자가 자장에게 사람을 사귀는 일에 대해 물었다. 자장이 말했다.

"너의 스승 자하는 무엇이라 말하던가?"

자하의 문인이 대답했다.

"자하께서는 '사귈 만한 사람과는 사귀고, 사귈 만하지 못한 사람은 거절하고 교우를 맺지 말라'고 하셨습니다."

자장이 말했다.

"내가 들은 것과는 다르구나. 군자는 현명한 사람을 존경하되 많은 사람을 포용하며, 선한 사람을 아름답게 여기되 무능한 사람을 불쌍히 여긴다. 내가 아주 현명한 사람이라면 다른 사람과 맺는 관계에서 누구인들 포용하지 못하겠는가? 내가 만약 현명하지 못한 사람이라면 다른 사람들이 나를 거절할 텐데, 어떻게 내가 다른 사람을 거절할 수 있겠는

가?"[1]

子夏之門人, 問交於子張. 子張曰 子夏云何?
자 하 지 문 인 문 교 어 자 장   자 장 왈   자 하 운 하

對曰 子夏曰, 可者與之, 其不可者拒之.
대 왈 자 하 왈   가 자 여 지   기 불 가 자 거 지

子張曰 異乎吾所聞. 君子尊賢而容衆, 嘉善而矜不能,
자 장 왈 이 호 오 소 문   군 자 존 현 이 용 중   가 선 이 긍 불 능

我之大賢與, 於人何所不容? 我之不賢與, 人將拒我,
아 지 대 현 여   어 인 하 소 불 용   아 지 불 현 여   인 장 거 아

如之何其拒人也?
여 지 하 기 거 인 야

拒(거): 거절하다.

容(용): 포용하다.

嘉(가): 아름답게 여기다.

矜(긍): 불쌍히 여기다.

19-4

자하가 말했다.

"비록 이단이나 백가(百家)의 학설과 같은 작은 도[2]라도 반드시 볼 만
한 것은 있지만 장구하고 먼 지경에 닿아서는 막혀 통하지 않을까 두렵

---

1. 후한(後漢) 때의 학자 포함(包咸)은 친구를 사귀는 일은 자하의 말처럼 하는
    것이 좋고, 평범한 교유에서는 자장의 말처럼 하는 것이 좋다고 평가했다.
2. 원문에서 소도(小道)라고 표현했는데 주자는 '농사, 원예, 의술, 점술' 따위라
    고 해석했다.

다. 그러므로 군자는 작은 도를 배우지 않는다."

子夏曰 雖小道, 必有可觀者焉. 致遠恐泥.
자 하 왈 수 소 도　필 유 가 관 자 언　치 원 공 니

是以君子不爲也.
시 이 군 자 불 위 야

恐(공): 두렵다. 걱정하다. 염려하다.

泥(니): 막히다. 통하지 않다.

19-5

자하가 말했다.

"매일 자신에게 없는 지식을 배워서 알고, 매달 자신이 잘하는 것을 거듭 익혀서 잘하는 것을 잊지 않는다면 배우기를 좋아한다고 말할 수 있다."

子夏曰 日知其所亡, 月無忘其所能, 可謂好學也已矣.
자 하 왈　일 지 기 소 무　월 무 망 기 소 능　가 위 호 학 야 이 의

19-6

자하가 말했다.

"널리 배우고 뜻을 독실하게 기억하며, 아직 깨닫지 못한 것을 절실하게 묻고, 아직 도달하지 못한 일을 요원한 일로 생각하지 않고 가깝게 생각한다면 인(仁)이 그 가운데 있다."

子夏曰 博學而篤志, 切問而近思, 仁在其中矣.
자 하 왈   박 학 이 독 지   절 문 이 근 사   인 재 기 중 의

19-7

자하가 말했다.

"온갖 장인이 작업장에서 머무르며 자신의 일을 이루어내듯이, 군자는 배움으로써 도에 도달한다."

子夏曰 百工居肆以成其事, 君子學以致其道.
자 하 왈   백 공 거 사 이 성 기 사   군 자 학 이 치 기 도

肆(사): 물건을 만드는 곳. 작업장.

19-8

자하가 말했다.

"소인은 잘못이 있으면 반드시 말을 포장하여 변명한다."

子夏曰 小人之過也, 必文.
자 하 왈   소 인 지 과 야   필 문

之(지): 주격조사로 쓰여 '〜이(가)', '〜은(는)'으로 해석한다.
文(문): 꾸미다.

19-9

자하가 말했다.

"군자의 겉모습에는 세 가지 변화가 있다. 멀리서 바라보면 위엄이 있고, 가까이에서 보면 온화하며, 그 말을 들어보면 엄격하고 공정하다."

子夏曰 君子有三變. 望之儼然, 卽之也溫, 聽其言也厲.
자 하 왈　군 자 유 삼 변　 망 지 엄 연　　즉 지 야 온　　 청 기 언 야 려

儼然(엄연): 위엄 있는 모양.

卽(즉): 나아가다.

厲(려): 엄정(嚴正)하다.

19-10

자하가 말했다.

"군자는 백성에게 신뢰를 얻은 후에야 일을 시킨다. 신뢰를 얻지 못하고서 일을 시키면 백성은 자기들을 못살게 군다고 여길 것이다. 군자는 임금에게 신임을 얻은 이후에야 간언한다. 신임을 얻지 못하고서 간언을 하면 임금은 자기를 비방한다고 여길 것이다."

子夏曰 君子信而後勞其民. 未信則以爲厲己也.
자 하 왈　군 자 신 이 후 노 기 민　 미 신 즉 이 위 려 기 야

信而後諫. 未信則以爲謗己也.
신 이 후 간　 미 신 즉 이 위 방 기 야

勞其民(노기민): 백성에게 일을 시키다. 백성에게 노역을 시키다.

厲(려): 괴롭히다. 못살게 굴다.

19-11

자하가 말했다.

"큰 덕(德)을 가진 사람은 법도를 넘지 않지만, 작은 덕을 가진 사람은 법도를 드나들어도 괜찮다."[3]

子夏曰 大德不踰閑, 小德出入可也.
자 하 왈   대 덕 불 유 한   소 덕 출 입 가 야

踰(유): 넘다.
閑(한): 울타리. 경계.

19-12

자유(子游)가 말했다.

"자하의 제자들은 물 뿌리고 쓸고, 손님을 응대하고, 나아가고 물러나는 일을 담당해서는 괜찮게 해낸다. 하지만 그것들은 한낱 지엽적인 일이다. 근본이 없으니 어찌하면 좋을까?"

---

3. 큰 덕을 가진 사람은 수준 높은 덕성을 가진 사람으로 행하는 것이 모두 법도를 넘지 않는다. 반면에 여기서 말한 작은 덕을 가진 사람은 그 아래 수준의 현자이므로 때에 따라 법도를 넘어서는 경우가 있다고 보았다. 그렇지만 법을 넘더라도 다시 돌아와 법도를 지키는 사람이라고 설명된다. 공자는 완벽할 것을 요구하지 않기 때문에 '괜찮다'라고 말한 것이다.

자하가 이 말을 듣고 말했다.

"아! 자유의 말이 잘못되었다! 군자의 도에서 어느 것이 먼저라 하여 전수하고, 어느 것이 나중이라 하여 가르치기를 소홀히 하겠는가? 대도 (大道)와 소도(小道)의 차이를 풀과 나무에 비유하면 그 종류에 따라 구별하는 것과 같다. 군자의 도를 어찌 속이려 하는가?[4] 시작과 끝이 한결같은 사람은 오직 성인뿐일 것이다!"

子游曰 子夏之門人小子, 當灑掃應對進退則可矣.
자유왈 자하지문인소자 당쇄소응대진퇴즉가의

抑末也. 本之則無, 如之何? 子夏聞之曰 噫! 言游過矣!
억말야 본지즉무 여지하 자하문지왈 희 언유과의

君子之道, 孰先傳焉, 孰後倦焉? 譬諸草木, 區以別矣.
군자지도 숙선전언 숙후권언 비저초목 구이별의

君子之道, 焉可誣也? 有始有卒者, 其惟聖人乎!
군자지도 언가무야 유시유졸자 기유성인호

門人小子(문인소자): 제자.

灑(쇄): 물 뿌리다.

掃(소): 빗자루로 쓸다.

應對(응대): 손님을 맞이하다.

抑(억): 하지만. 그렇지만.

孰(숙): 무엇.

譬諸草木(비저초목): 초목에 비유하다.

---

4. 자하의 제자들이 물 뿌리고 쓸고, 손님을 응대하고, 나아가고 물러나는 일만 할 수 있다고 폄하하는 것은 군자의 도를 속이는 행위라고 반박했다. 자하는 학문에는 순서가 있기에 처음에는 이렇게 소도를 익히고 그다음에 심오한 이치인 대도로 나아가 배워야 한다고 보았다.

區(구): 종류. 부류.

誣(무): 속이다. 왜곡하다.

19-13

자하가 말했다.

"벼슬을 맡아 업무를 행하고 여유가 있으면 선왕이 남긴 문헌을 배우고, 배우고서 여력이 있으면 벼슬을 한다."

子夏曰 仕而優則學, 學而優則仕.
자 하 왈   사 이 우 즉 학   학 이 우 즉 사

優(우): 넉넉하다. 여유가 있다.

19-14

자유가 말했다.

"상을 당해서는 슬픔을 다하되 몸이 상해서 죽지 않는 선에서 그쳐야 한다."

子游曰 喪, 致乎哀而止.
자 유 왈   상   치 호 애 이 지

致(치): 극진히 하다.

19-15

자유가 말했다.

"나의 친구 자장[5]의 용모와 행동은 남들이 성취하기 어려운 경지지만, 그가 아직 인하다고 할 수는 없다."

子游曰 吾友張也, 爲難能也, 然而未仁.
자유왈 오우장야 위난능야   연이미인

爲(위): ~이다. ~되다. ~라 하다.

19-16

증자(曾子)가 말했다.

"당당하구나, 자장(子張)이여! 그렇지만 함께 인을 실천하기는 어렵겠구나."[6]

曾子曰 堂堂乎, 張也! 難與並爲仁矣.
증자왈 당당호   장야   난여병위인의

堂堂(당당): 위풍당당하다.

爲(위): 행하다. 실천하다.

---

5. 주자는 '나의 친구 자장은 어려운 행동은 능히 해낸다'라고 해석했다.

6. 자장의 용모와 행동은 훌륭하지만 인을 실천하기에는 부족하다는 뜻이다.

19-17

증자가 말했다.

"내가 공자 선생님께 들으니, '사람이 평소에 정성을 다하는 사안이 없더라도 부모님의 상을 당해서는 반드시 정성을 다해야 한다'고 하셨다."

曾子曰 吾聞諸夫子, 人未有自致者也, 必也親喪乎.
증 자 왈 오 문 저 부 자   인 미 유 자 치 자 야   필 야 친 상 호

19-18

증자가 말했다.

"내가 공자 선생님께 들으니, '맹장자(孟莊子)[7]가 행한 효도 중에서 다른 것들은 쉽게 실천할 수 있지만, 아버지의 신하와 아버지의 정책을 바꾸지 않은 것은 실천하기 어렵다'고 하셨다."[8]

曾子曰 吾聞諸夫子, 孟莊子之孝也, 其他可能也,
증 자 왈 오 문 저 부 자   맹 장 자 지 효 야   기 타 가 능 야

其不改父之臣與父之政, 是難能也.
기 불 개 부 지 신 여 부 지 정   시 난 능 야

---

7. 노(魯)나라의 대부로 성은 중손(仲孫), 이름은 속(速)이다. 맹헌자(孟獻子)의 아들이다.

8. 아버지 상중(喪中)에 아버지의 신하와 아버지의 정책 중에 설령 좋지 않은 것이 발견되어도 차마 바꿀 수 없는 그 마음가짐이 바로 남들이 쉽게 따라 할 수 없는 효도의 극치라고 본 것이다.

19-19

맹씨(孟氏)가 양부(陽膚)[9]를 사사(士師)[10]로 삼자 양부가 증자에게 전옥(典獄)의 법을 물었다. 증자가 말했다.

"윗사람이 통치의 도리를 잃어 백성이 흩어진 지 오래되었다. 만약 범죄의 정황을 알아냈다면 죄인을 불쌍히 여기고 기뻐하지 말아야 한다."

孟氏使陽膚爲士師, 問於曾子. 曾子曰 上失其道,
맹 씨 사 양 부 위 사 사   문 어 증 자   증 자 왈   상 실 기 도

民散久矣. 如得其情, 則哀矜而勿喜.
민 산 구 의   여 득 기 정   즉 애 긍 이 물 희

典獄(전옥): 형벌과 구금.

19-20

자공(子貢)이 말했다.

"은(殷)나라의 폭군 주왕(紂王)의 악행은 전해오는 말처럼 그렇게 심하지는 않았을 것이다. 그러므로 군자는 하류(下流)에 머무르는 것을 싫어하는 것이다. 세상의 모든 악(惡)이 모두 그에게로 돌아가기 때문이다."[11]

---

9. 증자의 제자이다.
10. 사사는 형옥(刑獄)을 담당하는 관직이다.
11. 하류는 지형이 낮아 모든 물이 모여드는 곳인데 그처럼 사람이 한번 악행을 저질러서 악인으로 낙인찍히면 마치 하류처럼 대중의 미움을 받아서 모든

子貢曰 紂之不善, 不如是之甚也. 是以君子惡居下流.
자 공 왈 주 지 불 선　　 불 여 시 지 심 야　　 시 이 군 자 오 거 하 류

天下之惡皆歸焉.
천 하 지 악 개 귀 언

19-21

자공이 말했다.

"군자의 허물은 일식(日食)이나 월식(月食)과 같다. 허물이 있으면 사
람들이 모두 바라보고, 잘못을 고치면 모두 우러러본다."

子貢曰 君子之過也, 如日月之食焉. 過也, 人皆見之,
자 공 왈 군 자 지 과 야　　 여 일 월 지 식 언　　 과 야　　 인 개 견 지

更也, 人皆仰之.
경 야　　 인 개 앙 지

更(경): 고치다.

仰(앙): 우러러보다.

19-22

위나라의 공손조(公孫朝)[12]가 자공에게 물었다.

"공자는 어디에서 배웠는가?"

자공이 말했다.

─────────────

악명을 한꺼번에 집중적으로 받게 된다.

12. 위나라의 대부이다.

"문왕(文王)과 무왕(武王)의 도[13]는 아직 땅에 떨어지지 않고 사람들에게 남아 있습니다. 현명한 사람은 그중 큰 것을 기억할 테고 그리 현명하지 못한 사람은 그중 작은 것을 기억할 테니 문왕과 무왕의 도가 없는 곳이 없습니다. 그러니 공자 선생님께서 모두 찾아가 배웠으니 어디선들 배우지 않으셨겠습니까? 그리고 또한 어찌 특정 스승이 있으셨겠습니까?"

衛公孫朝問於子貢曰 仲尼焉學? 子貢曰 文武之道,
위 공 손 조 문 어 자 공 왈   중 니 언 학   자 공 왈   문 무 지 도

未墜於地, 在人. 賢者識其大者, 不賢者識其小者,
미 추 어 지   재 인   현 자 지 기 대 자   불 현 자 지 기 소 자

莫不有文武之道焉. 夫子焉不學, 而亦何常師之有?
막 불 유 문 무 지 도 언   부 자 언 불 학   이 역 하 상 사 지 유

墜(추): 떨어지다.

識(지): 기억하다.

焉(언): 어디.

焉不學(언불학): 어디선들 배우지 않겠는가? 어디에서든 배운다는 뜻이다.

常師(상사): 특정 스승.

19-23
노나라 대부 숙손무숙(叔孫武叔)[14]이 조정에서 다른 대부들에게 말했다.

---

13. 공자가 숭상하고 회복하려고 했던 주나라의 문화를 말한다.
14. 노나라의 대부로, 노나라 권세가인 숙손(叔孫)가문의 인물이다. 이름은 주구(州仇), 시호는 무(武), 자는 숙(叔)이다.

"제자 자공이 그의 스승 공자보다 더 현명하다."

자복경백(子服景伯)이 이 말을 자공에게 알려주자, 자공이 말했다.

"궁궐의 담장에 비유하면, 나의 담장은 어깨 정도 높이여서 집 안의 좋은 것들을 엿볼 수 있습니다. 선생님의 담장은 아주 높아서 제대로 그 문을 찾아 들어가지 않으면 그 안에 있는 종묘(宗廟)의 아름다움과 수많은 백관(百官)의 풍성함을 볼 수가 없습니다. 그 문을 찾아 들어간 사람은 적을 것입니다. 그러니 그분(숙손무숙)께서 그렇게 말씀하시는 것이 또한 당연하지 않겠습니까?"

叔孫武叔語大夫於朝曰 子貢賢於仲尼.
숙 손 무 숙 어 대 부 어 조 왈   자 공 현 어 중 니

子服景伯以告子貢, 子貢曰 譬之宮牆, 賜之牆也及肩,
자 복 경 백 이 고 자 공   자 공 왈   비 지 궁 장   사 지 장 야 급 견

窺見室家之好. 夫子之牆數仞, 不得其門而入,
규 견 실 가 지 호   부 자 지 장 수 인   부 득 기 문 이 입

不見宗廟之美百官之富. 得其門者, 或寡矣. 夫子之云,
불 견 종 묘 지 미 백 관 지 부   득 기 문 자   혹 과 의   부 자 지 운

不亦宜乎?
불 역 의 호

宮牆(궁장): 궁궐의 담장.

肩(견): 어깨.

窺見(규견) 엿보다.

數仞(수인): 여러 길. 길이가 높다는 뜻.

富(부): 많다.

或(혹): 아마도.

寡(과): 적다.

宜(의): 마땅하다.

19-24

숙손무숙이 공자를 헐뜯자, 자공이 말했다.

"그만두시오! 공자 선생님은 헐뜯을 수 없는 분입니다. 다른 사람들의 현명함은 비유하자면 낮은 구릉과 같아서 오히려 넘을 수 있지만, 선생님은 해와 달 같은 분이라 넘을 수 없습니다. 사람들이 스스로 해와 달과의 관계를 끊고자 한들 그것이 해와 달에 무슨 손상이 되겠습니까? 다만 자신이 분수를 모른다는 것을 드러낼 뿐입니다."

叔孫武叔毁仲尼, 子貢曰 無以爲也! 仲尼不可毁也.
숙 손 무 숙 훼 중 니 자 공 왈 무 이 위 야 중 니 불 가 훼 야

他人之賢者, 丘陵也, 猶可踰也. 仲尼,
타 인 지 현 자 구 릉 야 유 가 유 야 중 니

日月也, 無得而踰焉. 人雖欲自絶, 其何傷於日月乎?
일 월 야 무 득 이 유 언 인 수 욕 자 절 기 하 상 어 일 월 호

多見其不知量也.
다 견 기 부 지 량 야

無(무): ~하지 말라. 금지를 나타낸다.

以(이): 지시대명사로 '이', '이것', '이처럼', '그처럼'으로 해석한다.

猶(유): 오히려. 도리어.

踰(유): 넘다.

得而(득이): ~할 수 있다.

多(다): 다만.

量(량): 도량. 분수.

19-25

진자금(陳子禽)[15]이 자공에게 말했다.

"매번 공자를 칭송하는데 그대가 공손하고 겸손한 것이지, 중니(공자)가 어찌 그대보다 현명하겠는가?"

자공이 말했다.

"군자는 한마디 말로써 지혜롭다고 여겨지고 한마디 말로써 어리석다고 여겨지므로 말을 신중히 하지 않으면 안 됩니다. 공자 선생님의 경지에 우리가 다다를 수 없는 것은 마치 하늘을 사다리로 올라갈 수 없는 것과 같습니다. 선생님께서 제후가 되거나 경대부가 되신다면 교화를 세우려 하시면 즉시 교화가 수립되고, 백성을 인도하면 백성이 행동을 개시하고, 백성을 편하게 해주면 멀리서도 찾아오고, 백성을 동원하면 화목하게 협력할 것입니다. 공자는 살아 계실 때는 모두가 영광스럽게 생각하고 돌아가시면 모두가 애통해할 것입니다. 어떻게 그런 분의 경지에 내가 다다를 수 있겠습니까?"

陳子禽謂子貢曰 子爲恭也, 仲尼豈賢於子乎?
진 자 금 위 자 공 왈　자 위 공 야　중 니 기 현 어 자 호

子貢曰 君子一言以爲知, 一言以爲不知. 言不可不愼也.
자 공 왈 군 자 일 언 이 위 지　일 언 이 위 부 지　언 불 가 불 신 야

夫子之不可及也, 猶天之不可階而升也. 夫子之得邦家者,
부 자 지 불 가 급 야　유 천 지 불 가 계 이 승 야　부 자 지 득 방 가 자

所謂立之斯立, 道之斯行, 綏之斯來, 動之斯和.
소 위 립 지 사 립　도 지 사 행　수 지 사 래　동 지 사 화

---

15. 위나라 사람으로, 성은 진(陳), 이름은 항(亢)이다. 자금(子禽)은 그의 자이다. 진항(陳亢)이 아니라 자금이라는 이름의 동명이인으로 보는 견해도 있다.

其生也榮, 其死也哀. 如之何其可及也?
기 생 야 영   기 사 야 애   여 지 하 기 가 급 야

及(급): 미치다. 다다르다.

猶(유): ～와 같다.

階(계): 사다리.

綏(수): 편안하다.

動(동): 격려하다. 고무하다.

제20편

요왈 堯曰

20-1

요(堯)임금이 순(舜)임금에게 말했다.

"아! 그대 순이여! 하늘에서 내린 순서가 그대에게 있으니, 진정 중(中)¹을 지키도록 하라. 그 혜택이 온 세상 끝까지 미치면 하늘이 내려준 천자의 자리도 영원하리라."

순임금 또한 이 말씀으로써 우(禹)임금에게 명하였다.

은(殷)나라의 시조 탕(湯)임금이 말했다.

"저 소자(小子) 리(履)²는 감히 검은 소를 제사의 희생 제물로 써서 위대하고 위대하신 하느님께 밝게 아룁니다. 죄가 있는 자를 제가 감히 함부로 사면하지 않았고, 폭군 걸왕(桀王)의 죄를 감히 엄폐하지 않았습니다. 천자(天子)를 간택하는 일은 천제(天帝)의 마음에 달렸습니다. 저 자신에게 죄가 있는 것은 만방의 백성과 무관하고, 만방의 백성에게 죄

---

1. 치우치지 않음[不偏]을 말한다.
2. 소자는 어른에게 자신을 낮추어 이르는 말이다. 리는 탕임금의 이름이다.

가 있는 것은 그 죄가 저 자신에게 있습니다."[3]

주(周)나라는 하늘로부터 은택을 받아 훌륭한 인재들이 풍부했다. [아래는 주(周) 무왕(武王)이 상(商)왕조의 주왕(紂王)을 토벌하고 나서 대중에게 맹서한 말이다.]

"주나라에 비록 친족이 있더라도 인(仁)한 사람이 있는 것만 못하다. 백성에게 허물이 있다면 그것은 나 한 사람의 허물이다."

도량형을 신중하게 정하고, 법과 제도를 살피고, 없어진 관직들을 정비하였더니 온 세상의 정치가 제대로 행해졌다. 멸망한 나라들을 부흥시키고, 끊어진 세대를 다시 이어주고, 세상을 피해 숨었던 인재들을 등용하였더니 천하 백성의 민심이 그에게 돌아왔다. 중요하게 생각한 것은 백성, 식량, 장례, 제사였다. 제왕이 관대하게 대하면 사람들의 마음을 얻고, 신의가 있으면 백성이 신임하고, 민첩하면 공적을 이루게 되고, 공정하면 사람들이 기뻐한다.

堯曰 咨, 爾舜! 天之曆數在爾躬, 允執其中. 四海困窮,
요왈 자 이순 천지력수재이궁 윤집기중 사해곤궁

天祿永終. 舜亦以命禹. 曰 予小子履, 敢用玄牡,
천록영종 순역이명우 왈 여소자리 감용현모

敢昭告于皇皇后帝. 有罪不敢赦, 帝臣不蔽, 簡在帝心.
감소고우황황후제 유죄불감사 제신불폐 간재제심

朕躬有罪, 無以萬方, 萬方有罪, 罪在朕躬. 周有大賚,
짐궁유죄 무이만방 만방유죄 죄재짐궁 주유대뢰

---

3. 이 말은 하(夏)나라 걸왕(桀王)을 정벌하고 나서 하늘에 고하는 것이다. 내용 중에서 검은 소를 희생 제물로 쓴다고 한 것은 하나라의 예법을 따른 것이다. 은(殷)나라는 백색(白色)을 숭상하므로 백색 소를 써야 했지만 하나라의 예법에 따라 검은 소를 쓴 것이다.

善人是富. 雖有周親, 不如仁人, 百姓有過, 在予一人.
선 인 시 부　수 유 주 친　불 여 인 인　백 성 유 과　재 여 일 인

謹權量, 審法度, 脩廢官, 四方之政行焉. 興滅國,
근 권 량　심 법 도　수 폐 관　사 방 지 정 행 언　흥 멸 국

繼絶世, 擧逸民, 天下之民歸心焉. 所重民食喪祭.
계 절 세　거 일 민　천 하 지 민 귀 심 언　소 중 민 식 상 제

寬則得衆, 信則民任焉, 敏則有功, 公則說.
관 즉 득 중　신 즉 민 임 언　민 즉 유 공　공 즉 열

咨(자): 탄식하다.

曆數(력수): 차례. 순차.

爾(이): 너.

躬(궁): 몸.

允(윤): 진실로.

執(집): 잡다. 지키다.

天祿(천록): 하늘이 내려주는 복록. 여기에서는 천자의 자리를 말한다.

玄牡(현모): 제사를 지낼 때 희생 제물로 쓰는 검은 수소.

昭告(소고): 분명하게 알리다.

皇皇(황황): 아름답고 성대한 모양.

后帝(후제): 하느님.

赦(사): 용서하다.

蔽(폐): 엄폐하다. 가리다.

簡(간): 선발하다. 가려내다.

朕(짐): 나. 왕이 자기 자신을 스스로 지칭하는 말.

以(이): 연관. 인과.

賚(뢰): 주다.

予(여): '나'(1인칭).

權量(권량): 權(권)은 저울을 量(량)은 단위인 두(斗)와 곡(斛)을 말하므로 권량은

도량형을 의미한다.

脩(수): 정리하다. 다듬다.

20-2

자장(子張)이 공자에게 물었다.

"어떻게 하면 정치에 종사할 수 있습니까?"

공자가 말했다.

"다섯 가지 아름다운 일[五美]을 존중하고, 네 가지 악한 일[四惡]을 물리치면 정치에 종사할 수 있다."

"무엇을 다섯 가지 아름다운 일이라 합니까?"

"군자는 은택을 베풀되 낭비하지 않는다. 백성에게 수고로운 일을 시키되 백성이 원망하지 않는다. 하고자 하는 것이 있어도 탐욕을 부리지 않는다. 태연해도 교만해하지 않는다. 위엄이 있으면서도 사납지 않다."

"은택을 베풀되 낭비하지 않는다는 것은 어떠한 것입니까?"

"백성이 각각 이롭다고 여기는 것을 파악하여 이롭게 해준다면, 이것이 바로 '은택를 베풀되 낭비하지 않는다'는 것 아니겠는가? 농한기를 이용하여 일을 시키니 누가 원망하겠는가? 인(仁)을 행하고자 하여 즉각 인에 도달하니 어찌 탐욕이 되겠는가? 군자는 상대방의 세력이 많고 적음, 크고 작음을 가리지 않고 결코 무시하지 않으니 이것이 바로 '태연해도 교만해하지 않는다'는 것 아니겠는가? 군자가 의관을 바르게 하고 시선을 존엄하게 해서 엄숙한 모습을 보이면 사람들이 바라보고는 경외심을 갖는다. 이것이 바로 '위엄이 있으면서도 사납지 않다'는 것 아니겠는가?"

"무엇을 네 가지 악한 일이라 합니까?"

"교령을 내려 충분히 알도록 했는데도 백성이 따르지 않으면 사형을 내려야 하거늘 가르치지 않고선 백성이 죄를 범했을 때 죽이는 것을 '학(虐)'이라고 한다. 미리 경계하도록 일러주지 않고선 성과를 요구하는 것을 '폭(暴)'이라고 한다. 명령은 나태하게 내리고선 기한을 촉박하게 하는 것을 '적(賊)'이라고 한다. 재물을 어차피 사람들에게 나누어주면서도 지출에 인색한 것을 '유사(有司 말단의 하급 관리)'라고 한다."[4]

子張問於孔子曰 何如斯可以從政矣?
자 장 문 어 공 자 왈 하 여 사 가 이 종 정 의

子曰 尊五美, 屛四惡, 斯可以從政矣. 子張曰
자 왈 존 오 미 병 사 악 사 가 이 종 정 의 자 장 왈

何謂五美? 子曰 君子惠而不費, 勞而不怨, 欲而不貪,
하 위 오 미 자 왈 군 자 혜 이 불 비 노 이 불 원 욕 이 불 탐

泰而不驕, 威而不猛. 子張曰 何謂惠而不費? 子曰
태 이 불 교 위 이 불 맹 자 장 왈 하 위 혜 이 불 비 자 왈

因民之所利而利之, 斯不亦惠而不費乎? 擇可勞而勞之,
인 민 지 소 리 이 리 지 사 불 역 혜 이 불 비 호 택 가 노 이 노 지

又誰怨? 欲仁而得仁, 又焉貪? 君子無衆寡, 無小大,
우 수 원 욕 인 이 득 인 우 언 탐 군 자 무 중 과 무 소 대

無敢慢, 斯不亦泰而不驕乎? 君子正其衣冠, 尊其瞻視,
무 감 만 사 불 역 태 이 불 교 호 군 자 정 기 의 관 존 기 첨 시

儼然人望而畏之, 斯不亦威而不猛乎? 子張曰 何謂四惡?
엄 연 인 망 이 외 지 사 불 역 위 이 불 맹 호 자 장 왈 하 위 사 악

子曰 不敎而殺謂之虐. 不戒視成謂之暴.
자 왈 불 교 이 살 위 지 학 불 계 시 성 위 지 폭

慢令致期謂之賊. 猶之與人也, 出納之吝, 謂之有司.
만 령 치 기 위 지 적 유 지 여 인 야 출 납 지 린 위 지 유 사

---

4. 지출을 아까워하고 인색하게 구는 것은 담당 하급 관료의 일이지 임금의 도리가 아니라는 것이다.

尊(존): 존엄하게 하다.

屛(병): 물리치다.

惠(혜): 혜택을 주다.

費(비): 낭비하다.

驕(교): 교만하다.

猛(맹): 사납다.

因(인): ～을 따라. ～에 의거하여.

慢(만): 무시하다. 게으르다. 느슨하다.

泰(태): 태연하다.

瞻(첨): 바라보다.

儼(엄): 근엄하다.

虐(학): 잔학하다.

視成(시성): 성과나 성공을 바라거나 요구하다.

猶(유): 어차피.

出納(출납): 식량이나 물품을 내주거나 받는 것. 지출.

吝(린): 아끼다. 인색하다.

20-3

공자가 말했다.

"운명을 알지 못하고 함부로 움직이면 군자가 될 수 없고,[5] 예(禮)[6]를

---

5. 운명에는 곤궁과 현달의 때가 있으니 때를 기다려 움직여야 하는데 때를 기다리지 못하고 함부로 행동하면 군자가 될 수 없다는 말이다.

6. 여기에서 말하는 예(禮)는 공손, 검약, 장중, 공경을 말한다.

알지 못하면 남들 앞에 제대로 설 수 없고, 말을 알지 못하면 사람을 알
수 없다."[7]

子曰 不知命, 無以爲君子也, 不知禮, 無以立也, 不知言,
자 왈 부 지 명 무 이 위 군 자 야 부 지 예 무 이 립 야 부 지 언

無以知人也.
무 이 지 인 야

無以(무이): 할 수 없다.

爲(위): 되다.

---

7. 남의 말을 들고서 그 사람의 옳고 그름을 판별해야 하는데 그것을 할 수 없다
면 결국 그 사람의 선함과 악함도 알 수 없다는 말이다.

찾아보기

참고문헌

김도련(1994), 《論語》, 현음사.

김영호(2010), 《논어의 주석과 해석학》, 도서출판 문사철.

김원중(2003), 《허사대사전》, 현암사.

김원중(2017), 《論語》, 휴머니스트.

김형찬(2016), 《論語》, 홍익출판사.

류종목(2000), 《論語의 문법적 이해》, 문학과지성사.

성백효(2012), 《개정증보판 論語集註》, 傳統文化硏究會.

양세욱, 전유용(2008), 〈'雅言'은 春秋戰國時代의 公用語인가?〉, 《중국어문학논집》(48).

이성시, 윤구용, 김경호(2009), 〈平壤 貞柏洞364號墳출토 竹簡 《論語》에 대하여〉.

이영호, 김경호 책임편집(2012), 《地下의 논어, 紙上의 논어》, 성균관대출판부.

정태현(2013), 이성민 역, 《論語註疏》, 전통문화연구회.

이근우(2004.11.), 〈왕인의 《천자문》 · 《논어》 일본전수설 재검토〉, 《역사비평》.

임헌규(2020), 《3대 주석과 함께 읽는 論語》 I, II, III, 모시는 사람들.

何晏 集解, 皇侃 義疏, 王雲伍 編(1966), 《論語集解義疏》, 臺灣商務印書館.

《論語註疏》(2000)(十三經注疏), 北京大學校出版社.

朱 熹(宋), 《四書集注》, 中華書局.

楊伯峻(1980), 《論語譯註》第2版, 中華書局.

崔述(1983), 〈洙泗考信錄〉 고힐강 편, 《崔東壁遺書》. 〔이재하 외(2009), 《수사고신록》, 한길사〕

H. G. Creel.(1949), Confucius: The Mand and the Myth. 〔이성규(2003), 《공자, 인간과 신화》, 지식산업사〕

Henri Maspero(1927), La Chine Antique. 〔김선민(1995), 《고대 중국》, 까치〕

Pulleyblank, E. G.(1995), Outline of Classical Chinese Grammar, Vancouver: UBC Press. 〔양세욱(2005), 《고전중국어문법강의》, 궁리〕

슬기바다 01

논어(論語)

| 초판 3쇄 발행일 | 2021년 03월 22일 |
| 신개정판 1쇄 발행일 | 2022년 09월 30일 |

| 지은이 | 공자 |
| 옮긴이 | 오세진 |

발행인	이지연
발행처	도서출판 홍익
출판등록번호	제 2020-000321 호
출판등록	2020년 08월 24일
주소	서울시 마포구 독막로18길 12, 2층(상수동)
대표전화	02-323-0421
팩스	02-337-0569
메일	editor@hongikbooks.com

| ISBN | 979-11-91805-08-6 (04140) |
| | 979-11-91805-07-9 (세트) |